JN410630

저희나라, 충청서도

심 의 섭

도서출판 조은

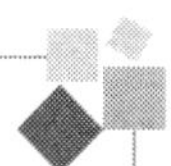

| 책 머리에 |

세월이 빠르다는 것은 늘 느끼는 것이지만 학교에서 정년퇴직을 하고서도 몇 해가 지났다. 그동안 생활 속에서 여러 가지 느낌을 메모하면서 좀 시간적인 여유가 있으면 작심하고 써보자고 했는데 그게 그렇게 만만하게 써지지 않는다. 그래서 좀 생각을 바꾸어 본 것이 이 책이다. 그동안 학교생활을 할 때에 틈틈이 써 모은 것을 묶어보자고 하였는데 발표 건수도 많지만 소재도 다양해서 묶는 것도 쉽지 않았다. 그래도 남기고 싶은 글들을 모으고 생각이 비슷한 것들을 끼리끼리 묶어 보았다.

신문이나 매스컴 여기저기에 실렸던 것을 중심으로 모았다. 60개의 단상을 여섯 꼭지로 분류하였다. 생활 속 잡상, 경제단상, 우민정책, 나라사랑, 학창의 반추, 국제지역연구 단상 등으로 묶어 보았다. 쓴 것을 모으다 보니 필자의 생각이 가끔 바뀌는 것도 있었지만 대체로 흐름은 같았다. 집필시기(글의 맨 끝에 출처 표시)가 다르고 제도가 바뀌었어도 나름대로 생각의 흐름은 일관성을 가지고 있다.

그리고 책 제목은 참 듣기 이상한 "저희나라, 충청서도"라고 했는데 나라이름을 무의식적으로 비하적인 말투로

"저희나라"라고 하는 사람들이 많고, 또 요즈음 생각으로는 케케묵은 이데올로기의 부산물인 내 고향의 명칭인 "충청도"라는 이름을 좀 생각해보자는 의도에서 책이름으로 지었다. 이는 단순한 말꼬투리 잡기라기보다는 우리 잠재의식 속에 무디어진 것들이어서 다시 한 번 생각해 보자는 것이다. 우리 일상에 얼마나 많은 것들이 이렇게 다루어지는 지를 같이 생각해보고 싶은 것들이다.

교수생활을 하였지만 필자는 전문작가가 아니다. 그래서 생각이야 각자 자기 나름대로의 기준이 있겠지만 필자의 생각과 공감되는 것도 적지 않을 것이고, 또 필자가 잘 모르는 것, 오해하는 것, 부족한 것들도 많을 것이다. 생각도 다듬어지고 진화할 수 있도록 독자들과 같이 생각해보고 싶다.

이 책을 마련하면서 원고를 쓸 때 함께 공부했던 젊은 학생들의 얼굴이 어른거린다. 연구실에서 함께 공부했던 학생들에게 감사한 마음을 전한다. 그리고 이 책의 출판을 격려해준 동일인쇄 신정섭 대표, 기꺼이 맡아준 광동문화사 김영배 사장과 꼼꼼하게 글귀를 바로잡아주고 단장을 해준 남은숙 편집실장께 감사드리며 출판에 도움주신 도서출판 조은 김화인 사장께 감사드린다.

글쓴이 적음

2015. 8. 15

| 차 례 |

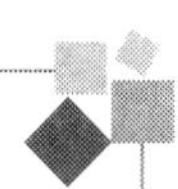

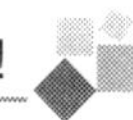

그래, 그렇구나!

시간을 지켜야

『시간을 살 지킵시다』라고 쓰여 있는 광고들이 있나. 또 『문화인은 시간을 잘 지킵니다』라고 쓰여 있는 것도 있다. 모두 맞는 얘기이리라.

요즈음은 좀 덜한 것 같지만 한때는 시각을 잘 안 지키는 경우, 말하자면 정해진 약속시각에 좀 늦는 경우에는 흔히 『코리안 타임』이란 말을 하곤 했었다. 물론 여기서 코리안 타임이란 말은 쓸 만한 우리말 사전에는 나타나지 않고 다른 나라에서 나온 영어사전에는 더더군다나 나타나지 않는 우리 스스로의 자기비하적(自己卑下的)인 『콩글리쉬(Korean English)』이었음은 짚고 넘어가야 하겠다.

그 말은 주최 측이 모든 계획을 차질 없이 준비 완료했는데도 올 당사자가 늦는 경우, 또는 모일 사람은 다 모였는데도 진행이 늦는 경우에 주로 쓰였다. 그래서 묘안(妙案)도(?) 생긴 것 같은데 아예 모이는 시각을 정해진 시각보다 30분이나 1시간정도 앞세워 많은 사람의 시간을 낭비시키는 방법이다. 필자의 경험에 따르면 어떤 사회적인 교육이 있을 때 집합 시각이 시작시간보다 상당히 빨랐던 경우가 많았던 것 같다.

시작 뿐만 아니라 끝내는 시각도 마찬가지이다. 대개 어떤 회의나 학술세미나처럼 열띤 토론이 오가는 경우에는 보통 할당된 시간을 넘기는 경우가 가끔 있는데 그것도 문제이다.

한 가지 또 있다. 시작과 끝냄뿐만 아니라 좀 눈에 띄는 얌체짓(?)을 하는 경우도 있다. 대개 그렇지 않으리라 기대되는 분한테 가끔 느끼는 것인데 어떤 정책토론과 같은 회의가 있을 때, 또는 연사가 여러 명 있을 때에 중간쯤에 자기 차례가 배정되어 있는 경우 등단 시각과 발표시간을 정확히 지키지만 앞부분은 참석하지 않았기에 이미 얘기된 것을 또다시 새로운 것인 양 제기하거나 설령 새로운 토의거리라 하더라도 제안만하고 뒤에 있을 토론은 무시해도 좋은 양 자리를 비우는 횡포도 있다. 바쁜 일정 때문에 그럴 것이다. 아니면 다른 참여자들의 시간은 낭비시켜도 좋다고 그는 착각을 하고 있을 것이다.

앞에서 말한 것 중 어느 경우나 모두 자기 아닌 다른 사람의 시간을 자기 시간보다는 값을 낮게 여기는 고약한 마음가짐이다. 태어나서 죽을 때까지 시간은 한정된 것이기에 세상에서 무엇보다도 가장 값비싸다는 것이 시간인데, 그것을 공동으로 소비할 때 조금이라도 남의 시간을 헤프게 생각했을 때 그저 미안하다는 말로써 정말로 사죄가 될는지 . . . [시간을 지켜야 . . . 명대신문, 1984. 3. 1]

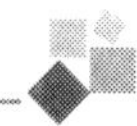

보이기 위한 질서의식

흔히 88올림픽을 들먹이며 선진국민은 어떠하다고 누구나 몇 마디씩 말하고 있다. 그러나 선진국이래서 모두가 다른 나라 사람들에게 권할만한 어떤 공통점을 지니고 있는 것은 아닐 것이고, 선진국이라도 나름대로의 풍습과 질서가 있을 터이니까 우리가 그대로 따라야 한다는 말은 더더구나 아닐 것이다. 선진 질서라 하더라도 그 나라에 오래 살아 체험하기 전에 어떻다고 히는 것은 편견일 경우가 많다. 쉬운 예로 우리가 흔히 일컫는 자존적(自尊的)인 동방예의지국(東方禮儀之國)이란 말도 고려장(? 高麗葬)을 이야기할 때는 빛이 바래는 것이다. 그리고 엽전이라는 자조적(自嘲的)인 말을 쓰는 사람도 중동이나 아프리카를 여행하면서 자랑스런 조국을 느낄 때는 가슴이 뭉클해질 것이고, 또 해외건설역군을 맞대했을 때에는 몸 둘 바를 모를 것이다.

한편 미국과 같은 선진국을 여행할 때 자주 느끼는 것이지만 그들은 재채기도 시원스레 하지 못하고 억지로 참거나 하더라도 미안하다는 말을 잊지 않는다. 사실 이러한 행위는 재채기는 몸에서 악마가 나오는 행위라고 생각해서 "God bless you"라고 한다. 그러나 식사 중에 말 한마디 없이 팽팽 코를 풀거나 생리현상이라고 자연스레 뀌어대는 방귀는 아무리 선진국민의 습관이래도 우리에게는 역겹게 느껴지는 것들이다.

흔히들 선진국민은 상냥하고 친절하다고 입을 모은다. 물론 우리도 더 친절해져야겠다. 그러나 지나친 친절은 비굴과 다름없다. 예를 들어, 외국인을 친절하게 대하고자 젊은 서양 사람에게 굳이 버스 좌석을 양보하는 시골 할머니나 아가씨의 행동은 친절하다 느낄 것도 아니고 친절이라 말 할 수도 없는 것이다.

그리고 상냥하고 친절한 표시로 꼭 웃음을 띠우고 말하라는 것도 아닐 것이다. 적의가 없다는 것을 나타내거나 자기방어적인, 굳이 예를 들라면 미국 사람들의 억지웃음을 배우기보다는 이란 사람들의 말투처럼 진실한 친절을 몸에 익혀야 하겠다.

선진 조국의 건설과 발맞추어 우리의 풍습과 의식도 선진화되고 있다. 마이카가 보편화 되자 2차 3차의 술자리도 줄어들고, 술잔 돌리기도 사라지는 것은 어떤 면에서는 바람직하다 하겠다. 그러나 동전을 못 바꾸어 공중전화를 못 거는 때라든가, 모르는 길을 물어 볼 때 모른다는 퉁명스러운 대답을 들었을 때는 너무나 타산적인 선진 의식에 대한 쓰디씀이 없는 것도 아니다.

선진국민으로 향하는 것이 쉽지는 않겠지만 그렇다고 어려운 것만도 아니다. 한 가지 중요한 것은 타율적인 질서를 자율적인 질서로 생활화 하는 것이다. 누가 볼 때, 또 누가 있을 때는 줄서기를 솔선하지만 그렇지 않을 때는 새치기나 밀치기를 솔선한다면 이 어찌 타산적이고 타율적인 질서라 하지 않겠는가?

이런 것부터 빨리 고치는 것이 바로 선진국민이 되는 지름길

이라 하겠다. 그동안 우리는 「금강산도 식후경」이라고 경제 성장을 외치다 보니 선진의식에 대해서는 상대적으로 소홀하였다. 그러나 이제는 금강산 구경도 생각할 수 있게 되었다. 하기 쉬운 말로 올림픽 때 다른 나라 사람에게 보여주기 위해 선진국민을 외쳐댈 것이 아니라, 우리 자신이 문명사회에서 행복한 삶을 누리기 위해 자율적인 질서 의식을 생활화하는 그러한 선진국민이 되어야 하겠다[보이기 위한 질서의식의 탈피, 밀물, 1983. 8].

나이자랑

산 내음을 맡고 싶어 친구와 함께 북한산 인수봉길을 산행하던 날의 일이다. 가파른 고개를 넘어서 밥을 지으려고 눈이 다져진 계곡의 가장자리를 잡았다. 친구는 식수를 구하러 갔고, 나는 허드레 물에 쓸까하고 버너불로 냄비에 눈을 녹이기 시작하였다. 눈 녹은 물위에 대기오염의 상징인 그을음이 무늬를 만들 때 물 길러 갔던 친구는 돌아오면서 물을 구하기가 어렵단다. 그래서 빙판길을 조심스레 걸어 산가(山家)에서 라면 몇 개를 사면서 그것을 끓여 먹어도 조금 남을 만큼의 물을 사(?)왔다. 그러나 그 물은 라면을 끓이기 보다는 밥을 짓고 찌개를 만드는데 쓰기로 하였다. 숭늉을 만들만큼 물을 남겨 놓는 것도 잊지 않았다.

때마침 옆에서 밥을 막 지어먹은 한 여대생(?)이 다가와 애교스레 커피 끓일 물을 좀 얻어가고 싶단다. 물론 대답이야 곤란하다고 할 수 밖에 없었다. 그래도 그녀는 한동안 서서 남겨 놓은 그 물에서 눈길을 떼지 않고 부득부득 얻어가고 싶단다. 애교에 홀리고 헤픈 마음 쓰다가는 물을 빼앗기고 숭늉 맛도 못 볼 것 같아 한마디 하고야 말았다. "이봐요 학생, 나이든 사람이 힘겹게 구해오고 우리가 마시기도 부족한 물을 꼭 얻어 가고 싶은가?" 그랬더니 언제 제가 웃음을 지었느냐는 듯이 토라지며 야릇한 표정과 함께 그녀는 돌아섰다.

잠시 후, 빙판에 앉아 김나는 지은 밥을 맛있게 들고 있을

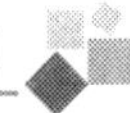

때 그 학생들이 떠나는 모양이다. 왁자지껄한 속에서도 유난히 큰 목소리가 내 귀에 들어온다. "얘! 우리 교수님 말씀에 촌○은 자랑할게 나이밖에 없대" 하면서 킬킬거리며 고소하다는 듯이 자리를 떠났다. 그때 나는 아무 말도 안하고 당하기로 하였다.

몰골이라든가 나이는 상대적인 것이라고 약 올랐던 마음을 달랬지만 아직도 그 말은 내 기억 속에 남아 있다. 하기야 시골 사람들한테도 나이가 유일한 자랑거리가 되리랴마는 그들이 나이자랑이라도 할 수 있다는 것이 도시생활에 시달린 나에게는 부럽기도 하다[친자던상: 나이자랑, 명대신문, 1986. 3. 4].

빨리 뛰어

내가 군대생활을 할 때 늘 듣던 말이 생각난다. 선착순을 할 때나 일을 빨리 빨리 하라고 재촉하던 얘기다. 빨리 뛰는데도 정도가 있다. 가장 느리게 뛰어도 괜찮을 때에는 "빨리 뛰어"이다. 그 다음 빠른 것이 "빨리 빨리 뛰어", 더 빠른 것이 "발이 안보이게 뛰어", "요령 소리가 나게 뛰어", "워커바닥에서 고무 타는 내가 나게 뛰어" 이다. 이 정도면 시속 기백 킬로가 될 것이다.

그러나 이보다 더 빠른 단계도 있다. 워커바닥이 다 타면 그 다음에 타는 것은 "양말 타는 냄새"가 날 때이고, 양말이 탄 다음에는 "발뒤꿈치 살가죽이 타는 냄새"가 날 때이고 그 다음에는 살가죽이 다 타고 뼈가 탈 정도가 될 것이다. 그러나 이보다는 더 빨리 뛸 수가 없다. 이러한 말장난을 우리는 늘 듣고 말해온 것도 사실이다.

이러한 환경에서 생활하면서 느끼는 조급한 행동이 한두 가지로 나타나는 것이 아니다. 몇 가지만 예를 들어보자. 교통신호가 바뀔 때가 되면 빠른 사람은 이미 교차로를 빠져나가고, 조금만 출발이 늦으면 뒤에서 빵빵거린다.

또 엘리베이터를 탔을 때 버튼을 몇 번씩 눌러야 직성이 풀리고, 에스컬레이터를 타고서도 걸어가는 사람이 있다. 또 식사재촉은 어떤가? 주문하자마자 재촉이고, 밥 먹는 것이 마파람에 게눈 감추듯이다. 그래서 3분 컵라면이 인기가 있는가 보다. 걸

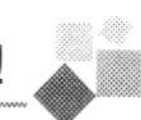

음은 얼마나 빨리 걷는데... 아마 대부분의 부인들은 젊은 시절 남편의 걸음을 따라가다 고생깨나 했으리라. 이제는 남편의 걸음이 늦어지고 부인의 걸음이 빨라져서 박자가 맞기도 하겠지만, 늦거나 빠르거나 어디 둘이서 한가롭게 걸을 기회라도 있었으면 좋겠다고 생각할 것이다.

누군가 다른 나라 사람들의 발짝 수를 비교해 놓은 것을 보면 한국 사람이 확실히 발이 빠르다.

유럽인이 1분간 25발짝, 미국인 27발짝, 소련인 30발짝, 일본인 38발짝, 한국인은 느려야 45발짝 보통 55발짝이라니 과연 빠르긴 빠른 모양이다. 하기야 신발이 타도록 뛰어다니니 신발을 많이 만들어야 하기 때문에 한국의 신발공장이 세계 최정상이 되었는지도 모르겠다. 이렇게 빠른 행위가 사회생활에서 부정적으로 나타나는 것도 한두 가지가 아니다. 새치기가 그렇다. 또 새치기가 어려우면 급행료가 나타나서 부정의 씨앗이 된다. 오죽하면 새치기 대신에 전문적인 줄서기 심부름까지 등장하게 되었겠는가?

어디 그 뿐이랴. 누구든지 경험했겠지만 자신이 길을 물어보거나 누가 길을 물어 올 때 공손히 "미안합니다"라는 말을 먼저 하고 길을 물어 보는 경우를 얼마나 보았나를 생각하면 알 수 있다. 무조건 "청량리 갈려면 어떻게 해요" 하는 식이니 얼마나 이기주의적인가?

사랑은 안 그런가? 얼마나 조급하고 이기주의적이 길래 "아닌 밤중에 홍두깨"라는 속담이 생기게 되었을까? 우물에서 숭늉 찾고, 섣달 그믐날 혼인하고 정초에 애기 타령이란 우스개소리도 있지 않은가?

이러한 조급과 졸속에 대한 경제의 말도 많다. "아무리 바빠도 바늘허리 매어 못 쓴다", "아는 길도 물어가라", "돌다리도 두드려 보고 건너라", "천릿길도 한 걸음부터", "급하면 돌아가라", "쉬 덥는 방 쉬 식는다", "공든 탑이 무너지랴" 등등 수없이 많이 있다.

만리장성을 쌓은 중국인들의 '만만디(慢慢的) 사고', 피라미드를 만든 아랍사람들의 느긋함을 우리가 이해하지 못하듯이 그들도 우리를 이해하지 못하는 것은 당연한 것이다.

한국인들의 조급함은 정책에도 그대로 반영된다. 갈팡질팡하는 교육정책, 입시정책, 문교정책에 신물이 난다.

조령모개식의 농산정책도 매한가지요, 식수원 오염에 호들갑 떠는 환경정책도 그렇다. 공기(工期) 단축에 의한 졸속공사의 표본인 경부고속도로를 건설한 건설정책도 마찬가지. 길바닥을 뒤집고 파대는 도로관리는 어떠한가? 전기 공사, 수도 공사, 전화 공사, 도시가스 공사, 하수도 공사, 상수도 공사, 어디 아스팔트길이 편할 날이 있는가?

이처럼 모든 정책에서 한국인의 조급함과 졸속은 그대로 나타나고 있다. 그렇다면 이와 같이 한국인이 조급한 원인은 무엇일까?

많은 사람들의 주장을 묶어 보면

첫째, 한국의 지리적 위치에서 비롯되는 영농방법을 들 수 있다. 한국은 온대지역이며 계절이 4번씩 바뀌는 곳이다. 한해에 한번 농사를 짓는데 때를 놓치면 농사는 폐농하게 마련이다. 때

를 놓치지 않으려면 서두르지 않을 수 없는 것이다. 장마대비, 태풍대비, 홍수대비, 비설거지, 피사리, 김매기 등 다 때가 있기 때문이다.

둘째, 한민족이 원래 기마민족이었기 때문이다. 몽골반점에서 유추할 수 있듯이 기마민족의 기상을 타고 났기 때문에 늘 동적(動的)인 생활 습관이 조급함을 나타낸다고 한다.

셋째, 지정학적 특징에 의한 외세 침략과 남북대결을 들고 있다. 항상 침략에 시달려온 민족으로서 나라를 지키고 자신이 살아남기 위해서는 어디 한가로운 나날을 보낼 수 있겠는가?

넷째, 좀 안정적인 시대일지라도 외래문화의 모방에 전념하고 체화(體化)하기 위해서는 바쁘지 않을 수 없었다. 이는 우리가 느끼는 미국문화에의 종속에서 느낄 수 있지 않는가? 스와니 강이란 노래를 명곡이라 배우고 퐁당퐁당을 동요라 부르면서 시험까지 보아야 했으니 바쁘긴 바빴다.

다섯째, 경쟁조장적인 정책을 들 수 있다. 각종 상이라든지, 고시수석이라든지, 호화혼수라든지, 아파트 추첨이라든지 이 모든 것이 사회적인 질환으로 나타나고 있는데, 경쟁에서의 승리와 보장된 특혜를 위해서는 수단방법을 가리지 않으니 어디 서두르지 않을 수 있겠는가?

이러한 조급함은 졸속과 부실을 가져온다. 성과와 결과만을 중시하고 과정을 무시하니 그럭저럭 꾸려가고, 얼렁뚱땅하는 편의주의적이고 적당주의적인 사고방식이 횡행할 수밖에 없다. 또 이러한 조급함과 불안함, 경쟁에서의 낙오 우려는 자연히 집중현상을 촉진시키게 된다. 도시집중이 그것이요, 베트남(越南) 진출이 바로 그것이다. 그 결과는 뻔할 뿐이다. 허탈과 실망이 반드시 뒤따르기 마련이다.

한편 이러한 조급함이 긍정적으로 보일 때도 있다. 임기응변과 성과주의의 과시가 그것이다. 해외건설시공 일화를 보면 임기응변의 착상이 얼마나 주효했던가를 알 수 있다. 이러한 조급함은 경제성장에서도 잘 나타난다. 다른 나라가 수대에 걸쳐서 이룩했던 공업화를 불과 20년 만에 압축성장을 하였다고 얼마나 자랑스러워하고 있는가? 그러나 그 같은 성과는 그 후유증과 부작용에 눈을 돌려보면 평가가 달라지게 된다. 공해와 교통 혼잡, 범죄증가, 주체성 상실, 편중과 집중, 몰리고 쫓기는 불안, 시장개방 압력, 지역 불균형, 도촌(都村) 불균형 등 역시 헤아릴 수 없을 정도로 많이 있다.

노사협상에서도 서로의 조급함 때문에 얼마나 낭비가 많은가? 산업재해는 또 어떤가? 대학입시는 어떤가? 완벽한 민주주의에 대한 민주화의 욕구는 또 어떤가? 이 모든 것이 한국인의 조급한 성격과 무관하지 않을 것이다.

음주운전도 짧은 시간에 알콜 섭취량이 많아졌기 때문이요, 고스톱이 유행하는 것도 모두가 조급함과 무관하지 않을 것이다.

모로 가도 서울만 가면 된다는 사고방식, 안되면 되게 하라는 충혼탑의 한 귀절, 뛰면서 생각하라는 경구 등이 얼마나 무서운 말들인가?

우리는 그동안 너무 빨리 달려왔다. 이제 피곤할 때도 되었다. 걸으면서 생각하거나 앉아서 쉬면서 생각해 보고 싶다. 그러나

늘 뛰든 사람이 앉는대야 얼마나 오래 앉아 있을 수 있겠는가? 아마 앉아 있을 수 있는 세대는 지금의 젊은 세대 이후에서나 가능할는지 모른다.

이제 한국은 우리가 부정하더라도 경제적으로는 선진국이 되고 있다. 부정할 수 없을 것이다. 선진국도 바로 우리와 같은 입장에 있는 것이다. 선진국이라도 완벽한 곳은 없기 때문이다.

누구든 자기의 버릇을 고치기에는 세월이 자나야 하고, 환경과 여건이 변하지 않으면 그렇게 쉽게 고쳐지지도 않는다.

우리는 뛰어온 세대이다. 아마 우리 세대는 뛰는 버릇을 고치기 어려울 것이다. 그리고 젊은 세대도 역시 뛸 것이다. 뛰는 속도는 점차 줄어들겠지만 우리의 후배들도 계속 뛸 것이다. 그러나 실패와 시행착오는 반복되어서는 안 될 것이다[빨리 뛰어, 고대65 동기회보, 제8호, 10-12].

보자기와 가방

혹자는 보자기와 가방을 동양 문화와 서양문화를 상징하는 것이라 주장하고 있다. 보자기는 어떠한 형태의 물건이든 아주 편리하게 싸서 보관하거나 가지고 다닐 수 있어서 좋다. 그뿐만 아니라 보자기는 물건을 덮거나 싸서 들거나 머리에 이기도 하고, 어깨에 멜 수도 있고, 허리에 두를 수도 있으며, 수건으로도 사용하고, 목도리로도 할 수 있고, 깔고 앉기도 하고, 흔들어 신호도 할 수 있으며, 창문의 해 가리개로도 사용할 수 있듯이 그 용도가 무궁무진하다고 할 수 있다.

그러나 가방은 물건을 넣기는 넣되 가방 속에 들어갈 수 있는 물건보다 큰 것은 넣을 수가 없어서 보자기에 비해 신축적이지 못하다. 또 가방은 틀과 크기가 정해져 있어서 쓰든 안 쓰든 언제나 공간을 차지하고 있으며 보자기처럼 메거나 두르거나 이거나 하지 못하고 대개는 들고 다니게 된다.

보자기는 그 크기가 만드는 사람에 따라 자유자재로 조절될 수 있으나 가방의 크기는 보자기 크기의 다양성에 따르지 못한다. 보자기는 사용하지 않을 때 접어두면 그 존재가 사라지지는 않지만 크게 눈에 띄지 않는다. 하지만 가방은 사용하던 안하던 늘 그 크기는 공간을 차지하고 있다. 보자기는 간편하게 휴대할 수 있지만 가방은 그렇지 못하다. 보자기는 폐품인 헝겊조각을 기워서 조각보를 만들 수 있으나 가죽 쪼가리를 기워서 가방을 만드는 것은 흔한 일이 아니다.

하지만 가방도 보자기 보다 좋은 점이 적지 않다. 귀중한 문서나 물건을 휴대하거나 보관하는 데는 보자기가 따를 수가 없다. 가방은 열쇠를 채울 수가 있으며, 서류와 약한 물건이 구겨지거나 깨어지지 않게 보관할 수 있다. 또 고속버스나 비행기를 탈 때 견고한 가방에 넣어서 물건을 가지고 다녀야지 보자기에 싸아서 넣을 때는 안전성과 분실성이 가방을 따르지 못한다.

보자기가 나으냐 가방이 나으냐는 일방적으로 말하기 어렵고, 경우에 따라 보자기를 쓸 곳이 있는가 하면 가방을 사용할 경우가 있다. 보자기로 가방을 쌀 수가 있듯 가방 속에 보자기를 넣어 다닐 수도 있다. 그리고 보자기에는 의심이 있을 수 있고, 가방에는 허세가 들을 수 있다.

보자기로 상징되는 동양문화는 외래문화의 수용에 매우 신축적이며, 문화의 전파 면에서도 크게 강요하지 않고, 요란하지 않으며, 흔적도 크게 인식되지 않는다. 그러나 가방으로 상징되는 서양문화는 형식이 있고, 가방의 역할이 끝났어도 공간을 차지하고 있듯 그 흔적이 뚜렷하다.

이러한 현상은 근대화 과정을 겪는 동안 우리 풍습의 변화와 서양 풍습의 수용을 곰곰이 생각해 보면 이로써 설명할 수 있는 부분이 대단히 많다. 물론 기업 경영에 있어서도, 기업문화에 있어서도, 노사관계에 있어서도 전래의 보자기적 경영요인과 가방적인 경영요인이 섞여 있어, 서로 조화보다는 상충되는 경우가 많이 있어서 한국적인 노사관계의 정립에 진통을 겪고 있는가 보다.

그렇다면 보자기와 가방의 기능상의 장점을 혼합할 수는 없을까? 물론 가능하다. 천으로 만든 가방이 있지 않은가? 보자기에 지퍼를 달아서 보자기로도 쓸 수 있고 가방으로도 쓸 수 있고, 열쇠까지 채울 수 있지 않은가? 또 장바구니와 보자기와 자루를 겸한 가방이 이미 만들어지지 않았는가?

한국의 근로자들이 중동에 진출할 때 천으로 만든 신축적인 가방을 이용해 보지 않은 사람은 없으리라. 바로 그것이다. 보자기와 가방과 장바구니를 겸한 물건, 질긴 천으로 만들고 크기를 마음대로 조절할 수 있는 여행용 가방 말이다.

현대 동양문화와 서양문화의 갈등, 한국적 노사관계의 정립에서도 보자기만 고집한다든가 가방만을 고집할 것이 아니라 이제 보자기와 가방의 기능을 겸한 보가방(보자기+가방)이다. 가방보(가방+보자기)식의 기업정신, 노사풍토 등의 창조를 지향해야 하지 않을까?[고대65 동기회보, 제10호; 1991.12; 28-30]

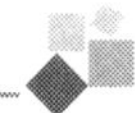

이두춘추(吏讀春秋)

내가 기차를 처음 탔던 때는 50년대 후반이다. 기차 타고 서울을 다니면서 정거장 이름을 외우던 때는 60년대 초이다. 그때 읽기 어려운 정거장 이름도 있다. 한자를 먼저 크게 쓰고 그 밑에다 한글은 작게 써 놓았던 것 같다. 그런데 80년대 들어서면서 40년 동안 갈고 닦은 보람 때문에 한자는 없어지고 대신 영어 글자가 들어왔다. 아마 옛날에 한자로 쓴 역 이름을 못 읽었던 사람이라면 지금은 영자표기도 역시 못 읽을 것이다. 한글 하나면 될 터인데 무엇 때문에 한자와 영어를 같이 써야 하는지? 외국인한테 편의를 주기 위해서인지? 그렇게 편의를 주어야 할 불가피한 사정이라도 있는지? 나는 지금까지도 확실한 답을 찾기 어려운 심정이다.

도로 안내판은 어떤가? "동2로"라고 써있고 영자로는 밑에다가 "TONG2-RO"라고 써있다. 어떻게 읽어야 하나? "동이로"라고 읽기보다는 아마 Dong Two-Ro(동투로)라고 읽을 것이다(이것은 실험을 하고 확인한 것이다). 지하철역에도 그런데 예를 들어 종로3가를 "Chongno 3-ga"라고 쓰여 있고 "Chongno three-ga"라고 틀림없이 읽을 것이다.

그렇다면 문제는 있는 것이다. 잘 생각해 보고 고칠 수 있으면 고치든지 지워야 할 것이다. 요즈음 성씨의 한글표기에서 두음법칙 때문에 리씨, 류씨는 잘못 쓰는 것이라고 발표한 바 있다. 글쎄 신발에 발을 맞추는지 발에 신발을 맞추는지 뻔히 알

만할 텐데... 혹시 신발에 발을 맞추라고 하는 것은 아닌지? 알맞은 신발, 편한 신발이라면 구태여 고를 필요가 없을 텐데...

한참 동안 청바지가 들어올 때에 "리바이스"라는 상표가 있었다. 한글 간판에는 "리바이'스"라고 써있으니 언제부터 그렇게 쓰라고 했는지? 그래서 그런지 요즈음 학생들이 자기 이름 쓰고 마침표 찍는 경우가 90%정도나 되니 뭘 잘못 배워도 많이 잘못 배운 것 같다.

일본어의 영향도 적지 않다. 우리는 전기 "스탠드", "패밀리"로 배웠다. 그런데 일본어에서는 "애" 발음이 없어 "에"로 쓰고 "프" 발음이 없어 "후"로 쓰는데 그것을 그대로 옮긴 것이 "스텐드 바"이고 "훼밀리 아파트", "후앙(fan)"이다.

중국한자는 또 어떤가? 영화배우 이름을 "(厂+엄) X X", 극장이름을 "국(口+도) 극장"이라고 한자의 (부+한글) 식으로 썼던 것을 보았다. 해도 너무한 것이 아니지?

어디 그뿐인가. 중동과 왕래가 잦아지면서 아랍문자가 소개되면서 상품이름에 "환(호+‥안)"라고 "ㅏ" 위에 ‥을 찍은 것을 본 기억이 있으리라.

글쎄 이런 현상들을 뭐라고 표현해야 좋을는지? 멀쩡한 우리말, 우리글을 두고서 왜들 이러는지? 한글이 없을 때는 이두(吏讀)를 썼는데, 한글이 있는데도 새로운 시대에 맞는 이두(吏讀)를 개발하고 있는지? 바야흐로 개방시대에 어울리는 이두춘추시대(吏讀春秋時代)에 사는 것 같다[고대65 동기회보, 제11호, 1992. 12.31].

문 닫고 들어오라

소위 우리말에 좀 자신 있다고 하는 사람이 이 말은 논리적으로 틀렸다고 가끔 트집을 한다. 문을 닫고서 어떻게 들어오느냐 말이다. 문을 열고 들어와야 들어올 수 있지 문을 닫고서 어떻게 들어오느냐는 말이다. 언뜻 듣기에 그럴싸한 말이기에 나도 트집을 해야겠다.

그런데 이 말이 틀렸다고 하는 사람도 이 말을 아주 자연스럽게 말하니까 더 이상하다. 그렇다면 이 말이 틀리지 않았거나 맞는데 풀이를 잘못한 것은 아닐까? 나는 이 말은 논리적으로 옳은 것인데 다만 풀이를 잘못한데서 오해가 비롯되는 것이라 생각한다.

"문 닫고 들어오라"는 말은 우선 문을 열고 문지방을 건너서 들어온 다음에 다시 문을 닫고 더 안쪽으로 들어오란 말이다. 그러니까 여기서 들어오라는 것은 문지방 안으로 발을 들여놓는 행위가 아니라 문지방 안으로 들어온 다음에 더 안쪽으로 들어오라는 말이다. 문을 열고 들어온 사람보고 "문열어 놓고 들어오라"고 말한다면 훨씬 이해가 빠를 것이다.

"문 닫고 나가라"는 말도 마찬가지이다. 논리적으로야 어떻게 문을 닫고서 나가느냐는 말이다. 이 말도 문을 열고 문지방을 나갔으면 다시 문을 닫아 놓고서 더 앞으로 나가란 말이다.

그러니까 "*(문을 열고 들어온 다음) 문을 닫고 (더) 들어와*

라", 또는 "*(문을 열고 나간 다음) 문을 닫고 (더) 나가라*"라고 하여야 정확한 말이 된다. 괄호 안의 말이 생략된 것이다. 다시 말해 "문을 열고 들어와서(또는 나가서) 다시 문을 닫고 안으로 들어오라(나가라)"는 말이다[문닫고 들어오라. . . 문닫고 나가라?, 고대교우회보, 제339호, 1998.10. 5].

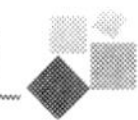

제가 먹어야지

내가 기차를 처음 탔던 때는 초등학교 때이다. 정거장 이름이 한자로 쓰여 있어서 기차를 타고 가면서 한자공부를 할 수 있었다. 그리고 서울에 처음 올라왔던 고등학교 때에는 말귀가 어두워서 적지 아니 고통을 당하였다. 자그마치 "센스가 없다"고 나한테 욕(?)을 하는데도 내가 "눈치가 없다(?)"는 뜻으로 알아듣기까지는 아마 한 학기는 걸렸을 것이다.

연변동포들이 한국에 처음 오면 기리의 간판을 읽을 수는 있어도 무슨 뜻인지 알 수 없는 경우가 많고 한국 사람들과 말을 나누더라도 다 알아듣지 못하고 짐작하는 경우도 적지 않다고 한다. 이해할 수 있다. 그러나 연변사람들이 말을 할 때 우리는 알아들을 수 있지만 순수한 우리말을 쓰는 것을 보면서 세련되지 못한 느낌을 가질 수 있다.

어디 그 뿐이랴. 한국 사람들끼리도 도시 사람과 시골 사람, 늙은이와 젊은이, 배운 이와 덜 배운 이 사이에도 상황은 마찬가지이다. 시골 노인들에게 말을 시키고 웃어 보는 방송이 있는데 노인들이 말을 제대로 하는데도 그렇게 우스운가 보다. "에리"라고 하니까 그것은 일본말이니까 "칼라(collar)"라고 해야 한다고 고쳐주는데 "깃"이라는 말도 모르는 모양이다. 연변말인 "살 양말"을 "스타킹"으로 고쳐주고, "양 적삼"을 "와이셔츠"로 고쳐주고, "손풍금"을 "아코디언"으로 고쳐주고. . . 비서실 아가씨에게 전화번호를 물어보면 "텔리폰 넘버는. . ." 하고 대답

하니 . . . 어쩌자는 말인지 모르겠다.

나의 직장생활은 소위 미제 박사들 속에서 시작되었다. 처음에는 그들의 말투가 메스꺼웠으나 어쩔 수 없었다. 웬만한 단어는 영어단어가 먼저 생각난다고 영어로 하였는데 더 심각한 것은 그것을 흉내 내는 비 유학파 직원들의 흉내 내기이었다. 그 말이 잘못됐다고 고치기로 노력한 소위 미제 박사는 이제 우리말을 하는 데에도 박사가 되었지만, 그러한 말투가 유식의 척도처럼 더욱 갈고 닦은 사람들은 나이가 들었어도 고치기는커녕 지금까지도 우리말의 멍청이가 돼버렸다.

더욱 심각한 것은 고급공무원들이 말을 할 때 토씨만을 우리말로 하고 실력도 없는 주제에 잡다한 영어단어와 숙어까지 꿰어 말을 하고 있으며 또 부하직원들은 그러한 말투를 흉내 내고 있으니 기가 찰 노릇이다. 그 조상에 그 자손인지 조선시대에 한글을 언문으로 천대하고 지금은 컴퓨터언어에서 내밀리고 있으니 잘하는 짓이라고 마냥 비아냥거릴 수만도 없고 . . .

"아버님 대갈님에 검불님 붙으셨어요"라는 말은 내가 자랄 적에 어른들이 잘못된 존댓말을 고치기 위해 흔히 이르던 말씀이다. 지난 5월 1일 아침 8시 S방송의 프로에서 여자 리포터가 하던 말, "제가 먹어야지 . . ." 하면서 잘생긴 얼굴에서 흰 이를 드러내고 생긋 웃었다. 그녀는 그 후에도 이상한 존댓말을 자주 사용하였다.

작년 겨울 나는 남미를 다녀왔다. 현대판 우민정책의 현장을 다녀왔다. 우민정책의 도구는 소위 3S라는 스포츠, 섹스, 스크린이다. 지금 그런 나라 집권층들은 독점적 정치권력을 유지하기

위해 축구, 카니발, 섹스, 마약과 종교를 적절히 활용하고 있다. 우리의 입장은 어떤지 생각해 보아야 하지 않겠는가? 천박한 자본주의적 사고인 "침대는 과학이다"라는 이상한 광고에서 우민화정책은 방조되고 있다. 우민정책의 진수는 소홀한 국어교육과 등한한 역사교육에서 찾을 수 있다. 지하철에서 가장 인기 있는 신문이 스포츠이고 제일 광고료가 비싼 신문이 스포츠 신문이기 때문이다.

이 글을 여기까지 읽은 분에게 권하고 싶다. 댁에 혹시 학교 다니는 자녀가 있다면 그 아이 책상으로 가서 국어사전이 있는가, 한자사전은 있는가 살펴보기 바란다. 좀 소홀한 감이 있으면 영어사전만큼 대우를 받도록 새로운 국어사전, 새로운 한자사전을 선물하도록 하자. 그것이 그 아이가 바로 아버지인 당신의 생일을 기억하고 당신의 장모인 외할머니 이름을 기억할 수 있는 길이기 때문이다[제가 먹어야지 . . . 고대65 동기회보, 제18호, 1998. 8; 35-36].

개발과 향수

필자는 지난 7월에 압록강-백두산-두만강 지역을 다녀왔다. 한마디로 중국의 급속한 경제개발의 와중에서 필자 스스로 간직하고 음미해오던 무어라 꼬집어 말할 수 없는 향수의 터전마저 빼앗긴 것 같은 아쉬움을 남긴 여행이었다. 얼마 전까지도 중국에 대한 경제협력자세를 논할 때 부메랑 효과를 운운하면서 탁상논쟁을 벌여 왔다. 그러나 중국은 경제개발의 파트너로서 한국만을 기다리지 않았다는 결과를 확실하게 보여 주었다.

신의주 맞은편의 단동시, 변경도시인데도 가장 중국적인 요소가 많았으며 현대식 아파트의 건설현장이 잇대어 있는 곳이었다. 단동의 개발 열기는 기적소리를 타고 압록강철교를 넘어가고 뱃길의 물 진리에 실려 북한의 강가에 다다르고 있었다.

단동에서 압록강을 거슬러 올라가면 집안과 만포에 이른다. 압록강을 사이에 두고 두 도시가 마주보고 있다. 쉽게 말해 한강을 끼고 있는 서울 광나루 부근의 강남과 강북과 같은 지형이다. 그 사이를 흐르는 압록강이 국경이 되어 한 도시가 갈라졌으니 자랑스런 고구려 선조들의 준엄한 호통이 역력히 들려오는 것 같았다. 하지만 못난 후손들끼리라도 정표를 확인하는 양 보따리장수가 되어 서로 오가고 있으니 그 착잡함이란 무어라 말할 수 없었다.

압록강을 유람할 때 중국인 사공과 남한의 관광객, 그리고 북한의 병사와 주민들, 서로의 눈길이 마주칠 때 엇갈리는 야릇한

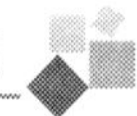

교감을 압록강의 오리 떼와 물고기는 아는지 모르는지... 그저 푸르른 강물만이 일렁이며 흘러가고 있었다. 집안을 지나 통화를 거쳐 이도백하에 이르러 백두산을 다녀오면서 연길에 들렸다. 연길은 거대한 동북의 소비도시로 변하였으며 이제 중국에서도 세 가지의 자랑거리를 가지게 되었단다. 도시와 인구의 규모에 비해 중국에서 택시가 가장 많은 도시, 파마점(미장원)이 가장 많고, 무도장이 가장 많은 도시가 바로 연길이란다.

연길의 정경은 더 이상 한국의 방문객들에게 진한 향수를 달래줄 수 없었다. 올해에도 백산호텔에 잠시 머물렀는데 한국의 투숙객보다는 중국인들이 많았고, 서울말보나도 중국말이 크세 들렸고, 누룽밥과 숭늉보다는 만두와 중국요리가 많았고 조선족 복무원도 그리 많지 않았기 때문이다.

수년전 발길이 멈춰지고 가슴을 메이게 하였던 서(西)시장의 북한산품 전문구역은 이제 자취를 감추었고 대신 피복·의류 점포들이 한국에서 가져온 보따리 상품들로 꽉꽉 차 있었다. 소련피발점(披發, 소련행 상품의 전문 도매점)과 조선피발점이 눈에 띄게 많아져 과연 연길은 연변뿐만 아니라 동북지역의 소비와 유통의 국제적 중심지임을 실감하였다.

한반도의 북쪽 꼭지인 도문시, 조중관문인 도문공원에는 해관을 통해오는 북한의 마른 해삼을 거리잡이 하기 위해 이른 새벽부터 동포아줌마들이 서성이고 있었다. 그리고 도문 공원의 강뚝에는 국경의 정경을 사진 찍기 좋은 자리에서 자리 세를 받는 사진사들, 그것이 자본주의 상식이라고 한 수 알려주면서 작년에 이어 올해에도 자릿세를 꼬박꼬박 받고 있었다.

두만강변을 따라 동남으로 내려가면 훈춘에 이른다. 동양의 암스텔담, 동북의 홍콩을 꿈꾸는 훈춘에도 개발의 열기는 맹렬하였다. 호텔에서 어느 쪽을 바라봐도 빙빙 돌고 있는 타워클레인, 건자재를 실은 차량이 꼬리를 물고 다니고 있었다.

훈춘은 벌집을 쑤셔 놓은 듯 온통 개발의 열풍에 휩싸였으며 세계 각국의 투자의 각축장이 되었다. 지리적 인접성, 역사·문화적 연고성이란 한국의 비교우위란 찾아볼 수 없었다. 다행히 몇몇 한국기업의 진출로서 민족자존심의 명목을 지켜줄 뿐이었다.

아무리 세계화 시대라 하더라도 사업역량을 전 세계로 분산시키는 것보다 민족번영의 프론티어인 연변을 전략적 거점 지역으로 자리매김할 수 있도록 착실한 진출을 서둘러야 하겠다.

압록강과 두만강가를 달리는 번호판 없는 한국산 차량이 강을 건너왔다는 말을 듣고 느끼는 흐뭇한 마음과는 달리 일체가 상품이라는 돈독 오른 중국인들의 상술에서 아련한 향수의 음미마저 바가지를 쓴 것 같은 아쉬움이 남는 것이 이번의 국경여행이었다[개발과 향수, 명대신문, 1993. 9. 6].

눈치 없으면 코치해줘야

5월은 어린이날을 비롯하여 가족과 가정을 기리는 가정의 달이다. 이 때쯤 생각나는 것은 〈어린이〉라는 말과 더불어 〈어린애〉, 〈애들〉이란 말이 떠오른다. 어린이는 어리다는 것을 강조하고 높이는 말이다. 아직 물리적으로 어리고 사랑스러워 항상 너그럽게 생각하여 쓰는 말이다. 그런데 애들이란 말은 어린애들, 젊은 애들, 늙은 애들처럼(같은 또래, 연배에서 사용) 사람의 인격에 견주어서 부르는 경우가 많다. 여기서는 소위 버릇없는 애들을 생각해 보자.

요즈음 사회 도처에서 양극화 논란이 뜨겁다. 종전에 2중구조라고 하던 것을 양극화로 표현하고 있다. 중산층이 없어지고 있기 때문이다. 교육현장에서도 이러한 양극화는 다양하게 일어나고 있다. 학생들의 품행에서도 양극화가 나타난다. 글로벌 시대에 걸맞은 글로벌 매너, 글로벌 에티켓으로 잘 갖추어져 있는 학생이 있는가 하면, 버릇, 예의, 예절, 염치, 에티켓 등 무어라고 표현하던 사회적 약속에 무딘 학생도 많다. 그래서 버릇없고, 염치없고, 예의 없는 세대라고 한다. 인터넷 세대들의 대다수가 전통적 가치이자 미덕이었던 소중한 예의와 예절이란 자산들을 인터넷 댓글에서 뿐만 아니라 일생생활의 구석구석에 팽개치고 있다. 예절이 부족하면 눈치라도 빨라야 하지 않은가? 눈치란 남의 마음이나 일의 낌새를 알아챌 수 있는 힘, 또는 겉으로 드러나는 어떤 태도를 알아채는 능력이다. 그런데 눈치와 염치를 알면서도 아랑곳하지 않는 것도 현실이다.

예의와 도덕에는 대상이 있다. 우선 자기 자신이 대상이고, 상대방, 가족, 집단, 사회 등으로 확대된다. 누구든지 자신의 이익에 대해서는 너무나 철저하고 상대방과 가족에 대해서도 이기적 선택이고, 집단이나 사회에 대해서는 가능한 한 소속집단의 이익으로 기운다. 시민의식, 선진의식은 바로 대면접촉이 없는 인터넷이나 공동생활에서 성숙된 자세로 나타난다. 선진사회로 가기 위해서는 물질적 풍요와 성숙된 시민의식이 필요충분조건이 되는 것이기 때문이다. 동물적인 이기심을 극복하고 남을 위한 배려와 봉사정신이 공중도덕으로 승화되어야 한다. 급속히 변하는 현재의 디지털 시대에서 버릇없는 세대의 양산이 염려된다. 예의범절은 고사하고 눈치도 없는 애들이 판을 치고 있다. 시민의식의 하향 평준화, 나아가 예절의 양극화가 심해지고 있다.

이에 대한 원인도 많고 처방도 많으며 이런 일이 굳이 어제 오늘의 일만은 아니다. 그러나 문제는 확산의 속도와 그로써 비롯되는 폐해이다. 농촌총각 결혼문제가 대두되고 베트남 새색시가 한국에서 신접살이할 때, 한국의 기후에 설어서 추운 겨울밤에 이불을 끌어다 덮을 줄 몰라 감기에 걸렸다던 고생담이 있다. 이러한 물리적 폐해처럼 예절의 양극화도 사회의 중심에서 벗어나는 정서적 미숙이어서 사회적 가치체계의 붕괴를 자초할 폐해가 우려된다. 하지만 지나친 친절, 허례허식, 특히 외국인에 대한 과잉친절은 비굴이고 굴종이다. 이 역시 평등하고 당당한 글로벌 시대에서는 마땅히 버려야 한다. 글로벌 정글사회에서 살아가기 위해 예의는 고사하고 눈치코치조차 없는 애들에게는 코치(coach)가 필요한 때이다 [〈사설〉 눈치 없으면 코치해줘야, 연합교육신문, 2006. 5. 3].

찌라시와 문화수준

동북아라면 보통 남북한과 중국, 일본, 러시아, 몽골을 포함하여 6개국을 일컫는다. 그리고 동양문화, 아니 좀 좁혀서 동북아 문화라면 아무래도 한·중·일의 문화가 가장 공통점이 많고 선도적인 역할을 한다고 할 수 있다. 왜냐하면 이들 세 나라 문화 사이에는 같거나 비슷한 점이 많기 때문이다.

한·중·일 문화 사이에는 다른 점도 많은데 그중에서 가장 확연하게 구별되는 것 가운데 하나를 꼽으라면, 글쎄 뭐랄까, 좋은 이름이 있을지 모르겠는데 우선 찌라시 문화라고 해보자. 찌라시는 일본말(ちらし, 散らし)이다. 우리말로는 전단지라고 한다. 찌라시에는 종류가 너무 많다. 유흥가나 사람이 많이 다니는 길거리에서 나누어 주는 것, 공공장소에 붙이는 것, 가정집 대문, 아파트 현관, 담벼락에 붙이는 것, 신문 사이에 끼어서 배달하는 것, 요즈음에는 선거철이라 입후보자 알리는 전단지, 음식점 배달광고, 광고 명함 등등 수 없이 많다. 일종의 공해이다. 유사한 것으로는 남발되는 골목길 플래카드(후랑카드는 일본식 엉터리 영어의 한국식 표현)도 같은 고려의 대상이다.

이 찌라시 문화야 말로 한·중·일 간의 문화차이를 확연하게 구별시키는 것 중의 하나이다. 특히 공공장소에 무질서하게 붙이는 문화(?)야 말로 한국의 특종산업이고 사라져야 할 문화이다. 그 넓은 땅 덩어리를 갖고 있는 중국에서도 한정된 곳을 제외하고는 없다고 해도 과언이 아니다. 마찬가지로 일본에서도 정해진 곳 이외에는 볼 수가 없다.

우리는 어떤가? 구태여 여러 사례를 들을 필요 없이 학교 안팎을 살펴보자. 지정된 장소 외에도 강의실 벽, 화장실, 복도 바닥, 운동장이나 길거리의 보도블럭, 말뚝, 나무, 담벼락, 심지어 철망 울타리까지, 아스팔트 길, 운동장 위에 줄을 만들면서 행사장 입구가지, 아무 곳에나 붙이고, 떼고, 그것도 한두 장도 아니고 수십 장, 아니 수백 장을 붙이고 심지어 도배를 한다. 어디 그뿐이랴. 고성능 풀, 접착제, 테이프를 사용하여서 떼어내기도 쉽지 않다. 학교 앞 버스정거장에는 붙일 수 있는 곳이라면 한 군데도 빼놓지 않고 붙인다. 찌라시 종류도 천차만별이고 가지가지이다. 정말 가관이다.

이러한 찌라시 문화는 오래전부터 있었겠지만, 같은 종류를 여러 장 붙이는 것은 내 기억으로는 아마도 노태우 대통령 선거 때부터 비롯되었던 것 같다. 사람들이 선거벽보를 훼손하고 뜯어내니까 물량 공세적으로 선거벽보를 많이 붙이면서 시작된 것 같다.

학교 교정의 물량 공세적인 찌라시의 위력은 어떨까? 글쎄… 길바닥에 도배를 해서 행사를 안내한 곳으로 가면 불과 몇 명뿐이고, 설령 사람이 많은 곳이라도 그것이 찌라시의 위력이라고 보기는 어렵다. 엄청난 낭비로 보인다. 그런 것을 알면서 왜 반복되고 있을까? 남들이 하니까 줏대 없이 유행으로 하거나, 관행으로 알고 덩달아 하는 경우가 대부분일 것이다. 그러나 기본적으로는 광고물 제작의 기본 단가가 문제이다. 자세히는 모르지만 수백 장 찍는 것이나 수천 장 찍는 것이나 기본단가에는

차이가 없단다. 자동차 부품을 고치지 않고 새것으로 갈아 끼워서 수리 단가를 높이는 것과 다를 것이 없다. 말하자면 천민자본주의 사상의 표출이다.

이러한 문화와 광고 산업이 얼마나 혐오업종인지 드디어 몇 년 전부터 반응이 나타나기 시작했다. 전신주의 붙일만한 곳에 뾰족뾰족한 갖가지의 유형의 고무판을 두르기 시작했다. 그야말로 신종산업의 등장이다. 전신주만이라도 깨끗하라고? 그런데 만만치 않다. 고무판 두른 곳 아래·위를 넘어서 사람의 키가 닿는 곳까지 붙이는 극성도 있고, 더구나 낡아서 너덜거리는 고무판은 더 볼썽사납다. 도시미관이 어쩌고저쩌고 디 물 건너가는 이야기다.

반면에 이러한 찌라시 문화를 너그럽고 긍정적으로 보는 사람도 있다. 새로운 광고문화, 새로운 접착제와 테이프 개발, 붙이고 나누어 주는 전문직종의 등장, 실업자 구제, 붙이고 떼는 아르바이트 제공, 취로사업의 확대 등등의 궤변. . . 정말 비효율적이고 혐오적인 취업시장(?)이다. 하지만 오죽해야 그러겠느냐? 참고 견디자는 너그러움도 만만치 않다. 하지만 남의 집 현관에 수 없이 반복되는 불법적이고 광고효과도 의심되는 찌라시 붙이기, 여기저기 널브러진 쓰레기 찌라시 문화는 반드시 규제되어야 하는 신종산업이다. 그것이 민도인가 문화수준인가? 한국의 국민성과 관련된 독특한 문화인가? 분명히 고거는 아니다.

그렇다면 대안은 무엇인가? 우선 불법광고의 철저한 단속이다. 불법광고에 대한 법과 규정이 이미 있다. 경범죄 처벌법도 있다. 단속과 고발을 해서라도 고쳐야 한다. 붙이는 사람을 우선 처벌하고, 광고주 대해서는 더 엄한 처벌을 하는 방법도 있다. 선진화를 지향하면서 시민의식의 성숙을 마냥 기다릴 수만은 없다. 두 번째는 미니광고 부착장소의 지정과 관리이다. 장소를 지정하고 일정기간이 지나면 반드시 제거하도록 의무화하고, 수익자 부담의 원칙에서 벌금을 강화해야 한다. 목욕탕 욕조에서 오줌 누고, 자기 몸의 때는 깨끗이 닦고 타일바닥에 가래침 뱉는 얼간이 천민의식을 제도적으로 추방해야 한다. 셋째는 준법정신과 시민의식의 함양이다. 남들 속에 파묻히려는 소시민적 집단의식이지만 고칠 수 있다. 월드컵 축구 때에 길거리 응원에서 보여준 시민의식, 깨끗한 길거리에서 보여주었다.

싱가포르의 숨 막힐 것 같다는 도시질서와 시민의식을 마냥 부러워만 하지 말고, 우리도 할 수 있다는 자부심을 갖자. 화장실 문화를 고쳤듯이 이제 찌라시 문화도 고치기 시작하자. 선진의식의 실천이 빠를수록 문화수준도 높아질 것이다[2006. 5].

저희나라, 충청서도

저희나라, 가돈(家豚), 폐사(弊社)

가돈(家豚)이란 말 아마 오래간 만에 늘을 것이다. 나는 옛날에 자주 듣던 말이다. '우리 집 돼지'라는 뜻으로 웃어른에게 자기를 겸손하게 나타내고자 할 때에 자발적으로 자기 자식을 낮추어 부르던 말이다. 하기야 옛날에는 애들이 질병에 걸리지 말고 잘 자라 달라는 뜻에서 귀한 자식일수록 천박한 이름으로 불렀다. 너무 예쁘거나 귀여운 자식인데 자꾸 예쁘다라던가 귀엽다고 부르면 귀신이 질투하여 일찍 데려간다니 귀신을 속일 속셈으로 별로 귀엽지 않고 더럽다는 의미에서 개똥이(開東)이라고 불렀다. 또 자식의 얼굴에 있는 조그만 점이나 혹 따위가 없어졌으면 좋겠다고 생각되어 그것이 삭 녹아서 없어지라는 주술적 의미에서 상녹(常綠)이라는 이름으로 불렀던 것은 흔한 일이었다. 어찌하였던 이런 이름들은 그런 대로 염원과 애교가 있어서 들을 만하다.

폐사(弊社)라는 말도 그렇다. 상대방에게 자기회사를 낮추어 겸손하게 부르는 말이다. 사실 자기회사 직원들 앞에서는 자기회사가 제일이라고 자랑을 하고, 또 누가 자기회사에 대해 좋지 않은 말을 하면 기분 나빠하면서, 공개석상에서 자기회사를 말하거나 자랑을 할 때에는 흔히 폐사(弊社)라고 한다[물론 폐하(陛下)라는 의미에서 폐사(陛社)라고 한다는 컴퓨터 세대도 있지만. . .]. 은근히 자기회사가 최고이고, 발전가능성이 있다고 내숭을 떨면서 말할 때 폐사라고 한다. 글쎄, 그런가 보다하고 크게 신경 안 쓰고도 그런 대로 들어 넘길 수 있는 말이다.

그런데 저희나라는 어떤가? 방송에서 흔히 들리고, 소위 지식인이라는 사람들도 생각 없이 쓰는 말인 것 같은데 나는 결론적으로 머리를 저을 수밖에 없는 낱말이다. 우리말에 저희란 뜻은 우리라는 낱말의 겸양어이다. 그런데 우리라는 낱말은 1) 같이 있는 무리를 일컬어 자기들끼리, 또는 상대방에게 하는 말이고, 2) 가까이 있거나 멀리 있거나 상관없이 상대방과 나를 싸잡아 하는 말도 된다. 그렇다면 어디 한번 생각해보자.

우리나라는 누구나 아주 편하게 쓸 수 있는 말이다. 그런데 저희나라라는 낱말이 우리나라라는 낱말의 겸칭이 될 수 있겠는가? 그렇다면 누구한테, 또는 어느 나라한데 우리나라를 낮추어 불러야 하겠는가? 가능한 경우를 생각해보자. 우선 소위 '짐(朕)이 국가'라는 식의 전제군주인 경우에는 그 사람보다 훨씬 힘센 독재군주에게 자기가 소유하고 있는 나라를 낮추어 저희나라라고 부를 수 있을 것이다. 둘째, 어느 나라가 다른 나라의 진정한 속국이라면 그 속국의 통치자는 그렇게 부를 수도 있을 것이다. 그런데 지금 그런 나라가 어디에 있는가? 또 우리나라가 그러한 나라인가? 아니라면 왜 우리나라라고 하지 않고 말끝마다 저희

나라라고 하는가? 그럼 당신네 나라는 혹시 이 땅이 아닌 다른 곳에 있는 것은 아닌가?

모름지기 국가는 절대지고(絕對至高)의 개념이다. 절대로 비하되거나 겸칭을 사용할 수 없는 것이다. 우리 문화가 너무나 그러한 어휘사용에 무심하고 무감각한데에 문제가 있다. 아무리 생각해도 말이 안 되는 소리이다. 그런데도 별로 신경을 안 쓰고 지금도 저희나라라는 말이 사용하고 있으며, 방송에 나올 때마다, 공개석상에 설 때마다 반복적으로 사용하는 이유는 무엇인가? 또 그런 사람을 자꾸 불러 내여 그런 말을 시키는 사람들의 속뜻은 무잇인가? 별다른 의도는 없고 그냥 깊게 생긱하지 않고 그렇게 했다면 반드시 스스로 반성을 하고 고쳐야 할 것이다.

그 사람은 우선 스스로 배워야할 것이 많다고 더욱 겸손해져야 할 것이고, 열심히 배우고 닦은 뒤에는 반드시 고치려는 노력을 해야 하고 시간이 흐르더라도 고칠 것은 고쳐야 한다. 특히 영향력을 가진 사람은 책임 있는 말을 하여야 하고, 낱말 하나에도 사상을 담아서 말하여야 한다. 그리고 우리는 그러한 분들을 존경하여야 할 것이다[家豚, 弊社, 그리고 저희나라, 고대 65 동기회보, 2000.12.15].

충청서도

나는 나의 본적을 충청남도라고 쓸 때마다 충청남도라는 넉자 중에서 「남」자를 쓸 때는 늘 머뭇거린다. 우리가 지도를 볼 때 위는 북쪽이고 아래는 남쪽이고 오른쪽은 동쪽이고 왼쪽은 서쪽이란 것을 알고 있다. 그런데 아무리 눈으로 보거나 자를 대어 보아도 충청남도의 위치와 (125°31′~127°38′, 35°58′~37°7′) 충청북도의 위치를 (127°16′~128°39′, 36°1′~37°20′) 보면 충남은 서쪽이고 충북은 동쪽에 위치한 것이지 서로가 쪽과 북쪽으로 자리한 것이 아니다.

원래 충청도는 지금의 충청남북도와 강원도 및 경기도의 일부까지 차지하였던 고려 공민왕이후 조선말까지의 행정구역의 명칭이다. 충청도가 동서로 나뉜 것은 고종 33년, 말하자면, 1896년에 전국을 13도의 행정구역으로 구획할 때부터인데 그때부터 충청남도와 충청북도로 나누어 불리어지고 있다.

도계(道界)가 직선으로 된 것이 아니고 대개 꼬불꼬불 맞물리게 되어있다. 도(道)가 남북으로 나뉜 것 중에서 남북이나 동서로 맞물린 것을 보면 충청남·북도는 전혀 방위개념과 거리가 먼 이름임을 알 수 있다. 우선 남북의 맞물림을 볼 때 상하단의 길이에서 남북으로 중복된 수리상의 비율을 보면 그것이 직선의 도계일 때는 0%가 되어야 하는데 그것이 경상도는 15.6%, 전라도 16.0%, 함경도 23.0%, 평안도 28.9%, 충청도는 80.5%이어서 충청남북도는 대체로 같은 위도에 있다고 하

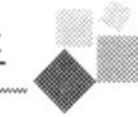

겠다.

다음으로 동서간의 중복비율을 보자. 이것 역시 직선의 도계라면 0%이어야 하는데 충청도 0.2%, 함경도 22.0%, 경상도 38.8%, 평안도 60.0%, 전라도 68.3%가 된다. 그런데 여기서 평안남도는 완전히 평안북도에, 전라북도는 완전히 전라남도의 경도 안에 있기 때문에 이를 동서로 구분할 수는 없다.

이처럼 충청도의 중복비율은 남북이 80.5%, 동서가 0.2%이어서 상대적으로도 남북구분(南北區分)을 하기보다는 동서구분(東西區分)을 하여야 할 것이다. 도명(道名)에 방향개념을 넣어야 한다면 충청남도(忠淸南道)는 충청서도(忠淸西道)로, 충청북도(忠淸北道)는 충청동도(忠淸東道)로 하여야 하는 것이 방위개념이 명확해지고 당연한 것이 아닐까? 이처럼 방위개념이 아닌 상하개념에 대한 이의제기가 없이 통칭되고 있는 것은 필자의 과문(寡聞)한 탓일까? 아니면 획일적 사고의 중독이나 사고의 다양성이 결여된 탓일까? [충청서도, 명대신문, 1987. 5.12]

공부도와 대청댐

역사는 승자의 기록일진데 하물며. . . 오죽해야 반역을 하면 3족을 멸했겠는가?

충청도는 원래 충주-청주 지역을 지칭하는 것이다. 그런데 충주와 청주가 그 지역이 모두 충북에 있으며 충남의 어느 도시도 끼이지 못했다. 그런데 왜 충청도라고 하는가? 이는 충주, 청주가 있는 충북이 상위개념이고 충남은 하위개념이기 때문이다. 더군다나 충주와 청주사이에서도 청주보다는 충주가 상위 개념이다.

먼저 상위개념에 대해 생각해 보자. 우리나라 삼국의 역사에서 백제의 무대는 (경기-충청-전라)를 포함하는 한반도의 서해권역이었다. 그리고 신라와 당나라에 의해 패망한 백제의 역사는 왜곡 되고 냉대 받게 되었다.

678년의 역사를 가진 백제(BC 18~660)의 수도는 위례성, 웅진성, 사비성으로 두 번 천도하였다. 1대왕 온조는 십제를 백제로 고치면서 493년간의 하남위례성시대(서울, BC 18~475)를 열었다. 이어서 22대왕 문주왕은 63년간의 웅진시대(공주 공산성, 475~538)를 열었고, 26대왕 성왕이 웅진에서 사비성으로 천도하면서 122년간의 사비성시대(부여 부소산성, 538~660)를 열었다.

이처럼 약 700년의 역사를 가진 백제의 옛터는 부여와 공주인데 개성과 평양처럼 고도일 뿐으로 충청도란 이름에서도 흔적

을 남기고 싶지는 않은 것인지? 부공도? 어때 ~ ~ ~ 좀 어색하기도 하지만?

◇고향은 月支國 ◇

승자의 기록인 중국의 〈삼국지〉 위지 동이전에는, 백제는 마한 50여 개 소국 중의 하나에 불과하며 오히려 목지국(目支國)이 마한연맹체를 주도해간 것으로 나오고 있다. 필자는 목지국에 대해서 이런 생각을 해본다. 사서에 따라 목지국 또는 월지국이라고 하는데 "月"자와 "目"자는 "筆寫"에서의 실수일 수 있다. 필자의 생각으로는 월자가 맞을 수 있지 않을까 생각되는데 이는 몽골어에는 을지, 알지, 얼지, 얼지와 같은 이름이 많다. 따라서 우리나라의 역사에서 을지문덕, 김알지처럼 한자로 표기하면서 월지로 되지 않았나 생각된다. 그리고 필자의 고향에는 월자 들어가는 지역, 마을이 너무 많아서 심증이 굳어진다.

충북(忠北)에서 북(北)이란 개념은 충남에서의 남보다 상위개념이다. 북향재배[北向再拜]에서 북은 자연방위의 북이 아니고 임금이 있는 곳을 말하므로 북한에서는 한양이 있는 곳을 향하여(북향) 두 번 절(재배)한다고 생각한다. 예절의 동서남북은 자연의 동서남북과는 달라서 자연 방위와는 상관없이 상석이 북쪽이고 맞은편이 남쪽이다. 상경이란 말도 마찬가지이다. 상이란 말은 수도를 뜻하므로 방위가 어디 있던지 중심도시로 가는 것을 올라간다고 한다. 평양에서도 상경이고, 대전에서도 충청도는 홍성에 있으므로 도청이 있는 홍성으로 올라간다고 해야 하는 것이다.

중국에서는 하늘의 중심(천제)은 북극성이고, 황제는 스스로를 "천자"로 간주했기 때문에 북측은 상위개념이다. 따라서 충청도라는 이름은 역사의 흔적지우기와 상위개념의 복합적인 사상의 산물이다.

이제 세상이 바뀌니까 지명에도 변화가 일어난다. 청남대가 있는 대청호, 대청댐에서 보듯이 대전과 청주 사이에 있다고 해서 대청댐, 대청호라고 이름이 바뀌었다(2014.11).

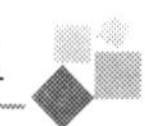

내포신도시

어느 지역의 명칭이나 역사가 흐르면 바뀌게 마련이다. 그래서 내 고향인 충청남도, 대전, 홍성, 내포, 홍동이란 이름이 어떤 뜻을 가지고 있고 어떤 배경에서 이름 지어졌는지 생각해 본다.

충청남도는 삼국시대에 백제에 속한 지역으로 475년(문주왕 2년)에 백제의 수도를 한성(서울)에서 웅진(공주)으로 천도한 이래 660년 나당 연합군에 의해서 백제가 멸망할 때까지 185년 간 찬란했넌 백제 문화의 꽃을 피운 지역이었다. 통일신라시대라는 남북조시대에는 웅진도독부와 소부리주(사비주), 웅천부, 웅주 등으로 불려졌으며, 후삼국시대에는 견훤이 세운 후백제의 영역에 속하게 된다. 고려시대에는 하남도, 양광도, 충청주도, 충청도 등으로 불려졌으며, 경기도와 합치기와 나누기가 반복되었다. 조선시대 태조 4년(1396년)에 양광도를 충청도와 경기도로 분리하였고 이후에 충청도의 명칭은 공청도, 충청도, 공홍도, 충홍도, 공충도 등으로 수차례에 걸쳐 개칭되다가 순조 34년(1834년)에 공청도에서 충청도로 환원되었다. 고종 33년 1896년 칙령 제36호로 13도제로 개편됨에 따라 충청북도와 분리되어 비로소 충청남도가 탄생하게 되었다. 이때부터 충청남도라는 하위개념이(?) 자리 잡게 되었다.

충청남도의 도청소재지는 대전이었는데 그 배경에는 다음과 같은 일화가 있다. 1905년 경부선 간이역이 들어설 때만 해도 대전은 한밭이라 불리던 상주인구 180여 명에 불과한 한적한 시골 마을이었다. 대전은 1914년 호남선의 기점으로 이어지고 난 이후에야 교통의 요지로 본격적으로 개발되었다.

대전(大田)의 본래 지명은 태전(太田)이다. 그런데 한일병탐되기 한 해 전인 1909년 1월에 원래 점점 커가는 밭이라는 태전(太田)에서 서서히 기울어 가는 의미인 큰 밭 대전(大田)으로 바꾸었다. 당시 순종황제를 호종하여 태전을 지나던 이등박문 통감이 이곳의 그 주변의 수려한 산세와 이름을 보고는 그 자리에서 아랫사람에게 태전의 태(太)자에서 점을 뺀 대전(大田)으로 부르라는 지시를 내렸다는 것이다. 지세의 기운을 꺾고 나아가 지기(地氣)를 받는 조선 사람의 기운을 제어하기 위한 것이었다.

대전이 충남의 도청소재지가 된 것은 도청부지를 제공한 땅투기의 귀재인 공주태생의 김갑순과 인연이 깊다. 그는 1904년 이후 대전에 철도가 건설되고 관공서가 들어서자 이곳을 눈 여겨보고 호남선 가설계획을 미리 입수해 일찍부터 대전에 집중적으로 땅을 사들였다(홍성신문 2012.10.16). 1930년 말 대전 시가지 전체 토지가 57만 8000평이었는데 그 중 약 40%가 되는 어마어마한 토지를 확보하였다. 대전 일대의 땅을 가진 김갑순은 대전 토지의 가치를 더 끌어올리기 위해 관료들을 상대로 충남도청 이전 로비를 벌였다. 그는 도청을 비롯한 관공서 부지를 무상으로 헌납하기로 약속한 끝에 도청을 공주에서 대전으로 이전시켰다(1932.10.1).

그동안 아메바의 핵처럼 충남의 한쪽 귀퉁이에 위치한 충남도청은 도민의 불편은 아랑곳하지 않았다. 서산이나 태안에서 대

전을 가는 것이 서울 가는 것보다 불편하였다. 이러한 것은 중앙집권적인 행정편의적 발상과 어우러져 도민의 바람과는 사뭇 다른 것이었다.

그 후 민주화시대, 지방화 시대가 열리면서 도청 이전지를 결정하였고(홍성군 홍북면·예산군 삽교읍 일원; 2006.2.12), 신도시 명칭을 '내포'(內浦)로 확정하였다(2010.8.2). 현재 충청남도 도청 소재지인 '내포'라는 명칭은 내포 문화권(충청남도 북서부 지역)의 중심이라는 역사적, 지리적 특징을 잘 반영하고 있다는 점, 황해권 시대의 선도 역할을 한다는 미래 지향적 의미를 담았다는 전에서 선정되었다고 밝혔다. 대전 도청시대를 마감하고 "내포신도시"를 건설하여 이전하였다(2013.1.2).

신도시 이름인 내포[內包, 內浦]는 바다나 호수가 육지로 휘어 들어간 부분을 말한다. 내포(內浦)는 순수한 우리말로는 "안개"란 뜻으로 바닷물이 육지 깊숙이 들어와 내륙 깊은 곳까지 바다 배가 항해할 수 있는 지역적 특성을 갖고 있다. "안 개"에서 "안"은 안쪽(內)이란 뜻이고, "개"는 바다(浦)를 나타낸다. 내포는 남해안이나 동해안 등 다른 지역에서 나타나지 않고 서해안에서만 나타나고 있는 데 해안선이 리아스식으로 간만의 차이가 심하기 때문이다. 따라서 내포지역은 ① 공물의 운송이 이루어졌던 조운의 발달하였고, ② 해상교역과 전통 상업중심지역으로 발달하고, ③ 외국의 선진문물이 전래되는 통로역할 수행하였다.

조선 시대 발행된 택리지에서는 "공주에서 서북쪽으로 200리쯤 되는 곳에 가야산이 있고, 가야산 앞뒤의 열 개의 고을을 내포라고 하는데, 이 곳은 땅이 기름지고 평평하며, 또 생선과 소금이 매우 흔해 부자가 많고, 여러 대를 이어 사는 사대부 집이 많으며, 충청도에서 내포가 가장 좋다"고 기록했다. 구체적으로 열 개 고을은 지금의 홍주, 결성, 해미, 태안, 산, 면천, 당진, 덕산, 예산, 신창을 말한다.

내 고향을 면단위로 보면 홍동면인데 홍동(洪東)이란 지명도 홍성의 동쪽에 있대서 붙여진 것이다. 홍동이란 명칭은 충청남도령 제3호로 행정구역이 개편되면서 붙여진 이름이다(1914.3.16). 당시의 구 홍주군의 금동면, 홍안송면, 번천면, 송지곡면 등을 합하여 홍동면으로 개편된다.

홍동면이란 이름이나 충청남도라는 이름이나, 대전 도청소재지나 모두가 주민들의 고향이름이나 정서를 완전히 무시하고 행정 편의적으로 설치되고 작명된 것들이다. 홍동면이나 홍북면이나 모두 같은 배경인데 주민들은 관심이 있는지 없는지 타성에 젖었는지 그저 무감각할 뿐이다(2014.11).

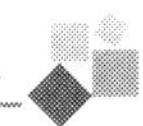

우민정책(愚民政策)과 구존동이(求存同異)

사람이 생존을 위해 가장 중요한 것은 무엇일가? 당연히 그것은 아주 간단하게 한 글자로 말한다. 생각해 보자, 눈, 코, 귀, 입, 혀, 목, ㅈ·ㅆ(남녀성기), 숨(생명), 피, 살, 말, 글, 얼(역사), 돈, 약, 꿈. . . 모두 한 글자이다. 특히 말(언어)과 얼(정신)은 개인의 생존에서처럼 국가의 존립에서도 마찬가지이다.

그런데 좀 생각해 볼 것은 우민정책(愚民政策)이다. 여기서 말하는 우민정책이란 비개한 나라에서 말하는 문해율(文解率, 文盲率)과는 개념이 다르다. 아무리 교육 수준이 높다하더라도 우민 정책은 우민정책이다. 기준은 말과 글과 얼에 대한 교육이다. 김삿갓의 삶과 철학이 오늘날 우리에게 주는 교훈은 무엇인가? 김삿갓과 우민정책? 연결이 되겠지. . . 나 자신도 삿갓을 써야 하지 않을까? 우리 주위에 얼마나 많은 사람들이 자신의 삿갓 속성도 모르고 지내고 있을지?

우리의 교육, 국어를 어떻게 가르치고 배우고 어떻게 일상에서 사용하고 있는가? 역사를 얼마나 잘 가르치는가? 반문하고 싶지 않다. 소위 3S(screen, sport, sex)에 얼마나 우리가 길들여졌는가?, 이게 바로 우리의 우민정책의 현실이라고 할 수 있지 않은가? 아무리 박학다식(博學多識)하고 첨단 학문에, 담론(談論)에 두각(頭角)을 보인다 해도 얼이 빠진다면 〈얼빠진 교육〉, 얼이 나갔으면 〈얼간이 교육〉이 아닐까? 얼이 떨어질락 말락하니 얼떨떨하지 않은가?

통치의 가장 좋은 방법은 "백성을 죽이지도 말고 살리지도 말라"는 말이 있다. 죽이면 부려먹지 못하고, 살리면 기어오르니까 잘 길들이는 것이다. 먹이(식량)와 매(형벌), 다른 표현으로는 당근과 채찍을 통한 조련이다. 그럴듯한 이데올로기로 시공(時空)을 엮으려는 거대한 통치의 담론이요 멘토이다.

역사를 잘못 가르치고, 잘못 배운 통일에 대한 기본 개념조차 헷갈리는 통일비지니스, 빨리 사라져야 한다. 이제 통일을 염원하는 세대의 이름인, 광복(光復)이 독립(獨立)이, 통일이들, 분단에 한 많은 세대의 생애는 자꾸 줄어들고 있다. 그 대신 통일에 대한 무감각 세대가 자라나고 있다. 우민정책의 소산으로, 삿갓의 참뜻도 변질시키는 일부 지도층의 자질, 청년실업으로 주눅 든 젊은 세대, 다문화 가정의 새로운 세대들에게 통일은 어떠한 구호일가? 그저 그들의 염원일 뿐인가? 아니면 새 역사의 주역일가? 뉴 프론티어일까?

통일은 서두르지 말고, 무리하지 말고 때가 될 때까지 겨레의 얼을 바탕으로 철저히 준비하며 기다려야 한다. 그리고 때가 오면 놓치지 말아야한다. 기본적인 자세는 내가 나를 알고, 남도 알아야 한다(知彼知己). 그것이 소통이요 왕래이다. 아무리 철저한 우민정책도 역사를 되돌리지는 못한다. 내가 있어야 남이 있다는 소인배(小人輩) 철학이 아닌, 내가 있으려면 남도 있어야 한다는 사실에서 구존동이(求存同異, 求同存異)가 평화통일 인프라가 아닐까?[우민정책(愚民政策)과 구존동이(求存同異), 한반도 평화통일 디자인, 윤영전 외, 평화통일시민연대, 2011.9: 82-82]

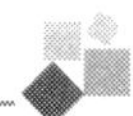

국가밀도

부자나라라면 흔히 스위스라든가, 쿠웨이트라든가 부루나이 같은 나라가 떠오른다. 부자나라의 기준으로는 대개 1인당 GNP의 크기를 사용한다. 그러나 1인당 GNP의 많고 적음이 살기 좋은 나라의 기준이 되기에는 적합하지 않다는 것이 상식으로 받아들여지고 있다. 왜냐하면 살기 좋은 나라의 기준은 쾌적한 기후, 사회적 안정, 일상생활의 편익시설, 국민의 자유, 건전한 국민성과 도덕성 등이 GNP보다 더 큰 비중을 차지할 수 있기 때문이다.

세계지도를 보면 이러한 기준을 설정하는 것이 어느 정도 맞을 것 같다. 먼저 아시아와 대양주를 보면 아열대지역과 서남태평양지역에 조그마한 나라들이 많이 있다. 동남아 반도와 남서태평양 상의 도서지역에는 자그마치 20여 개국 가까이 있다. 중동지역을 보면 지중해안 초승달 지역, 인동양안, 걸프만안에 10여 개국이 있고, 서부 아프리카지역에 20여 개국, 동남부 고원지역에는 10여 개국이나 몰려있다. 카리브해와 중미지역에는 무려 30여개의 소국이 있는가 하면, 중부유럽과 동부유럽에 20여개의 소국이 있다.

사람이 살기 좋은 곳은 인구밀도가 높듯이 국가밀도가 높은 지역이 살기 좋은 지역이 되지 않을까? 물론 미니국가(mini-state)의 밀집현상은 식민지 정책과 강대국의 영향 때문이라는 논리를 받아들여도 이러한 가설이 크게 어긋나지는 않는다. 그렇다면 세상에서 살기 좋은 지역은 위에서 본 국가밀도가 높은 지역, 다시 말해 태평양 도서지역, 동남아와 히말라야 고산지대, 지중해 연안과 아라비아 반도 해안지역, 아프리카 서부와 동남부 고원지대, 중미와 카리브지역, 발칸지역 등을 꼽을 수 있다.

살기 좋은 지역의 또 다른 기준은 국경과 지방경계의 굴곡정도도 들 수 있다. 중국의 연해지역, 미국의 동부지역, 서부 아프리카의 국경에서 보듯이 살기 좋은 곳을 차지하고 지키기 위한 힘겨운 투쟁의 역사를 복잡한 경계선이 대변해 주고 있다.

나라가 크다고 좋은 것도 아니고 군대가 강하다고 좋은 것도 아니다. 경제적으로 풍요로운 것도 필요조건은 될지언정 충분조건은 되지 못한다. 인간다운 삶을 편안히 누릴 수 있는 곳이 살기 좋은 곳이다. 이들 앞에서 열거한 국가밀도 조밀 지역과 관련시킨다면 굳이 빗나간 생각이라고 할 수 있을는지?[명대신문, 1990. 7.17].

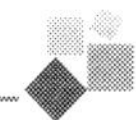

영토와 국경

한때 "독도는 우리 땅"이라는 노래가 유행한 적이 있고 지금도 술이 거나해지면 신나게 부르는 사람들이 많다. 이 노래가 한때는 방송 금지곡이 된 적도 있다고 들었다. 왜냐하면 일본과의 관계에 별로 좋지 않은 영향을 미칠지 모른대서라나. . .

어쨌든 나도 이 노래를 자주 부르지만 그 가사는 조금 고쳐 부르고 싶다. 왜냐하면 몇 마디가 마음에 안 들기 때문이다. 예를 들사면, "독도는 우리 땅" 〈당연한 말인데 새삼 강조할 까닭이 무언지. . .〉 또 "하와이는 미국 땅" 〈글쎄 미국 사람들이 좋아할지 모르지만 구태여 우리 노래에서 무엇 때문에 편들어 주는지. . .〉 "대마도는 일본 땅" 〈아마 그런 구절이 나오는 것도 같은데 그것도 누구 마음대로. . .〉

이렇게 따지면 분명히 얘기 거리가 된다. 하기야 영토란 개념도 요즈음은 다양한 의미가 생기고 뜻도 달라지고 있다. 말하자면 정치영토니, 경제영토니, 문화영토, 사이버영토라느니 하는 말들을 들어본 적이 있을 것이다.

정치·군사적 영토는 물리적이고 힘의 논리가 적용되는 개념이다. 그리고 대부분의 지도에 국경으로 표시되어 있는 개념이다.

팔레스타인은 국제적으로 국가로서 인정은 받지만 국토는 없었던 적이 있다. 대부분 우리가 접하는 세계지도에 그렇게 되어 있었다. 그러나 아랍에서 나오는 지도에는 이스라엘이란 나라는 표시되지도 않았고 국토도 없었다. 바로 이스라엘이란 존재를 인정하지 않고 그곳을 팔레스타인으로 적어 놓았기 때문이다. 그러한 현상은 아랍에서는 이스라엘 정권은 인정하더라도 이스라엘이라는 물리적 국토는 인정하지 않으려 하기 때문이다.

이러한 정치적 영토와 국토에 대한 개념의 괴리 때문에 아프리카에서는 많은 비극을 나타내고 있다. 왜냐하면 아프리카 국가들의 국경은 아프리카 종족들의 이익을 위해 그어진 것이 아니기 때문이다.

경제적 영토는 어떠한가? 현대는 기업 경영의 국제화, 소위 글로벌화(globalization)가 보편적이고 다국적기업의 활동이 세계 도처에서 활발하기 때문에 경제적 관점에서의 국경의 개념은 별로 의미가 중요하지 않다. 흔히 말하듯이 일본이 군사적으로 미국에 패배하였지만 일본 상품이 미국시장을 점령하였기 때문에 일본은 경제적으로 미국에 승리했다고도 생각할 수 있다. 특히 미국의 하와이는 일본색이 모든 부분에서 점점 진해지고 있는 것을 보면 하와이가 미국 땅인지 일본 땅인지 구분하기가 어려운 점도 없지 않다.

하와이뿐만 아니라 동남아 제국에서의 일본의 경제적 영향을 생각하면 2차 대전 당시 일본의 대동아 공영권의 꿈은 동남아 국가에서 소리 없이 착실히 실현되고 있는 것 같다. 일장기가 휘날리는 것이 아니라 기업운영에서 일본의 기술과 일본의 자본이 기업경영만이 아니라 동남아 경제계를 장악하고 있기 때문이다. 그렇기 때문에 실질적인 의미에서 정치적 영토보다 경제적 영토개념이 실리적일 수 있다.

이번에는 문화적 영토를 생각해 보자. 이것은 정치적 영토와

같이 물리적이지도 않고, 경제적 영토와 같이 실리적이지도 않다. 문화의 동질성이 확인되면 문화적 영토에 속한다. 예를 들면, 현재 중국 동북 3성의 소위 중국에서 불리는 조선족의 문화는 바로 우리 것이고, 로스앤젤리스 한인촌이 한국문화의 복사판이라면 그것은 그 주민들의 정신세계와 문화활동에 한국인의 얼이 그대로 숨쉬기 때문에 문화영토의 개념을 적용할 수 있다. 또 중앙아시아의 고려사람 마을(?)에도 이러한 문화영토의 개념을 적용하는 것이 어색하지 않다.

어디 이 뿐인가, 아랍에는 20여 개국이 흩어져 있지만 문화영토 면에서는 한 국가나 나름없나. 또 동남아 국가의 화교국가들도 중국의 문화영토이지 않은가? 그렇기 때문에 아시아 NICs를 사룡(四龍)이라고 칭할 때 나는 한국인으로서 거부반응을 갖게 된다. 한국이 중국인들이 자기들은 용이라고 하는 용어에 휩싸이고 싶지 않기 때문이다. 우리는 용이 아니라 호랑이이지 않은가?

이러한 문화적 개념을 볼 때 지구촌이라는 미명아래, 개방이라는 문구아래 분별없는 행동을 개탄하지 않을 수 없다. 정경분리냐 정경일치냐 라는 문제 때문에 남북한 대결로 인한 정치적 국경이 지금까지 엄연히 존재하고 있는 것은 하나의 수치이다.

커피, 햄버거, 피자에 골병드는 우리경제, 사료·농약에 멸종되는 토종가금, 토산작물, 쌀 수입 개방에 고사되는 농촌 현실에서 과연 우리는 경제적 영토를 생각해 본적이 있는가. 우리의 경제적 영토가 어디이고, 또 우리의 문화가 어디로 흘러가고 있는지 생각해 보자.

서양문화, 특히 미제문화(美製文化), 일제문화(日製文化)에 좀먹는 우리의 정신문화, 그중에서도 전통문화를 고수하려는 힘겨운 몸부림, 이 모든 현실에 현대를 사는 지성인이라면 말 한마디 글과 한 귀절에 책임을 져야 하지 않겠는가?

이처럼 다양한 영토관념 속에 우리가 지향해야 할 것은, 모든 개념이 다 중요하지만, 장기적이고 간접적인 전략을 위해서는 문화영토의 보전을, 실리적이고 간접적인 효과를 위해서는 경제영토의 보전을, 문화영토와 정치영토의 확인을 위해서는 물리적인 정치영토의 보전이 중요하다. 국경도 가변적이기 때문에 영토보전을 위해 다양한 개념을 탄력적으로 운영해야 할 것이다[광야, 제9호, 명지대 동아리 신국토연구회, 1991.11.14].

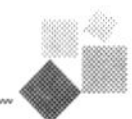

석유 한 방울 안 나는 나라

우리나라에서는 석유 한 방울도 나지 않는다. 자주 듣는 말이다. 에너지를 아끼자는 말을 할 때마다 늘 강조하는 말이다. 국민의 일체감을 일깨우기 위한 말이다. 요즈음 원유가격이 오른다니까 또 이 말을 너나 할 것 없이 쓰면서 호들갑이다. 그러나 자주 듣다보니 어쩐지 진부한 감이 든다. 마치 금연표시를 아랑곳하지 않고 담배를 피우는 사람처럼 그저 구호일 뿐이라는 듯이. . .

원유가격은 '73년과 '79년 두 차례 오일 쇼크를 주도하면서 한 때 배럴당 55달러까지 올랐던 적이 있다. 그러나 지난 20여년간 OPEC은 유가회복을 위해 여러 차례 감산에 합의했다가도 유가가 조금만 오르면 곧바로 합의를 깨고 증산에 나섰다. 이상할 것은 없다. 카르텔의 속성이 그러니까 당연한 것이다. 오히려 합의를 지키는 것이 이상한 것이다. 지난 3월 OPEC이 감산을 합의한 후 6개월이 넘도록 믿어지지 않을 정도로 그들은 약속을 지키고 있다. 오름세를 지속하던 유가는 얼마 전에 배럴당 25달러(WTI 기준)를 넘기도 하였다. 작년말 유가인 배럴당 10달러선에 비하면 엄청난 인상이다.

그 동안 지난 2년 동안 유지해온 배럴당 10달러 안팎의 낮은 유가로 소비국들은 저유가를 즐긴 반면에 산유국들은 어려움을 겪었다. 지난 '97～'98년까지 유가가 약세를 면치 못하였으며 작년에는 아시아 지역의 금융위기로 석유수요의 감소와 기후 온난

화 때문에 산유국의 재정수입은 전년보다 500~600억 달러나 줄었다. 그 결과 산유국들의 구매력 감소로 이어져 원유 소비국들의 수출 감소를 유발하여 세계경제에 영향을 미치고 있으므로 원유가는 적정수준을 유지해야 한다.

이러한 유가인상과 소비국들의 반발에 대하여 산유국들도 할 말이 있다. 말하자면 OPEC은 손실을 감수하면서 유가안정을 위해 많은 노력을 기울여 왔다. '90년 발발한 걸프전 때에도 OPEC은 국제석유시장에 위기조짐이 보이자 재고를 풀어 신속하게 국제시장에 대응하여 제3차 오일쇼크를 미연에 방지하여 국제경제에 매우 협조적이었다고 강조한다.

그러나 말이야 어떻든 산유국이든 소비국이든 우리는 한번 쓰면 없어지는 화석연료에 대하여 자원절약이라는 대명제의 실천을 위해 의지를 모아야 한다. 우리가 에너지 다소비형 산업의 구조조정에 소극적인 한 항상 유가의 향방에 민감해질 수밖에 없다. 석유 한 방울도 안 난다는 타령을 곰씹어 보면 석유 한 방울이라도 나면 대수로우냐? 한 방울이 아니라 열 방울 난다면 혹시 나아질까? 아니 석유가 상당히 많이 나와도 문제는 마찬가지일 것이다. 문제는 우리자신의 절약자세의 실천과 에너지의 효율적 이용을 위한 기술개발이다.

석유뿐만이 아니라 모든 자원이 마찬가지이다. 자원이 많다고 우리가 잘산다고 생각하기 쉽다. 미국처럼 자원이 많고 잘사는 나라에게는 이 말이 옳다. 그러나 아프리카의 많은 나라들처럼 자원이 풍부하면서도 못사는 나라들이 많으며 일본과 같이 자원이 없으면서도 잘사는 나라들도 많은 것이 현실이다. 마치 쌀이

많이 나는 들녘에는 쌀이 귀하고 쌀 한 톨 안 나는(?) 서울에는 전국에서 가장 많은 쌀이 모이는 것과 마찬가지이다.

따라서 우리는 아무도 귀를 기울이지 않는 '석유 한 방울 안 나는 나라'라는 고리타분한 타령보다는 원유가격이 오르던 말던 안정적인 원유공급정책과 에너지 절약형 산업구조조정정책의 지속적인 실천만이 원유가격 등락타령을 극복하는 자세이다[석유 한 방울 안 나는 나라, 명대신문, 1999.10.18].

산업과 소유제도

J. S. Mill은 인간의 역사에서 최대의 실수는 토지사유의 인정이라고 말하였다. 맑스는 사유재산제도를 부정하고 공산주의를 주장하였다. 역사가 시작된 이래 인간생활을 시끄럽게 해오고 있는 것이 소유문제이다. 지금도 소유와 관련하여 사유를 인정하느냐 않느냐에 따라서 경제제도와 정치제도를 달리하고 있다.

원시 공동체에서는 사유에 대한 개념조차 없었다. 그러나 인간의 지혜가 발달되고 강한 자의 힘에 의하여 사유제도가 발달되기 시작하였다. 그리고 사유를 부정하는 사회주의와 그것을 인정하는 자본주의의 대결이 발생하였으며 냉전시대를 주도하였다. 이제 냉전이 사라지면서 소유제도에 대한 개혁이 일어나고 있다. 이러한 소유제도는 산업구조와 밀접하게 관련되어 있다. 특히 1차 산업의 유형과 관계가 긴밀하다. 농업이 발달한 나라에서는 소유를 명확히 하거나 사유를 채택하는 경우가 많다.

수산업이 발달한 나라에서는 바닷물 위에서 경계식별이 어려워서 그런지 바다가 넓어서 그런지 생활의 터전인 바다는 아직까지도 사유개념보다는 공유개념이 지배적이다. 수렵업도 마찬가지다. 수렵의 대상지역은 넓고 산림지역이기 때문에 경계를 그어 놓을 수도 없지만 경계를 그어도 커다란 의미를 갖지 못한다. 유목생활도 마찬가지이다. 풀을 찾아야 되는 것이 바로 생존을 의미하기 때문에 초원을 찾아 이동하는 것이 그들의 삶인 것

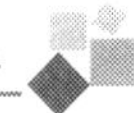

이다. 따라서 목초지의 사유보다는 공유가 알맞으며 목초를 따라 이동생활을 하는 것이다.

서비스 산업은 어떠한가? 토지 서비스를 제외하면 서비스 자체에 대한 소유 개념은 생각 자체가 어울리지 않는다. 서비스는 소유보다는 특화, 전문화와 같은 독점 개념이 오히려 어울리는 경우가 많다. 소유에 대해 초연한 집단은 아무래도 집시 들이다. 그들은 소유에 대하여 아예 비중을 두지 않는 것인지, 소유가 불가능해서인지, 소유와는 무관한 경제생활을 해오고 있다. 소유든 공유든 모두 장단점을 갖고 있다. 제도의 전환보다는 개혁과 보완이 중요한 것이다.

산업구조가 판이하게 다르고 주산업의 구조가 다른 경우 문화의 형태도 달리 나타난다. 현재 사회주의권에서 일어나고 있는 시장경제체제로의 전환이란 대개혁이 성공을 거둘 수 있을는지 이러한 점에서 회의적인 느낌이 든다. 물론 개중에는 체제전환을 성공시키는 나라도 있겠지만 실패하는 나라도 많을 것이다. 왜냐하면 체제의 선택이 모든 것을 보장해 주는 것이 아닐 뿐만 아니라 새로 선택하는 체제가 그들의 산업구조와 문화유형이 그것을 수용할 수 있느냐 없느냐가 더욱 중요한 것이기 때문이다 [산업과 소유제도, 트렌스네트월드뉴스, '93여름호, 1993. 8.20].

흙냄새와 경제학

나는 어렸을 적에 놀던 큰 냇가에 소나무가 울창했던 동산을 기억한다. 파란 솔밭, 하얀 황새 무리는 한 폭의 그림이었다. 그러나 그 솔밭으로는 사람들은 잘 들어가지도 않았고 황새 알을 꺼내려 나무에 오르지도 않았다. 왜냐하면 숲 속에서 황새가 싸는 똥을 맞기도 싫었고, 곳곳에 널려 있고 걸려있는 뱀 가시들은 보기도 흉하고 냄새도 더러웠기 때문이다. 왜 그렇게 뱀이 많이 걸렸었는지? 지금 생각해보면 황새가 잡아온 뱀을 먹다가 떨어뜨렸던지, 또는 다음에 먹으려고 아껴서 걸어 놓은 것인지 좌우지간에 많이 걸려 있었다. 그런데 내 생각으로는 분명히 흘린 뱀 보다는 걸린 뱀이 많았던 것 같다.

나는 어렸을 적에 뱀을 보면 짓궂은 장난을 하기도 하고 또 무섭기도 해서 뱀을 많이 죽였던 것 같다. 그런데 뱀을 대충 죽인 줄 알고 놀다가 다시와 보면 뱀은 살아서 도망갔던 경우가 많았다.

왜 이런 이야기를 하느냐면 뱀은 상처를 입고 죽을 것 같아도 흙냄새를 맡으면 다시 살아서 달아난다는 이야기를 들었기 때문이다. 그래서 황새는 대강 죽은 뱀을 나무에 걸어 놓는 슬기를 가졌는지도 모른다. 이처럼 땅 냄새를 맡아야 살 수 있기 때문에 옛날에 연탄가스 중독으로 죽게 된 사람을 살리기 위해 땅바닥에 엎어놓아 흙냄새(산소)를 맡게 하고 김치 국물을 먹이지 않았던가? 이 말은 이 땅에 살기 위해서는 이 땅의 흙냄새를 맡아야 된다는 것이다.

이를 좀 더 확대 해석해 보면, 이 땅의 경제가 제대로 움직이기

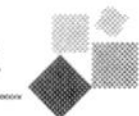

위해선 이 나라, 이 토양, 이 민족, 이 문화에 알맞은 경제학을 가르치고, 배우고, 경제정책을 실시해야 된다는 말이 아니겠는가? 더군다나 경제체제는 강요가 아니고 선택의 대상이라면 우리경제, 우리문화에 맞는 경제체제를 찾아내고 경제학을 배워야 된다는 말이다. 소위 한국적 국민 경제학의 정립이 필요하다는 말이다. 맹목적으로 남의 나라 경제학을 배우면서 현학적인 학자가 된다면 그것 또한 웃지 못할 대상이라기보다는 오히려 슬픔이 아니겠는가?

근대 경제학을 한국에 소개시키고 소위 미국으로부터 생생한 미국식 경제학을 직수입한 세대가 근대 한국 경제학계의 제1세대라고 한다면, 제2세대는 미국형 정통경제학의 직수입에 대한 비판의 시각을 가지고 경제학의 다양한 스펙트럼을 이 땅에 소개한 세대하고 할 수 있다. 대체로 제1세대가 광복 후부터 1970년대까지라고 한다면 제2세대는 1980년대부터 시작될 수 있다.

그렇다면 앞으로 한국 경제학의 제3세대의 위상은 어떤 것일까? 그거야 말할 나위 없이 제1세대, 제2세대 경제학을 바탕으로 하고 그들의 단점을 극복하고 한국적 경제학을 정립해야 되는 세대일 것이다. 그러나 이러한 상황인데 아직도 제1세대류의 경제학 교육에 안주한다면 2세대들이 당시 경제학 교수들의 20~30년 묵은 노트강의에 대해 불평했던 것과 자신들의 강의는 전혀 다르다고 자위할 수 있겠는가?

가장 한국적인 경제학이 가장 세계적인 경제학이 될 수 있다는 신념을 가지고 경제학도들은 제3세대 경제학의 선두주자가 되도록 노력해야 할 것이다[흙냄새와 경제학, 포장마차, 명지대 경제학과 학생회, 1993.10].

우민정책과 귀신 재교육

눈, 코, 입, 이, 귀, 골, 목, 젖, 배, 등, x(남녀생식기), 뺨, 볼, 손, 발, 뼈, 털, 피, 살, 똥, 땀 . . .

이 낱말들은 다 외자로 되어있다. 이는 사람이 살아 있을 때 가장 중요한 곳들이고 것들이기 때문이다. 이렇게 외자로 부르는 까닭은 중요한 곳에 대한 설명이나 의사전달을 할 수 있는 한 빨리 말해야 하기 때문이다. 이중에서 하나라도 제대로 움직이지 않으면 우리는 장애인이라고 한다.

그 뿐만 아니라 우리는 밥, 물, 숨, 삶, 말, 글, 얼과 같이 비물질적인 중요한 것들에 대해서도 모두 외자로 부르고 있다. 인생살이에서도 꿈, 깡, 끈, 꾀, 끼 모두 외자이지 않은가? 이러한 외자 낱말들은 우리 삶에서 매우 중요한 것들이다. 특히 이중에서 말, 글, 얼은 교육으로 잘 다듬어 주어야 하는 것들이다.

이 세 가지에 대한 교육은 하나하나가 모두 중요하겠지만 얼에 대한 교육은 가장 우선되어야 하지 않을까? 얼이 있다가 빠진 사람을 얼빠진 이, 또는 얼간이(얼이 나간이)라고 한다. 또 얼이 막 떨어지려 하거나 빠지려는 순간을 얼떨떨하다고 한다. 아마 머리를 맞아서 정신을 못 차려 본적이 있거나, 황당한 소리를 들은 경우, 정상적으로 사리판단을 못하도록 헛갈리는 말은 들었을 경우 얼떨떨해졌던 경험을 갖고 있을 것이다.

상대방을 속이려하거나 복잡한 술수를 써서 불공정하거나 불평등한 방법으로 목적을 달성하려면 상대방의 얼을 빼어 놓아야

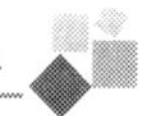

한다. 얼을 빼는 방법은 의사결정을 하는데 필요한 정보를 충분하게 활용하지 못하도록 하여야 한다. 이러한 방법들을 생각하자면,

첫째, 되도록 삶에서 터득한 정보를 활용할 수 있는 시간은 적게 주어야 한다. 소위 형광등이라는 사람들이 이 덫에 걸린 것이고 도박꾼이나 야바위꾼들은 이 방법을 잘 활용하는 것이다. 그래서 빨리 결정할수록 위험이 많은 것이며 어수선할수록 신분의 수직 상승이나 일확천금으로 성공할 기회가 많은 것이다.

둘째, 같은 정보를 가지고 있는 사람들과 접촉할 수 있는 관계를 단설시키거나 소통방법을 차단시켜야 한다. 가족과 친척간에 왕래가 멀어진다거나 관계를 소원해지게 만드는 방법이다. 자식을 적게 낳아서 가족의 수를 줄이든가 삶의 방법을 달리하거나 떨어져 살게 하면서 가족간의 이질성을 심하게 만드는 방법이 있다. 일부 종교에서는 이러한 방법을 적절히 활용하고 있으며 급격한 도시화가 우리사회를 그렇게 만들었다.

셋째, 그 동안 터득한 정보를 무용지물로 만드는 방법이다. 소위 삶의 기준을 바꾸는 것이다. 왕조가 바뀐다던가, 정권이 바뀐다던가, 외국의 침략을 받는 경우에 이러한 현상이 나타난다. 몽골치하의 친몽파(역관), 친중파(과거제도), 친로파, 친일파, 친미파가 득세를 하듯이 기존의 틀을 부수고 새 틀을 짜면 그 틀에 재빨리 적응하여야 삶을 유지하는 것이다. 몽골치하에서는 몽골말을 잘해야 출세를 하였고, 중국치하에서는 중국말을, 일본치하에서는 일본말을 잘해야 되었다.

넷째, 새로운 정보에 접근하는 속도를 늦추는 것이다. 소위 기

술개발과 혁신이 주역을 담당한다. 컴맹도 이러한 전략의 일종이다. 아미 대부분의 우리 동기생들이 이 덫에 걸려 있을 것이다. 한때는 잘나간다는 소리도 들었는데 이제는 아마 심각한 지경에 이른 분들도 있으리라고 생각한다. 그리고 턱없이 높은 전문가 집단에 접근하기는 고사하고 그 존재자체도 세월이 지나서야 어렴풋이 알 수 있을 것이다.

얼을 빼는 정책은 구체적으로 교육을 통해서 나타나는데 말, 글, 얼에 대한 교육을 등한시하여야 하는 것이다. 말과 글은 국어교육과 관련되는 것이고, 얼에 대한 교육은 역사 교육이다. 지금 우리나라의 교육이 국어를 얼마나 강조하고(?) 역사 교육을 얼마나 홀대하고(?) 있는가를 나름대로 생각하면 나름대로의 판단이 설 것이다.

우리 동기생들이 살아오는 동안 일본말 간판과 한문간판이 한글로 바꾸는 것을 보았고 이제 영어로 바뀌는 것을 보고 있다. 잘 나가는 집단은 영어에 친숙한 부류인데 영어인데 처음에는 발음표기만 한글로 하더니 이제 내놓고 영자표기를 하는 곳이 한 두 군데이던가? 세계화라는 미명하에 아예 영어로 회의를 하는 곳도 생겼다는데 . . .

한편으로는 한자에서 따온 문구를 알아듣지 못하니까 아예 머리 깎는 집, 머리하는 집, 외국돈 바꾸어 줍니다 하고 영어를 한글로 써놓고 우리말로 단어 뜻까지 적어놓고 있으니 기가 찰 노릇이다.

시류에 늦은 다른 한편에서는 한 세대 늦은 현상이 나타나고 있다. 어업이나 건설업 같은 직종에서 일제시대는 우리말을 잘

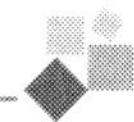

썼다는데 이제서/아직도 우리말보다는 일본말과 한자말을 유식한 듯이 쓰고 있다. 이제 또 부지런히 영어로 바뀌어야 할텐데 우민정책의 희생자들은 아직도 세상이 바뀐 것을 모르는지 얼떨떨한 모양이다. 그래도 할 말은 있다. 병신자식 효도하고 꾸부러진 소나무 산소 지킨다고 했지 않았던가?

우민정책의 대표적인 수단은 3S라고 한다. 운동(sport), 영상매체(screen), 성(sex)에서 첫 글자를 따온 것이다. 일반 국민들을 모두 3S에 몰두하게 만들면서 사회체제를 유지하는 것이다. 이는 역사에서 증명되는 것이다. 그리고 정치는 여당이던 야당이던 소위 정치인 그룹에서 세습하게 되는 것이다. 1930년대 세계 최선진국이던 중남미 국가들의 오늘날은 바로 선진국 후기의 모습을 말하여 주는 것이다.

옛날에는 최고의 정치는 '백성을 죽이지도 말고 살리지도 말아야' 하는 것이다. 백성이 배가 부르면 정권에 도전을 하게 되고, 백성이 배가 고프면 부려먹을 수가 없기 때문이다. 이는 만고불변의 진리라고 생각한다. 아직도 독재국가에서는 이러한 유형의 정치가 전형적인 것이다. 국민을 죽이지도 않고 살리지도 않아야 하는 통치술, 그것은 바로 교묘한 우민정책의 실시로서만 가능한 것이다.

우민정책은 물리적인 통제와 문화적인 통제 등 다양한 기법으로 가능하다. 물리적인 통제는 직접적인 통제로서 전근대적이거나 독재국가에서 즐겨 사용하는 것이다. 그리고 문화적인 통제는 간접적인 통제로서 민주국가에서 자유라는 명분으로 사용하기가 편리하다.

이러한 논리에서 우리사회를 생각해보자. 요즈음 프로스포츠의 열기를 보면서, 각종 영상매체의 현란한 발전을 보면서, 러브호텔을 비롯한 각종 섹스산업의 번창을 보면서, 그리고 대학입시와 세계화라는 미명하에 비뚤어진 국어교육과 영어교육, 홀대받는 국사교육 등을 생각하면 어느 하나 우려되지 않는 것이 없다. 앞으로 각종시험의 답안도 영어로 써야하고 공식회의도 영어로 하여야 한다면 성과 이름을 영어로 풀어써야 할 시대가 올 텐데...

조상을 모셔오는 제사 때는 어떻게 해야 할까? 그때에는 조상신들이 후손들이 바라는 소원을 알아듣게 하기 위해서 귀신들을 재교육시키는 교육사업이 번창할 것이다. 워낙 임기응변에 능한 우리민족이니까...

(아니란다. 귀신은 다 알아듣는 대...)

...

하지만 아무리 우민정책으로 혹세무민을 하더라도 이 땅의 토착은 쉽게 사라지지 않을 것이다.

> 長江後浪推前浪　一代新人換舊人
> 장강의 뒷물이 앞물을 밀어내고 한 시대의 새 사람이 옛 사람을 대신한다.

그래도 장강은 그 자리에 흐른다.

[우민정책과 귀신 재교육, 고대65 동기회보, 제19호, 1999]

배동 앉은 한국경제, 든든해진 조국위상

개혁과 국가경쟁력

개혁과 개방, 아울러 선진화와 세계화는 오늘을 사는 주역들이 지속적으로 추진해야 하는 지상과제라고 할 수 있다. 새삼 약육강식이나 적자생존을 말한다면 진부하게 들리겠지만 이는 고금동서를 꿰뚫는 개인이나 국가의 존재를 위한 진리이다. 경쟁과 자유란 강자의 논리이고 약자에게는 오직 보호와 육성이 있을 뿐이라고 생각한다.

이러한 논리에서 우리가 지금 경쟁과 자유를 외친다면 과연 국내외적으로 승산이 있는 주장이며 승리의 전리품이 누구의 몫인가를 생각하면 주춤거려질 것이다. 그러나 우리는 이미 국가경쟁력 제고라는 역사적 흐름 속에 있는 것이다.

최근에 국가경쟁력에 대한 연구가 잇따라 보도되고 있다. 그도 그럴 것이 한국은 지난해 237억 달러의 무역적자를 기록하였고, 고비용·저효율 구조에서 국가경쟁력이 중하위권에 머무르고 있으며 국가경쟁력 10% 강화운동을 끈질기게 벌이고 있기 때문이다.

세도(稅盜), 한보비리와 같은 말들은 귀가 아플 정도로 들어

왔고, 경제불황과 엄청난 사교육비란 얘기도 진저리가 난다. 더구나 지난 4월에는 한국의 떡값에 대한 세미나도 열려서 듣는 이를 아리송하게 만들었다. 그뿐 아니라 부정부패에 대한 우국적(憂國的)인 의견광고도 여러 차례 실리기까지 하였다. 이제 부정부패는 건전한 경제활동을 위한 한국뿐만 아니라 세계적인 관심사가 되었고 부패라운드도 공식적으로 논의되고 있다.

국가경쟁력을 가늠하는 지수는 여러 기관에서 발표되고 있다. 세계경제포럼(WEF: World Economic Form)은 향후 5~10년간의 경제성장률을 예측하고자 하는 의도에는 신발전이론을 중시하고, 국제경영연구원(IMD: International Institute for Management Development)은 국부의 배양능력이라는 추상적 개념에 의거하여 각종 자료를 이용하여 작성한다.

한편 유러머니(Euromoney)는 투자 위험도를 평가하기 위하여 안정된 금융산업과 부채비율 등 금융부문을 중시하고 있다. 프래져연구소(FI: The Fraser Institute)는 경제적 자유도를 측정하기 위하여 정부개입도, 재산권보호, 암시장 등 경제적 행위의 자유를 보장하는 제도적 장치에 비중을 작성한다.

1996년도 국제보고서별 경쟁력순위 주요국의 순서를 보면 WEF에서 싱가포르(1), 홍콩(2), 뉴질랜드(3), 미국(4), 일본(13), 한국(20); IMD에서는 미국(1), 싱가포르(2), 홍콩(3), 일본(4), 한국(27); 유러머니에서는 룩셈부르크(1), 스위스(2), 싱가포르(3), 일본(4), 한국(24); FI에서는 홍콩(1), 싱가포르(2), 뉴질랜드(3), 미국(4), 일본(9), 한국(12)을 차지하고 있다. 그리고 한국경제연구원의 최신 연구 자료에 따르면 문민정

부 출범이후 4년간 한국의 개혁을 추진해 왔지만 국가경쟁력 순위는 집권초반 23위(46개국 중)에서 27위로 떨어진 것으로 나타났다.

경제발전전략을 성공적으로 추진하기 위해서는 부정부패의 척결이 우선되어야 한다. 부정부패는 시장의 가격기능을 파괴하고 시장경제의 효율성을 저하시키기 때문이다. 또한 경제주체들이 지대추구(地代追求, rent seeking)를 위한 정치투자에 몰두하여 거래비용을 증가시키고 창조적 발상과 근로의욕을 감퇴시켜 대외 경쟁력을 약화시키기 때문이다. 국제개방 사회에서는 국제경쟁력보다 포괄적인 국가경쟁력을 제고시켜 기업 스스로가 기업활동이 편리한 최적 국가를 선택하는 국면으로 들어섰다. 국경없는 경제활동에서 기업 활동이 불편한 나라를 구태여 선택할 까닭이 있겠는가? 사업하기 편리한 기업 환경을 만드는 것이 국가경쟁력을 확보하는 요체이다.

이를 위해 정책의 투명성과 일관성이 유지되는 정부운영으로 성장을 촉진하고 부패를 저하시켜야 할 것이다. 부정부패 척결과 규제완화가 일시적이고 정치적인 목적으로 남용되지 않도록 하여 개혁성과를 국민이 공유함이 바람직하다. 공무원의 처우를 개선하고 실질적인 부정부패방지법의 운영으로 과감히 먹이사슬을 제거하여야 한다. 비리척결에 대한 확고한 정부의 의지를 제시하여 국민의 공감대를 형성하고, 국민적 참여와 지지가 있어야 개혁의 성공이 담보되고 국가경쟁력이 확보될 것이다["개혁과 국가경쟁력", 도시문제, 1997. 8].

가뭄과 물가

올해 여름은 가뭄과 폭염으로 특징지워진다. 기상이변이니 공해니 하면서 그 원인에 대하여 말도 많다. 사회적으로는 북핵이니 김일성 사망이니 하는 큰 뉴스거리가 시도 때도 없이 시끄러우며, 목성과 혜성의 충돌을 비롯하여 이처럼 지독한 가뭄에 대하여 핑계댈 것이 너무나 많이 있다.

그동안 우리는 가뭄은 저 멀리 아프리카에서나 일어나는 것으로 가볍게 생각해 왔다. 그러나 올해에 겪고 있는 가뭄과 폭염을 생각하니 아프리카의 가뭄을 간접적으로 느낄 수 있으며 그동안 해외건설의 역군들이 열사의 중동에서 얼마나 많은 땀을 흘렸는가를 짐작할 만하다. 건설현장에서는 오랫만에 열대지역 공사현장의 어려웠던 시절을 회상시키고 있다.

우리나라는 대륙성 기후와 해양성 기후가 넘나드는 반도이므로 사계절이 뚜렷해 왔다. 그러나 공업화와 공해 등에 의한 기상이변으로 삼한사온(三寒四溫)이 사라졌고 겨울에는 겨울다운 겨울이 없고 이상난동이 일수이며 봄과 가을이 짧아지고 있다. 여름기후의 특성인 장마와 가뭄도 불규칙적이며 정도가 심하게 나타나고 있다.

올해의 장마는 기간이 짧고, 강우량이 턱없이 부족한 마른장마였으며 폭염까지 동반해오고 있다. 장마기간이 예년보다 8~16일 정도가 짧았고, 강수일수도 평년보다 7~11일이 적었고, 지난 7월 1일부터 시작하여 20여일이 훨씬 넘도록 30도를 웃도는 무더위의 행진이 지속되고 있다. 때문에 여름철의 불청객인

태풍마저 학수고대하는 상황으로 되었다. 가뭄의 해갈이나 무더위를 식히기 위해서 연평균 3.1개꼴(7월에 0.9개, 8월에 1.2개)로 찾아오는 태풍이 기다리고 있는 것이다.

이같은 기후의 특성은 경제활동에 상당한 영향을 미친다. 요즈음 무더위 속에서 생각해 본다면 보통 40도를 오르내리는 열대 아프리카나 중동, 그리고 인도지역에서 경제성장이 부진한 이유를 알 만할 것이다. 사실 늘 더운 날씨이기에 옷 걱정, 집 걱정할 것 없고 또 먹을 걱정도 별로 없으니 경제성장에 몰두할 까닭이 있겠는가?

그래서 기후도 사회간접자본이라고 하는 것이다. 말하자면 이대리의 기후는 오페라가수가 활동하기 좋은 기후이며, 힐리우드의 기후는 필림산업(영화산업)에 더 없이 좋은 기후이며, 남태평양의 기후는 관광사업에 그만이다. 사계절이 뚜렷해야 자본주의가 발달하고 추운 겨울만 있는 곳, 더운 여름만 있는 곳에서는 자본주의가 그다지 성공적이지 못하다. 사계절이 뚜렷해야 경제활동에 대한 자극이 되고 계절의 변화에 대비해야 하므로 저축과 투자활동이 왕성해지면서 자본주의가 꽃을 피운다는 논리이다.

그렇다면 한국의 기후는 한국인의 경제활동과 어떻게 연관 시킬 수 있을까? 우리민족의 특성은 간단히 말해 빨리빨리라는 조급성과 임기응변적인 성격을 빼어 놓을 수 없다. 농경민족인 우리는 씨를 뿌리는 짧은 봄과 가을걷이를 하는 짧은 가을, 가뭄과 장마, 태풍 속에서 때를 놓치지 않기 위해 그 같은 민족성이 형성되었다고 볼 수 있다.

이 같은 가뭄과 폭염은 경제활동에도 상당한 영향을 미치기 마련이다. 특히 물가와 관련해서 생각해보면 재미있다. 흔히 우산장수와 짚신장수 두 아들을 둔 부모의 걱정과 희망을 그대로 적용시킬 수 있다. 폭염과 가뭄은 청량음료, 빙과류, 맥주, 선풍기, 에어컨 등 여름철 성수품 산업과, 해수욕장, 수영장과 같은 피서산업, 그리고 전력산업 등에는 호황을 형성해주고 있다. 그러나 농업, 양어, 양계와 같은 축산업과 건설업에는 심각한 피해를 주고 있다.

한낮에는 작업을 기피하고 또 작업효율도 낮으므로 건설공사의 단가가 높아지게 된다. 그 결과 건자재 값의 하락이 유발되면서 건재생산이 위축된다. 그러나 관정사업, 양수산업 등은 호황을 누리게 된다. 이처럼 가뭄과 폭염이 건설업에 미치는 영향은 이원적이라 할 수 있는데 전체적으로 보면 부정적인 영향이 많다.

현재 우리나라의 경제활동은 과열이란 진단이 나오고 있다. 경기과열은 높은 성장과 더불어 물가 상승을 유발한다. 우리경제가 침체의 늪에서 벗어나 성장궤도에 진입하였으나 엔고의 영향과 인력난이 우려되고 있다. 경기과열에 따라 자금수요가 계속 늘고 있어서 실세금리가 상승하고 있다. 아울러 가뭄에 따른 농작물 피해 등의 악재가 수두룩하다. 거기에 가뭄과 폭염으로 잠재되었던 건설활동이 현재화 된다면 그 역시 경기과열을 부추기는 역할을 하게 된다.

따라서 정부는 고물가-고성장 정책이냐, 저물가-저성장정책이냐를 선택하여야 할 것이다. 정부의 정책이 안정위주의 정책을 고수할 것이냐, 성장과 물가의 압력에 밀리느냐는 올바른 정책의 선택이 가뭄과 폭염을 견디어 내는 국민적 정서랄까 국민적인 선호의식과 동조될 때에 정책운영의 상승효과(synergy effect)를 기대할 수 있을 것이다[가뭄과 물가, 건설리뷰, 1994. 8.18].

불황은 필요악, 마른 땅에 물 고인다

현재 누구나 우리나라 경제가 위기라고 말하고 있다. 수년전에 시작되었던 중소기업의 도산타령을 끝내기는 고사하고, 대마불사라고 자위하던(?) 대기업까지도 도산에 휘말리고 있다. 환율상승, 금리상승, 주가하락 등이 상승작용(相乘作用)을 하면서 불황국면을 위기의 국면으로 몰아넣고 있다. 불황이 좋은 것이 아니라는 것 누구나 잘 알고 있다.

그러나 불황은 경기의 순환국면이고 통과의례를 치러야 한다면 현명하게 대비하고 극복하여야 할 것이다.

현재 우리경제의 불황이란 어디까지나 여건이므로 불황극복을 위한 정책빈곤만을 탓하지 말고 불황을 오히려 호기로 이용하면서 회복을 기다려야 할 것이다. 환경에의 적응력이 유난히 강한 우리 국민이기에 벌써 불황에의 대응이 다양하게 진행되고 있음을 알아야 하겠다.

우선 기업 측에서 불황기회의 활용사례를 보면, 기업의 과잉투자가 억제되고 있다. 대기업들의 도산은 대부분 무리한 업역과 사업의 확장이 주요한 원인 중의 하나가 되었다. 따라서 불황을 기회로 삼아 기업들은 내실경영에 충실하고 과잉투자의 거품을 제거하고 있다. 많은 기업들이 기계류 수입을 줄이고 설비투자를 억제하고 있다. 그리고 기업은 비용절감운동을 맹렬하게 벌이고 있다. 명퇴, 조퇴, 등으로 군살을 빼고 야유회, 송년회, 경조비까지도 절약하여 커다란 거부반응 없이 기업운영의 부담을 줄이고 있다. 기업은 군살을 빼는 대신 활력을 불어넣기 위해 우수인재를 확보하고 있다. 당장 대졸자 들은 취업난을 겪고 있지만 견실한 기업에서는 오히려 이 기회를 우수인재를 확보하기 위한 호기로 삼고 있다.

가계 측에서도 상황은 마찬가지이다. 가계의 과잉소비 억제와 절약을 들 수 있다. 경제란 쉽게 말해 '아껴 쓴다'는 말인데 그동안 사치와 낭비가 몸에 배어 있던 가계에서는 절약과 근면의 의미를 다시 한 번 되새기는 좋은 기회로 생각하고 있다. 그동안 가계가 무분별한 소비조장의 풍조에 얼마나 쉽게 길들여져 왔던가 반성할 수 있는 좋은 기회가 되고 있다. 가난의 뜻을 모르고 풍요를 천혜로 생각하던 청소년 세대에게 생생한 교육의 기회가 되고 있다.

국민의식 면에서도 변화가 일고 있다. 사치성 소비재의 가격이 급상승하여 수입과 수요가 급감하고 있다. 무분별한 사치와 과소비 등으로 국제사회에서 얼마나 많은 빈축을 받았는가를 잘 알고 있을 것이다. 고액과외, 허례 호화결혼식, 불고기 등산, 보신광광, 국제 양주시장의 봉이라는 말마따나 그동안 한풀이를 하듯이 거품을 쓰고 거드름 떨고, 얼마나 많이 나돌아 다녔는가를 반성할 수 있는 좋은 기회이다. 민족의 시련기를 겪었던 개발연대의 주역들을 냉대하고 비판하던 오만방자하던 세대들이 지금 불황에 처한 모습을 보라. 우리 사회의 구심력에 끌려 민족성의 중력권을 벗어나지 못하게 될 것이다. 이처럼 불황으로 기업의 투자와 가계의 소비심리가 위축되어 경제는 전반적인 긴축운영이 불가피하게 되었다. 이러한 현상은 경제전반의 거품을

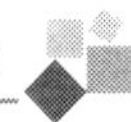

걷어내는 효과를 기대할 수 있게 되었다. 따라서 호황이 되더라도 가계의 과소비나 기업의 사치성 소비재의 수입과 같은 거품경영이 다시는 되풀이 되지 않을 것이다.

그러나 아직도 사회의 일각에서는 불황위기와 아랑곳없이 우리 의식의 심각성을 외면한 채 표류하는 계층이 엄연히 존재하고 있다. 지엽말단적인 특수한 사례이겠지만 매스컴에 보도되는 100만 원짜리 초등학생을 위한 억지 생일잔치, 세계화시대를 대비한다는 논리에서 영어발음 좋게 하기 위한 초등학생의 혀 수술이라는 철부지 행태의 허례와 환상에서 깨어나야 한다.

그동안 우리나라는 저임사회에서 고임사회로 바뀌었고, 국민욕구는 기본수요에서 향락수요로 바뀌었다고 한다. 지난 10년동안 주당 노동시간은 52시간에서 48시간으로 줄고, 임금은 4배이상 뛰었다니 국제경쟁력에서 밀리는 것은 당연한 것이다. 선진국들과는 기술경쟁에서 밀리고 개도국과는 임금경쟁에서 밀리고 있다.

서투른 경제개방과 대선정국이란 속앓이 속에서도 치열한 국제경쟁사회에 적응하기 위해 다시 한 번 우리의 위치를 가다듬어야 할 것이다. 이제는 한풀이식 소비생활을 마무리하고 성숙사회로 진입하기 위한 선진적인 의식개혁이 있어야 하겠다. 마른 땅에 물 고인다고 하니 가뭄에 도랑치는 마음으로 불황을 극복하여야 할 것이다[불황은 필요악, 마른땅에 물 고인다, 도시문제, 1997.12 ; 69-71].

놀부의 덕담

개발연대의 정초에는 흥부전은 방송의 단골 프로그램의 하나였었다. 그것을 보면서 어른들과 함께 웃고 즐겼던 세대들이 오늘날 한국경제의 허리를 담당하고 있다. 그들의 뇌리에는 놀부는 자본주의 경제인과 상통되었고 흥부는 전통사회에서는 선인(善人)일지라도 근대사회에서는 다만 무능한 사람의 표상으로 각인되었다.

오늘의 놀부가 어렸을 때에는 닭 서리, 참외 서리를 많이 하였고, 학생 때에는 수업시간에는 커닝을 하였고, 젊어서는 자동차 나들목에서 새치기를 하자마자 비상등(감사표시)을 켰으며, 명절 때는 고속도로 갓길로 질러 다니다가 가끔은 비상등도 켜고 달렸다. 놀부는 지하철에서 담배를 피우거나 도로를 무단횡단 하기가 일쑤였고, 뷔페음식을 턱 닿게 쌓아놓고 옆 사람보고 먹으라고 권하거나 먹지 않고 버렸다. 그리고 놀부는 버스 여차장의 몸수색도 하였고, 직장에서 성희롱은 다반사였고, '대학생 아르바이트생'이라는 명찰을 달게 하였으며, 회의나 세미나에 참석할 때는 늦게 와서 자기 말만 하고 남의 얘기는 듣지 않고 사라졌고, 약속시간을 상습적으로 어기면서 잘난 척은 혼자 다하고 다닌다는 말을 흔히 들었으나 그리 괘념치 않았다.

놀부도 교육열은 대단히 높아서 자식들에게 온갖 과외공부를 다 시키고 고액과외도 시켰었다. 덕분에 놀부의 자식들은 수학과목의 집합공식을 외울 수 있었으며, 각종 사유로 인한 병역미필

은 당연하고(?), 영어회화도 잘하고, 컴퓨터도 잘 다루고, 골프도 잘하고, 해외여행도 자주하고, 재테크에도 도통하여 존경받는 분이 되었고 풍요로운 삶을 누리게 되었다.

우리는 올해에도 경제구조조정에 안간힘을 쏟아야 할 것 같다. 그 길만이 살길이라고 동감하면서 놀부나 흥부가 개혁의 희생자라면 어떻게 대응할 것인가 잠시 생각해 본다. 놀부는 구조조정과정에서의 승자가 되던 퇴출자가 되던 새로운 환경에 적응하고 새로운 기회의 포착에 적극적일 것이다.

우리경제가 아무리 불황이라 하여도 대박은 많았다. 증권에서, 벤처에서, 카지노에서, 이동통신에서, 부동산 경매에서, 택배에서 우리는 수없이 대박을 보아왔다. 물론 대박이 쪽박으로 되어버린 경우도 많이 있지만 아직도 새로운 대박의 기회는 도처에 산재해 있다. 다만 대박의 기회를 잡기 위해서는 준비된 능력과 기회를 선택할 수 있는 지혜를 갖추어야 한다. 비가 오면 우산을 팔고 날이 개면 짚신을 팔 수 있는 전직(轉職)의 유연성이 있어야 한다.

돈은 부족한 사람이 더 많이 벌려고 땀을 흘리지만, 돈 있는 사람은 큰 노력을 안 하여도 더 많은 돈이 벌리는 것 같다. 사실 재테크다, 머니테크다, 부동산테크다 하는 돈버는 테크(기법)는 교육을 받고 경험만 쌓으면 어느 정도 목적을 달성할 수 있다. 마치 현대 의술로써 웬만한 병은 의사를 잘 만나고 돈만 있으면 고칠 수 있듯이 재테크도 교육과 실전을 통하면 가능하다고 말한다.

그러나 문제는 이러한 재테크에도 흥부보다는 놀부가 적격이어서 대박은 흥부 몫이 아니라 머리를 염색한 놀부가 차지하게 된다는 말이다. 반면 착한 흥부는 천민자본주의에 적응하기 어렵고 노숙자가 되기 십상일 것이다. 성공한 놀부는 흥부와는 노는 물이 틀릴텐데 그 대박 자랑을 어디에서 누구에게 할 것인가? 놀부가 마을을 떠나던가 아니면 이민을 가면 되겠지만 그때는 이미 밉지만 우리와 함께 살았던 우리의 놀부는 아닐 것이다.

놀부나 흥부도 이제 고달팠던 지난날은 가는 세월 속에 묻어버리고 대박을 꿈꾸면서 새해를 맞았으리라. 오늘도 조국 근대화에 삶을 바친 늙고 병든 놀부는 새해를 맞이하여 '너희들은 흥부네 식구도 따뜻이 보살피고, 이제는 세상이 바뀌었으니 세계화라는 새로운 상도덕으로 무장하고, 사회질서와 시장질서를 준수하고, 천부적인 재테크 끼를 마음껏 발휘하여 세계적이고 세련된 놀부가 되어 대박을 터뜨리라'고 젊은 놀부들에게 덕담을 건네 줄 것이다[2001. 1. 3].

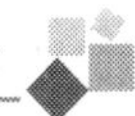

'Mavice' 국가 건설해야

국내 대기업들에 대한 글로벌 경쟁력 강화방안과 재벌개혁에 관한 논의가 대통령직 인수위원회를 중심으로 뜨겁게 논의되고 있다. 정부는 재벌개혁 방안으로 상속·증여세 완전포괄주의, 출자총액제한 강화, 사외이사 확대 등의 조치를 추진하겠다는 입장이다. 이에 비해 경제계는 지나친 정부의 인위적 경제재편은 그렇지 않아도 어려운 국내경제 상황을 더욱 꼬이게 하고 있다는 목소리다. 차기정권은 재벌개혁 정책의 근간으로 '속도조절', '점진적 접근', '자율성'을 염두하고 있는 듯싶다. 정부의 정책을 맹목적이고도 부정적인 시각으로 경제계를 바라보기보다는 세계화된 거대기업으로 육성·발전시킬 수 있는 방안이 뒷받침이 되어야 한다. 정책이 이를 거들지 않는다면 기업의 위기는 점차 가중될 것이고 이는 결국 국가경제를 위태롭게 하는 근간이 될 수 있다는 사실을 염두에 둬야 한다.

정부가 추진해야 할 과제로는 'Mavice(made+service의 개념)' 국가 건설이다. 이를 실현시킬 정책을 내놓아야 한다. 더욱이 차기 정권이 동북아 중심국가를 지향하고 있는 마당에 이는 더욱 절실하다. 제조업과 서비스가 공동으로 발전해야 동북아 중심국가의 핵심 요체인 통상국가로 발전할 수 있기 때문이다. 가까운 중국이 세계의 굴뚝기업들을 속속 유치하고 있고 일본이 서비스산업에서 각광을 받고 있는 시점이다. 이들 두 나라 가운데에 있는 우리는 과연 이들과 대적할 수 있는가를 생각해봐야 한다. 세계 최고의 경쟁력을 갖춘 비즈니스 환경과 인프라를 갖추어야 할 시기인 셈이다. 많은 전문가들은 이미 시기를 상실했다는 비판의 목소리까지 내놓고 있는 실정이다. 'Mavice' 개념에서 정부는 글로벌 정책을 세우고 이에 못 미치는 기업들에 대해서는 시장논리에 입각해 자연 퇴출되도록 유도해 내야 한다. 노조도 맹목적 반대보다는 협조할 것은 협조하고 요구할 것은 합리적으로 요구해야 한다. 서로 윈윈(win-win)할 수 있는 전략적 동반자관계로 새로운 노사문화가 정착돼야 한다. 또한 기업들도 국민으로부터 '황제경영'이니 '선단식 경영'이니 아니면 '문어발 경영'이니 하는 지탄의 목소리에서 자유로울 수 있도록 투명성을 확보해야 한다. 국민이 변한만큼 기업의 문화도 바뀌어야 한다는 것이다. 변화는 언어의 조합으로 나타나야 하는 것이 아니라 실질행동으로 공시돼야 한다는 것이다.

가장 적절하고도 유효한 방법으로 기업들의 투자를 꼽을 수 있다. 연구개발(R&D)에 대한 투자를 대폭 늘려야 한다는 것이다. 기업이 R&D 투자를 했다면 이에 적정한 법적정비를 통해 인센티브를 주는 방안을 검토해야 할 것이다. 정부는 하부적으로 은행의 기업여신 폭을 넓혀줘야 한다는 것이다. 국제결제은행(BIS)의 자기자본비율이 8%라는 규정도 없는 만큼 탄력적으로 이를 활용해 살릴 기업은 살려야 한다는 것이다.

기업이 적극적 사고와 행동으로 변신할 때만이 정권교체기마다 '재벌타파'라는 목소리에서 자유로울 수 있으며 나아가 세계적인 글로벌 대기업으로 성장이 가능하다. 이제는 성숙한 전문경영인들이 자기 소리를 낼 시기가 됐다. 언제까지나 'yes man'

이 될 필요성은 없다. 기업의 관료화에서 탈퇴, 실질 오너에게 올곧은 목소리를 전달해야 한다. 실질 오너들도 올곧은 주장을 거부할 명분이 사라진지 오래기 때문이다.

재계의 자발적이고 능동적인 대응이 절실하다. 세대교체가 필요하다. 물리적 세대의 교체가 아니라 디지털 시대, 세계화를 선도할 수 있는 글로벌 경영인의 세대로 교체되어야 한다.

그러나 가장 중요한 것은 국정 최고 책임자의 결단이다. 개혁을 위한 결단을 확고히 하고 시기를 놓치지 말아야 성장기에 보여준 한국재벌의 역사적 역할이 성공적으로 마무리될 수 있기 때문이다.

차기 정부는 새로운 사고와 행동화할 수 있는 정책을 개발해 내고 기업은 초일류기업이 되기 위해 지금까지 보여준 노력보다도 더 큰 노력을 가시적으로 나타내야 할 것이다[Mavice 국가 건설해야, 파이낸셜뉴스, 2003. 1.22].

일자리 창출은 성숙사회의 초석

OECD와 한국정부가 한국경제의 회복국면에 대한 낙관적인 평가와 전망을 하고 있지만 문제는 '고용 없는 경기회복'을 우려하고 있다. 지난해 11월말까지 우리경제는 통상 반비례 관계인 실업률과 고용률이 함께 떨어지는 기현상을 보이고 있으며, 올해의 고용률도 58.5%로 하락하여 11년 만에 최저치를 기록할 전망이기 때문이다.

우리경제의 허리인 청년노동시장(25~30세)을 보면 청년층의 일자리 감소폭이 전체 일자리 감소폭을 웃돌고 있다. 2006년 이래 청년층 인구 감소폭보다 청년층 취업자 감소폭이 상대적으로 더 커서 노동 공급이 노동 수요를 웃돌게 되면서, 고용률은 떨어지고 구직단념자는 속출하는 등 청년실업이 심각해지고 있다. 공급측면에서 청년실업은 대학진학률 증가와 청년층 일자리 축소가 맞물리면서 고학력 청년층의 취업률이 하락하는 것이다. 한창 일해야 할 청년들이 토익, 토플, 연수, 휴학과 같은 현실도피성 과잉투자와 위장수학으로 소일하며 취업취약계층이나 빈곤층으로 전락하는 것을 방지하는 것은 국가의 가장 주요한 의무중의 하나이다.

이처럼 청년층 노동시장은 공급측에서는 구직난에 시달리지만 수요측인 중소기업체들은 구인난을 호소하고 있으므로 중소기업의 청년고용활력의 제고정책이 요구된다. 이러한 청년과 중소기업의 미스매치 문제의 해소를 위해 정부는 대학 취업지원센터와

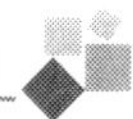

연계하여 청년 구직자 DB를 연간 80만 건을 구축하고, 전 부처가 가지고 있는 우수한 중소기업의 상세정보를 모아 6만개의 기업 정보를 DB로 구축할 계획이다.

다음으로 청년실업 문제만큼 중요한 것이 고령취업이다. 현재의 노령취업도 문제이지만 더 큰 문제는 이제부터 베이비붐세대의 고령취업에 대비하는 것이다. 세계에서 가장 빠른 속도로 고령화가 진행되는 가운데 그간 생산동력이었던 베이비붐세대(1955~'63)가 퇴직연령대에 진입하므로 이들의 실업예방정책의 강화가 시급하다. 50+세대 인적자본의 활용도를 높이는 정책과 50대 이후 급격한 소득수준 하락과 복지부담 급증으로 일하는 50+세대의 비중을 높이는 정책이 국가적 당면 과제가 되고 있다. 712만 명에 이르는 베이비붐 세대는 향후 9년간 집중 퇴직이 예상되므로 정부는 임금피크제와 같은 고용연장 지원과 전직 지원정책을 착실하게 집행하여야 한다. 재직자에게는 고용연장과 전직서비스를 강화하고, 실직자에게는 일자리 확충과 취업능력 제고하여 "활력 있는 고령사회"를 실현하여야 한다.

여성의 일자리 기회 확대도 중요하다. 정부는 일하는 여성들이 출산기와 육아기에 겪는 애로사항을 해소하여 일자리 기회를 확대하기 위하여 단시간 근로모델을 적극적으로 발굴하여 적용하기로 했다. 유연근로제인 파트타임, 재택근무, 적합직무모델을 만들고 공공부문부터 적용 후 민간부문에 전파시키기로 하였다.

청년취업, 노령취업, 여성취업, 사회취약계층의 취업에 대한 건전한 정책은 성숙사회로의 진입을 위한 가늠쇠이며 초석이다. 일자리야 말로 가족해체를 방지하며, 사회통합과 경제 재도약을 위한 국가와 국민의 소중한 자산이기 때문이다[일자리 창출은 성숙사회의 초석, 신앙신보, 2010. 1.10].

사회갈등의 관리와 대타협의 리더십

갈등(葛藤)은 칡 갈(葛)자와 등나무 등(藤)자로 쓴다. 칡과 등은 나무를 감으며 올라가는데 칡은 오른쪽으로, 등은 왼쪽으로 서로 반대방향으로 감으면서 자란다. 갈과 등이 함께 자라면 두 덩굴의 정상적인 성장자체를 저해할 뿐만 아니라 두 덩굴이 함께 타고 오르던 나무까지 말라죽게 한다.

이러한 갈등의 교훈은 비단 식물뿐만 아니라 우리 사회에도 그대로 나타난다. 세대 갈등, 계층 갈등, 남녀 갈등, 고부 갈등, 가족 갈등, 노사 갈등, 이념 갈등, 지역 갈등, 공공정책목표 갈등 등 우리사회의 구석구석에 잠재된 각종 갈등의 골이 깊어지고 있어 갈등의 폭발이 우려되기도 하다.

사회갈등의 정도는 '사회갈등지수'로 나타난다. 한국사회의 갈등 수준은 OECD 27개국 중 2번째로 심각한 수준이고, 사회갈등으로 발생한 경제적 비용은 연간 82조~246조원이 될 것으로 추산하고 있다. 한국의 사회갈등지수가 10%만 낮아진다면 1인당 GDP가 1.8~5.4% 높아지고, OECD 평균수준(0.44)으로만 개선되더라도 7~21% 증가하는 효과를 가져올 수 있다는 주장도 있다.

정치권에서도 다양한 처방을 내놓고 있다. 이명박 정부의 사회통합위원회, 박근혜 정부의 국민통합위원회, 그리고 민간에서도 사회갈등의 해소와 완화를 위해 노력하고 있지만 아직 결과는 기대에 미치지 못하고 있다.

우리사회의 복잡한 갈등의 현상은 한 세대라는 짧은 기간에 달성한 산업화와 민주화의 부작용이 큰 원인이다. 성장잠재력을 저해하는 요인인 갈등을 국민대통합으로 극복하여 선진권으로의 안착과 통일을 위한 기반조성에 국민역량을 투입하여야 한다. 사회 갈등의 대승적이고 발전적인 극복으로 지속적 국가발전을 위한 패러다임의 전환이 필요한 시점이다.

정치의 본 무대인 국회는 갈등의 해소보다 오히려 갈등을 증폭시키고 있는 곳으로 투영되고 있다. 갈등의 해소방법 중 가장 효과적인 것은 양보와 절충을 거치는 타협이지만 차선책은 '다수결의 원칙'이다. 다수결은 투표라는 절차를 통하여 정당성을 갖지만 다수결의 과정에서도 타협과 협상, 그리고 배려는 주역으로 참여하는 정치인들의 몫이다. 우리가 절차적 민주화는 달성했지만 실천적 민주화는 퇴보하는 현실에서 강자의 약자에 대한 배려는 약자와 공존을 위한 지혜인 것이다.

정치인으로서의 기본소양조차 못 갖추고 지역감정을 조장하고, 허황된 공약을 남발하고, 이념갈등을 증폭시키는 정치인들을 솎아 내는 것은 성숙된 국민의 몫이다. 어떠한 리더십이라도 소통보다는 불통, 토론보다는 침묵, 참여보다는 방관이라면 갈등의 해소라기보다 갈등의 조장으로 편향되어 사회·경제적인 대통합을 지연시킬 것이다.

자고로 난세에 처하거나 기근이 들면 부자들이 곡식을 내어놓았던 지혜는 약자에 대한 훈훈한 배려일 뿐만 아니라 공멸을 피하려는 강자 자신을 위한 것이었음도 역사의 교훈인 것이다 [사회갈등의 관리와 대타협의 리더십, 신앙신보, 2013.10. 6].

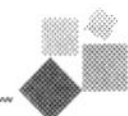

내재적 취약점 점검해야

제1차 경제위기인 소위 1997년의 IMF사태 때에 명예퇴직, 노숙자 대량발생, 환율폭등 등으로 우리는 엄청난 충격을 겪었다. 당시는 외환시장을 막 개방한 터이었기에 IMF의 처방을 충실히 받아들였고, 은행과 큰 빌딩까지 팔았지만 2년 만에 모범적으로 위기를 극복했다는 등 지금까지 자화자찬을 아끼지 않고 있다. 하지만 10년도 지나지 않아 2008년에는 리먼 사태로 촉발된 제2차 글로벌 금융위기를 맞게 되었고, 회복의 결과도 느끼지 못하고 3년 만에 또다시 유로 존에서 비롯된 제3차 금융위기의 쓰나미가 닥쳐왔다.

이처럼 경제위기의 발생이 빈번해지고 발생기간도 단축되면서 우리경제는 글로벌 경제위기에 노출되어 있고 불안에 허덕이고 있다. 이번 위기도 겪어 넘어가겠지만 새로운 위기가 닥친다면 또 어떻게 대처할 것인가? 이에 대한 근본적인 원인과 처방은 무엇일까?

아무리 글로벌 경제위기라 해도 위기를 겪지 않고 안전권에 있는 국가도 있고, 극복의 결과도 다르게 나타나고 있다. 말하자면 1차 위기 때는 아시아 이외의 국가들은 위기를 겪지 않았고, 위기를 겪었더라도 말레이시아는 우리와 다른 처방으로 벗어났고 뒤따르는 위기를 피해갈 수 있었다. 2차 위기 때도 우리와 달리 중국과 몽골은 위기에 휘말리기는커녕 고성장을 구가하였다. 물론 현재 우리가 전전긍긍하는 3차 위기도 아랑곳하지 않고 제2의 경제대국인 중국은 유로 존에 협조적 의사까지 내비치고 있다. 앞으로 이번 경제위기를 넘기게 되면 미국과 유럽의 역할은 축소될 것이고, 대신 중국을 비롯한 신흥국 경제성장과 역할은 더 부각될 것이다.

이번 위기의 근원인 글로벌 금융시장에 대한 불확실성은 단기간 내에 해소가 어려울 것이고 현재 금융시장의 불안은 상당기간 지속될 것이다. 주요국들의 경기회복 둔화, 재정위기 등으로 세계경기 더블 딥에 대한 우려가 높아지고 있기 때문이다. 특히 미국 경기침체 및 유럽 재정위기 악화로 인한 세계경제의 성장세가 급격히 둔화되고 있어 우리의 실물경제에도 직간접적인 타격을 받고 있다.

그렇다면 우리는 왜 자주 이런 경제위기에 항시 노출되고 불안해하는가? 당연히 경제의 대외의존이 심하기 때문이다. 아직도 성장위주의 정책을 우선시하고 노쇠한 구미경제권이 우리의 커다란 수출시장이기 때문이다. 세계경제의 저성장이 장기화되고 수출여건이 어려워질수록 이에 대한 처방으로는 내수기반을 공고히 다지고 신 성장동력의 발굴과 확충이 시급하다. 위기가 장기화 되고 재발이 상존할 가능성이 높은 만큼 재정건전성을 높여 위기대응능력을 높이는 것이 무엇보다 중요하다. 이제 외환위기와 글로벌 금융위기의 극복에도 이골이 날 때인 만큼 어떠한 민스키 모멘트의 발생에도 의연히 대처하여야 할 것이다.

나아가 그동안 우리는 최단 기간 내에 경제성장과 민주주의의 동시달성, 경제위기의 극복, 그리고 G20과 Next-10과 같은 선진권 진입과 리더십을 국가브랜드로 결부시키면서 민족적 자부

심을 고양시켜 왔다. 이러한 우리의 역사적 경험을 글로벌 공공재로 활용하기 위해서는 정권과 시대를 초월하는 우리경제의 내재적 취약점에 대한 철저한 점검과 보완, 그리고 글로벌 공조에 능동적이고 전략적인 참여가 필요하다[우리 경제의 내재적 취약점 점검해야, 신앙신보, 2011.10.16].

올림픽과 메달의 가치

올림픽 정신은 '더 빨리(citius), 더 높이(altius), 더 세게(fortius)'라는 올림픽 구호에 잘 나타나 있다. 올림픽의 목적은 인종과 종교의 차별 없이 스포츠에 의한 인간의 완성과 경기를 통한 국제평화의 증진에 있다.

올림픽은 이러한 숭고한 정신과 목적을 가지고 개최되지만 현실은 국가간의 국력과시나 개최국의 이익을 위해 이용되기도 하였다. 나아가 올림픽은 스포츠 강국의 패권경쟁, 뮌헨 올림픽 테러, 냉전시대의 보이콧과 같은 정치화, 지나친 상업화는 비판의 대상이 되기도 한다. 냉전시대 소련과 동구권은 올림픽을 사회주의 체제의 우월성을 선전하는 좋은 기회로 활용하여 체제경쟁을 과시하였다.

올림픽 헌장은 "올림픽은 선수 개인 혹은 팀 사이의 경쟁이지 국가 간 경쟁이 아니다"라고 선언하고 있다. 국제올림픽위원회(IOC)는 같은 국가의 선수들끼리도 경쟁하기 때문에 국가별 순위를 매기지 않는다.

그러나 메달순위 집계방식을 보면 우리나라를 비롯하여 영국, 호주, 독일, 프랑스, 일본은 금메달 우선 방식으로 국가순위를 매긴다. 그리고 미국과 캐나다는 금은동을 합한 총 메달수로 순위를 적는다. 이밖에 새로운 메달 집계방식도 제시되고 있다. 예를 들면 메달에 따라 승점을 달리 합산하는 방법, 국민소득을 기준으로 하는 집계방법, 인구비례에 의한 메달 집계방식도 있다.

이 뿐만 아니라 올림픽 정신에 대한 도전은 메달경쟁 뿐만 아

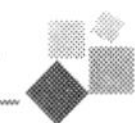

니라 지나친 상업화와 독점화, 강대국 위주의 종목 편성과 메달 수 편중, 편파 판정이나 오심 등도 심각한 문제로 부각되고 있다.

한국이 태극기를 들고 참가했던 최초의 하계올림픽은 64년 전인 1948년 런던 대회였고 최초의 한국의 메달은 1976년 몬트리얼대회 레슬링에서 양정모가 따낸 금메달이다. 이번 2012년 제30회 런던하계올림픽은 '하나의 삶'을 슬로건으로 하고 전 세계 203개국 1만 500여 명의 선수들이 참가하여 301개의 메달을 놓고 경쟁하고 있다.

한국은 당초 10개의 금메달을 따서 종합순위 10위 이내에 든다는 이른바 10·10전략을 수정할 정도로 좋은 성과를 거두고 있어 모처럼 국민들의 마음을 하나로 묶는 효과를 톡톡히 보고 있다. 여러 가지 복잡하고 답답한 현실을 잠시나마 잊게 해주는 글로벌 이벤트가 이루어지고 있는 것이다.

'경쟁은 발전을 위한 좋은 선택'이란 말은 수긍하지만 공정하지 않은 경쟁, 천민자본주의와 우민화 전략에서 경쟁은 자유스러워야 한다. 금메달이 개인과 가문의 영광은 물론 국민 모두의 자부심이지만 4년 동안 지옥훈련을 한 선수들을 생각하면 꼭 금메달에만 의미를 두어야 할 것인가?

이제 우리는 초기의 노메달 참가시대를 지나고 헝그리 정신으로 따는 메달도 사라지고 있다. 이제 우리가 선진 스포츠 강국에 동참하려면 메달분포도 사격, 권총, 태권도와 같은 종목에만 집중되지 않고 다방면에 분포되도록 하여 즐기면서 땀의 가치를 추구하는 방향으로 진화하여야만 할 것이다[올림픽과 메달의 가치, 신앙신보, 2012. 8.12].

한국의 아프리카 미래 전략

아프리카는 53개국으로 이루어진 다양하고 복잡한 대륙이다. 굶주림과 내전, 에이즈 등의 부정적 현상도 있지만, 자원의 보고이고, 축구도 잘하고, 남아공에서는 월드컵이 열리는 개발가능성을 지닌 대륙이다. 그래도 아프리카는 전 세계 49개 최빈국 중 70%인 32개국이 집중되어 있는 심각한 곳이다.

아프리카의 후진은 식민지 역사와 지도층의 부정부패가 주원인이지만, 요즈음에는 거버넌스 질, 사업환경, 정치안정, 공공재 부족 등이 아프리카의 경제성과를 좌우하는 요인으로 보고 있다. 특히 거버넌스의 취약요인으로서 넓은 국토, 과잉 인구, 다양한 부족, 풍부한 자원 등 4가지를 든다. 이 네 요소의 교합이 많을수록 경제적 성과는 미흡해진다.

하지만 아프리카는 새로운 경제성장 동력으로 인식되어 선진국들의 접근전략은 치열하다. 일본은 지난 5월 제4차 일본·아프리카 협력회의(TICAD)를 개최하였고, 중국은 11월, 제2차 중국·아프리카 협력포럼(FOCAC)에서 100억 달러 규모의 차관을 약속했다. 미국의 AGOA(아프리카성장기회협정), EU·아프리카 정상회의, 인도·아프리카 정상회의, 중남미·아프리카 정상회담, 브라질이 앞장선 중남미와 아프리카의 '상호시선교차운동', 터키의 접근 등 많은 나라들이 아프리카 러브콜을 펼치고 있다.

우리나라는 이제 세계 13대 경제대국인 강소국이다. 나아가

G-20 의장국으로서, 녹색성장 이니셔티브, 원조 선진국 클럽인 개발원조위원회(DAC) 가입 등 굵직한 사안들을 아프리카와 연계시키면서 아프리카에 대한 관심을 고조시키고 있다. 지난 11월 23~25일에는 한·아프리카 파트너십 발전을 위한 제2차 한·아프리카 포럼이 열렸다. 아프리카 개발을 위한 한국 이니셔티브, 공동번영 및 새천년개발목표(MDGs) 달성을 위한 한·아프리카 협력, 한·아프리카 녹색성장 파트너십 등을 다루었다.

우리는 그동안 아프리카에 의사를 파견하였고, 최근에는 한국 이니셔티브, 국제빈곤퇴치기여금(항공연대기금), 밀리니엄 빌리지, 새마을 운동, 경제개발경험공유사업(KSP) 등 협력 사업을 전개 해오고 있다. 그런데 우리의 새마을운동이 그라민이란 소액금융으로, 밀레니엄 빌리지로 코리아 브랜드로서 승화시킬 기회를 놓쳤지만 이제 경제개발경험공유사업(KSP)과 개발 거버넌스를 아프리카에 전수하여 특화할 절호의 기회를 맞이한 것이다.

더구나 우리는 DAC에 가입으로 수원국에서 공유국으로 전환한 개도국 경험을 가진 유일한 나라이기 때문에, 한국의 아프리카 원조는 그 효과성을 차별화 할 수 있다. 따라서 내년 11월 우리나라에서 개최하는 G-20회의에서도 개도국 원조를 위한 코리아 브랜드를 구축하여야 한다.

한국이 아프리카와의 협력을 위해 소위 '물고기 잡는 법'인 '개발 거버넌스'의 전수를 특화할 수 있는 전략은 다음과 같다. 첫째, 장기적인 관점에서 일관성 있는 원조와 투자를 증대해야 할 것이다. 둘째, 동반자의 입장에서 원조의 규모를 떠나서 개발

협력을 통한 비타민과 양념과 같은 역할을 하여야 한다. 셋째, 개발가능성이 높은 나라를 선정하여 개발 거버넌스를 집중적으로 지원하여야 한다. 넷째, 개발협력과 자원개발 연결한 동반지출만 내세우지 말고 개발 거버넌스에 특화하여 개발경험을 공유하고 현지화하여야 할 것이다. 끝으로 내년에 대통령의 아프리카 순방으로 정상외교를 강화하여야 한다[강소국 한국의 아프리카 미래 전략, 신앙신보, 2009.12.13].

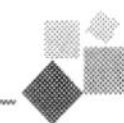

세계 속 '한민족 상권' 형성 생각해 볼만

러시아·중국·베트남 등 북방국가들이 참여한 태평양경제협의회 서울 총회는 한국 경제의 위상을 높이고 아·태 국가간의 경제교류와 증진에 크게 기여할 것으로 전망된다.

第26차 태평양경제협의회 또는 피벡(PBEC: Pacific Basin Economic Council)의 총회가 지난 6월 22일부터 26일까지 5일간 서울에서 개최되었다.

현재 아시아-태평양 지역의 지역협력을 위해 3개의 국제조직이 있다. 하나는 정부간 협력 기구인 "아시아·태평양경제협혁기구"인 APEC(Asia Pacific Economic Cooperation Council), 다음은 정부와 학계 및 업계간의 경제협의체인 "태평양경제협력위원회"인 PEEC(Pacific Economic Cooperation Council), 그리고 순수민간경제협력기구인 PBEC이 있다.

PBEC의 성격과 서울총회의 의의: PBEC은 태평양 연안지역 국가간의 경제협력과 지역사회의 발전을 목적으로 지난 1967년에 설립된 기구이다.

1993년 현재 회원국은 15개국으로 우리나라를 비롯하여 일본, 미국, 호주, 뉴질랜드, 캐나다, 대만, 멕시코, 칠레, 홍콩, 페루, 말레이시아, 필리핀, 피지, 그리고 이번 총회에서 가입한 콜롬비아이다. 한국은 1984년 제17차 총회인 밴쿠버대회에서 정회원국으로 가입하여 적극적인 역할을 해오고 있다.

총회는 매년 5월에 개최되며 기업환경 변화, 지역협력, 신경영기법, 인적자원교류 등에 대한 의견을 교환하고 국제여론을 형성하면서 그 결과를 각국의 정부 및 국제기구에 건의하여 실현시키는 데에 중점을 두고 있다.

현재의 세계 경제 질서의 흐름을 보면 한편에서는 국제 무역환경의 개선을 위한 세계주의와 개방주의를 강조하면서도 다른 한편으로는 유럽공동체(EC), 북미자유무역협정(NAFTA)에서 볼 수 있는 바와 같이 블록화 경향을 강화하여 서로 상반된 흐름을 보여주고 있다.

이러한 상황에서 세계주의와 지역주의간의 발전적인 조화를 모색하고 역내 국가들 간의 장기적 발전을 위한 대응책을 마련하면서 아울러 타 지역의 경제협력체들도 개방적인 자세를 갖도록 유도하기 위한 것이 서울 총회의 의의라 하겠다.

서울총회의 주제는 "개방적 지역주의(Open Regionalism): 세계주의(Globalization)를 위한 새로운 토대인가?"이었다. 서울총회의 초점은 역내 무역자유화 방안, 우루과이라운드(UR)협상 문제, 세계경제의 블록화 문제, 앞으로 아시아·태평양 경제협력 추진방안 등 제반 국제현안에 대한 회원국 및 회원기업간의 의견을 조정하는 것이었다. 또한 역내 협력에 대한 PBEC 및 기업인의 참여를 모색하고 APEC 등 정부차원의 국제 협력기구와의 협력방안의 모색 등을 통한 지역협력에 관한 기업인의 입장정리 및 국제여론을 환기시키는 것이었다.

서울총회에는 14개 기존 회원국의 대표를 포함하여 새로 가입

한 콜롬비아와 사회주의 경제에서 벗어나려는 러시아, 중국, 베트남이 처음으로 옵서버로 참여하여 모두 20여 개국에서 700여 명이 참석하였다.

북한은 당초에 서울총회 참석에 긍정적인 반응을 나타냈지만 핵확산금지조약 탈퇴 선언 이후 분위기가 냉각되면서 결국 참가하지 않아서 아쉬움을 남겼다. 이번 총회에서는 러시아, 중국, 베트남 등 북방국가들이 참여함으로써 활발한 인적교류 및 토론의 장이 외었던 것으로 평가된다. 더구나 서울총회는 한국 경제의 위상을 한층 높이는 계기가 되었고 아시아 태평양국가간의 경제 및 교류 증진에 크게 기여할 것으로 전망된다.

개방적 지역주의와 협력체제 구축: 전후 냉전시대에 자유세계의 경제질서는 미국을 중심으로 세계은행(IBRD), 국제통화기금(IMF), 관세 및 무역에 관한 일반협정(GATT)이라는 세 개의 기둥으로 유지되어 왔다. 그러나 무역규범이라 할 수 있는 GATT는 80년대 이후 국제 경쟁이 치열해지고 그에 따른 각국의 보호주의무역이 강화되면서 GATT체제는 금이 가기 시작하였다. 이와 반대로 지역주의는 오히려 확산되기 시작하였다.

GATT 체제의 유지에 주도적 역할을 담당해 왔던 미국조차 보호주의적인 입법조치로 무역마찰을 야기 시키고 미국과 캐나다간의 자유무역협정, 나아가 멕시코까지 포함하여 NAFTA를 결성하기 시작하였다. UR의 협상 과정에서 보여주었듯이 미국은 지역주의를 국제협상에서 주요한 수단으로 활용하고 있다.

앞으로 21세기는 EC 주도의 유럽, 미국주도의 NAFTA, 일본주도의 아시아권으로 3국 체제를 형성하리라는 것이 중론인데 아직 아시아권에는 경제권 형성에 대한 논의만 무성하고 구체적인 실천 단계로 들어가지 못하고 있다. 따라서 세계질서가 새롭게 형성되는 과정에서 지역주의는 엄연한 사실로 나타나고 있으므로 아시아지역에서도 태평양시대를 맞이하면서 좀더 광역적인 아·태 지역의 경제협력의 필요성이 크게 대두되고 있다.

아·태 지역의 경제협력의 필요성을 열거해보면

첫째, 지역내 국가끼리의 교역비중이 현재도 EC보다 높고, 앞으로는 각국의 무역의존도가 더욱 높아질 것이므로 경제 마찰을 사전에 조정하여 호혜적인 발전을 도모할 필요가 있고,

둘째, 역내 국가들이 다양하므로 선진국의 자본과 기술, 그리고 개도국의 자원과 인력을 효과적으로 결합하여 공동 번영을 추구하여야 하고,

셋째, GATT와 IMF 체제를 보완하기 위해 등장한 지역주의 체제에서는 쌍무적인 협력보다는 다변적인 협력이 필요하고,

넷째, 역내 국가간의 성장의 차이에서 비롯되는 무역 불균형을 시정하고 남북문제 및 상호마찰 문제를 협의하고 조정할 다자간 협력기구가 필요하며,

다섯째, 지역국가 간의 새로운 역할, 말하자면 상대적으로 쇠퇴하는 미국 경제, 일본과 아시아의 신흥공업국의 부상에 따라 국가간의 역할 분담에 대한 국제적인 협의가 필요하며,

끝으로 사회주의권의 경제 체제 전환에 따라 태평양경제권의 영역이 확대되고, 사회주의권의 개혁 개방에 따라 러시아, 중국, 북한, 베트남, 캄보디아 등이 개방화 정책을 확대하고 있어서 태

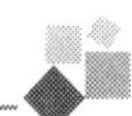

평양지역에서의 효율적인 경제 협력 체제의 구축이 필요하다.

세계 질서의 재편과정에서의 지역주의는 더욱 가속되고 있다. 그러나 지역주의가 비 배타적이고 개방적인 성격을 띰으로써 세계 교역의 증대를 초래할 것이냐, 아니면 폐쇄적이고 상호 배타적인 보호무역주의로 퇴보하여 블록간의 경제 전쟁을 자초하느냐는 앞으로 지역주의가 선택하여야 할 중요한 과제인 것이다.

주지하다시피 아·태 지역은 민족구성이 복잡하고 경제력이나 경제 발전 단계도 다양한 이질적인 국가들의 집단이므로 동질적인 경제 블록을 형성하리라고 기대하는 것은 무리이다. 하지만 역내 국가들의 상호 경제 의존관계를 볼 때 산업구조상의 보완적인 관계를 선용한다면 아·태 국가들 간의 경제의존도와 블록 형성의 필요성은 결코 EC보다 뒤지지 않는다. 비록 제도적 통합은 어려울지라도 이러한 상호의존성을 바탕으로 기능적 통합은 가능할 것으로 보인다. 그러므로 아·태 지역의 지역주의는 기본적으로 다양성과 비배타성을 인정한다는 대전제하에서 추진되어야 할 것이다.

따라서 아·태 지역의 지역주의는 경제협력 관계에서 대외개방적인 기본 입장에서 역내무역의 자유화를 추구하고 다른 지역의 경제 협력체들도 대외개방적으로 유도해 나가야 할 것이다.

시장경제에 눈뜬 북방국가와 협력방안: PBEC 서울총회는 러시아, 중국, 베트남 등 사회주의 국가들이 옵서버로 참석하였다는 데에 특별한 의미를 부여할 수 있다. 그리고 이 나라들은 모두 과거에 고수해오던 중앙집권적 계획경제를 포기하고 시장경제로의 경제체제 전환을 부단히 추구하고 있는 나라들이다.

러시아는 경제체제의 전환이 정치 개혁보다 부진하지만 아시아 국가임을 천명하고 이번 회의에서도 "러시아 극동지역의 개발: 경제 발전의 기회와 도전"이라는 분과위원회를 개최하였다. 이 회의에서는 러시아에서의 사업 기회, 극동지역 개발계획, 극동지역 개발과 태평양 경제권의 역할, 외국인 투자 환경 등이 발표되었다.

중국에서는 "중국 경제의 현황과 대외 개방"의 발표에서 PBEC의 가입 희망 의사를 발표하였고, 베트남에서는 "베트남의 경제 현황과 국제 협력 방안"을 발표하면서 시장 경제 구조를 대폭 수용할 계획이며 선진국 협조가 절실한 시점이라면서 투자 협력을 강력히 요청하였다.

실제 국제 경제 협력은 교역협력과 투자협력으로 대별할 수 있다. 특히 무역 협력을 강조하고 있는 한국으로서는 북방시장의 개방은 호재로 등장하고 있다.

이번 PBEC총회를 계기로 점검해 본 한국의 무역 상대국은 PBEC시장에 크게 의존하고 있음이 확인되었다. 말하자면 지난해 연말 우리나라의 10대 교역국 중 태평양 연안 국가가 7개나 차지하고 있다.

올해에 들어서도 중국, 태국, 베트남과의 교역이 크게 늘어나고 있다. 특히 중국과의 교역 규모는 4월말에 27억 달러로서 미국(116억 달러), 일본(96억 달러), EC(58억 달러)에 이어 4대 교역국으로 되었다.

베트남과 지난 1992년 12월 22일 대사급 외교 관계를 수립한

이래 교역 규모가 급격히 증가하고 있다. 지난 1983년부터 시작된 양국간의 교역은 1992년말에 수출 4억 3600만 달러, 수입 5700만 달러로 교역규모는 4억 9300만 달러에 이르렀다. 교역규모는 폭발적으로 증가하는 추세에 있다.

투자면을 보아도 북방 특수가 일고 있다. 중국에 대한 투자는 지난해말 기준으로 433건에 3억 7400만 달러, 베트남에 다한 투자는 21건에 8894만 달러(1993년 3월 기준)가 이루어졌다.

이처럼 중국과 베트남에 대해 투자 특수가 일고 있는 것은 무엇보다도 노동임금이 싸다는 장점 때문에 국내기업의 생산기지 이진 지역으로 선호하고 있기 때문으로 보인다.

베트남은 베트남식 개혁 정책인 '도이모이정책'을 80년대 후반에 도입한 이래 외국과의 투자 계약이 이미 600건을 훨씬 넘은 것으로 집계되고 있다. 금액으로는 50억 달러를 넘고 있는데 이중 50% 정도가 작년에 체결된 것이다.

한국의 베트남에 대한 투자 규모는 (4월 10일 기준) 29건에 3억 4336만 달러로서 대만(77건, 11억 달러), 홍콩(140건, 9억 달러), 프랑스(41건, 5억 달러), 호주(32건, 4억 달러), 일본(37건, 4억 달러)에 이어 6위를 기록하고 있다.

한국과 베트남 간의 대표적인 투자 협력의 사례는 포항제철과 베트남철강공사가 절반씩 출자해 호치민 시에 건설한 포스비나인데 1992년 4월부터 가동하였다. 1992년도 순수익은 42만 달러이었고 그중 포항제철의 몫인 21만 달러는 하노이공대에 기부하는 등 대표적인 성공 사례로 알려지고 있다.

베트남 노동력에 대한 한국 기업인의 찬사, 말하자면 한국의 기업인들은 베트남인의 비상한 손재주, 근면한 기질, 명석한 두뇌와 순박성에 매료되기도 한다. 그것이 투자의 매력이다. 그러나 사회주의 국가의 일반적인 문제는 시간 때우기식 눈가림식 작업태도, 자기 몫 지키기의 엄격한 시간관리, 근로와 화폐 소득과의 관계, 말하자면, 돈 냄새에 대한 불감증, 사회주의 특유의 부정부패 등 기업가의 투자의욕을 냉각시키는 부정적인 면도 가지고 있다.

그래도 베트남 관리들은 한국기업가에 대한 기대가 크다. 지금까지 자원 개발이나 경공업 서비스 등에 집중된 한국의 투자 패턴이 앞으로는 사회간접자본 건설, 기계공업, 조선업, 화학공업 등으로 확산되기를 기대하고 있다. 앞으로 중소기업까지 투자특수에 참여하게 되면 60년대 파생됐던 전쟁특수에 이어 한국과 베트남은 공존공영을 위한 경제협력 확대를 위한 제2의 특수를 맞게 될 것이다.

세계화 시대와 '민족공영' 전략: 앞으로 세계는 국가간의 물리적인 국경보다는 경제적인 국경이라든가 문화적인 영토 개념이 보다 설득력을 갖게 될 것이다. 현재 진행되고 있는 동유럽에서의 민족 분규와 국가 재편 문제는 처음부터 끝까지 민족이란 문제를 떠날 수 없다.

현대 세계 도처에 살고 있는 우리 만족의 뿌리들은 약 500만명에 이른다. 남북한 인구까지 합하면 2000년경에는 1억의 한민족이 될 것이다.

현재 중국을 중심으로 하는 중국, 대만, 홍콩, 싱가포르, 마카

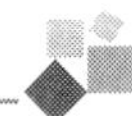

오 들 화교경제권의 형성 움직임을 보면서 한국도 한민족의 상권 형성에 대해서 생각해 보아야 한다.

지난 세월 한국과 미국간의 무역 마찰이 심할 때 미국의 동포들, 그리고 일본의 동포들이 비록 값이 비싸고 품질이 떨어지더라도 '고국상품을 사주어야 한다는 운동'을 벌였을 때 고국 동포들이 얼마나 고마워하였는가.

오랜 잠에서 깨어나 한국의 사업가가 북방지역에 진출하여 현지 동포와의 합작사업으로 성공할 때 어찌 그것이 사업당사자들만의 기쁨이겠는가. 그리고 슬픈 역사의 찌꺼기이지만 월남 특수가 일고 있는 이 시점에 베트남에서 벌써 20대 청년이 된 한국계 혼혈아 '라이따이한'들과의 협력은 한국과 베트남간의 쓰라린 상처를 아물게 하고 오히려 전화위복의 기회로 만들 수 있을 것이다.

동포 밀집지역은 물론 북방 지역에서의 동포와의 교역 확대와 투자 협력을 한민족 상권의 형성을 앞당기고 조국과 민족의 장래를 든든하게 할 호재가 될 것이다[세계 속 '한민족 상권' 형성 생각해 볼만, 고국소식, 1993. 7].

당당한 한국인, 이제 살맛 날 것입니다

해외동포는 적극적 사고방식의 소유자: 필자는 자랄 때에 "새나라의 어린이"라는 동요를 무던히도 많이 부르고 자랐다. 지금 가사를 생각해 보면 참 좋은 노래라고 새삼스레 생각된다. 그런데 새 나라의 어린이를 교육시킬 때, 아니 지금까지도 너무나 답답한 얘기를 많이 듣고 있다. 말하자면 "우리나라는 국토가 좁고, 인구가 많고, 자원이 없고, 지정학적으로 불리한 반도에 자리를 잡고, 다른 나라를 침범한 적이 없으며, 어쩌구 저쩌구. . . "

언뜻 들으면 맞는 얘기 같다. 그러나 다시 한 번 생각해 보자. 나라가 작은가? 글쎄. . . 만주, 시베리아 등 영토를 빼앗겨서 그렇지 결코 좁은 강역이 아니다. 남북양단이 아니고 우리강역을 빼앗겨 우리민족은 네댓개의 나라로 쪼개지고 흩어져 살고 있다. 그리고 남한에서는 작다고 하면서도 또 서로 헐뜯으며 살고 있으니 그게 어디 나라가 크기 때문인가?

인구가 어째서 많은가? 남한 4000만, 북한 2000만, 해외동포 1000만까지 모두 합해야 7000만이니 1억도 안되는 인구규모이다. 그런데 세계에서 좀 영향력이 있는 국가의 인구는 암만 못되어도 1억은 되어야 한다. 중국이 12억이고 인도가 7억이며 미국이 2.5억, 러시아가 1.2억, 일본이 1.2억 등이니 이 말이 틀린 말인가? 그러니까 우리의 인구는 아직 적은 편이다. 인구가 많아 보이는 것은 인구가 특정지역에 집중되어 있기 때문이다. 시

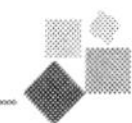

골에 가보면 한산하지 않은가?

자원이 없다는데 그게 무슨 상관인가? 자원이 풍부한 나라라서 잘 사는 것이 아니고 자원이 부족하대서 못사는 것이 아니다. 자원이 많은 아프리카가 못살고, 자원이 적은 일본이 잘 사는 것이 서로 대비되는 현상이 아닌가?

또 반도국가라는 말은 어떤가? 반도가 그다지 불리하기만 한 것인가? 로마제국을 건설한 이태리 반도, 에스빠니아 제국을 건설한 이베리아 반도, 바이킹왕국을 건설했던 스칸디나비아 반도. . . 오히려 반도이어야 열강의 기본자격을 갖추는 것이 아닌가?

어째 그렇게 앉아서 당하는 얘기만 하는가? 무엇이 자랑스러워서 인가? 사실은 우리민족이 당하기만 한 것이 아니고 침략을 안 한 것도 아니다. 요는 기본적인 시각과 발상이 중요하다. 적극적이고 긍정적인 시각이냐, 아니면 소극적이고 부정적인 시각이냐가 문제일 뿐이다.

나라가 크다고 강국이 되는 것 아니고 인구가 많대서 못사는 것 아니다. 그것은 키 크고 뚱뚱한 사람이 잘살고 키 작고 깡마른 사람이 못살아야 된다는 어처구니 없는 논리와 다를 바 없다.

사실 우리나라를 금수강산이라 한다. 많은 나라를 여행해 보면 해 볼수록 금수강산이란 말이 실감날 것이다. 그런데 아무리 금수강산이라 하여도 못 지키면 오히려 없는 것만 못할 수도 있다. 사슴이 아름다운 뿔을 가져서 사냥꾼의 표적이 되는 것과 무엇이 다르겠는가?

이러한 소극적이고 부정적인 시각을 부정하고 용감히 세계 방방곡곡으로 뛰쳐나가 민족의 기상을 마음껏 발휘하고자 하는 동포들이야말로 적극적 사고방식의 소유자가 아닌가? 해외동포가 있기에 우리가 세계 곳곳으로 부단히 진출하고 있지 않은가?

조국이 잘 살아야 교포들도 떳떳해: 국가와 민족. . . 나라를 빼앗겼던 우리로서는 남다른 생각이 많을 수밖에 없다. 이 세상에는 얼마나 많은 민족들이 역사의 진행과 더불어 멸종과 파국을 맞았는가?

위대한 제국을 건설했던 민족도 사라진 경우가 있으며, 한 번도 역사상 큰 소리 못쳤지만 꾸준히 이어지는 민족도 있다. 나라를 빼앗겨 국토가 없었던 이스라엘과 팔레스타인과 같은 나라가 있는가 하면 한 번도 나라다운 나라를 건설해 볼 기회가 없었던 쿠르드족도 있고 나라건설이란 꿈도 꾸어보지 못하는 집시족 들도 있다.

민족과 국가, 한민족에 한국가가 이루어지면 좋으련만 어찌 역사가 그렇게 이어지겠는가? 오히려 다민족 국가가 대부분인 것이 현실이고 근세에 들어서는 국가관, 영토관 자체가 바뀌고 있는 것도 현실이다.

이제 물리적인 국경개념보다는 경제적이고 문화적인 영토개념이 설득력 있게 받아들여지고 있다. 세계가 좁아지고 지구촌으로 되고 있으니 올망졸망한 국가들은 블럭화라는 통폐합으로써 경제국경을 만들어 가고 있는 것이 현실이지 않은가?

또 얼마나 많은 기업들이 해외투자를 하고 있으며 진출국가에

서 영향력을 발휘하고 있는가? 아무리 철옹성 같은 물리적 국경을 갖고 있어도 종속되어 있으면 어찌 진정한 독립국가라고 할 수 있겠는가? 차라리 경제적 국경이 물리적 국경보다 더 많은 영향력과 의미를 갖고 있다고 해야 옳지 않겠는가?

문화적 국경은 또 어떤가? 한국은 무분별한 외래문화의 범람으로 자아상실증에 걸렸다 하여도 지나친 표현은 아닐 것 같은데. . . 민족의 혼이 없어지면 그 어찌 국가이니 민족이니 하는 말이 나올 수 있겠는가? 아무리 경제력이 탄탄하더라도 정신상태가 건전하지 못하고 민족혼이 사라진다면 사육되는 가축과 다를 바가 무엇인가? 따라서 문화적 국경개념이 경제적 국경개념보다 또, 물리적 국경개념보다 더 중요하다고 할 수 있지 않은가?

우리나라는 분단은 됐어도 현 상태에서 경제적 국경은 튼튼하다. 그리고 경제력도 수많은 나라들을 따라잡아 10위권으로 진입하고 있다. 이제 좀 잘살게 되었고 좀 떳떳한 지위에 서게 되었으며 해외 진출도 많이 이루어지고 있다.

몽매에도 그리던 고국, 형제동포들을 해외동포들이 대할 때마다 얼마나 대견스럽고 자랑스럽지 않겠는가? 이는 세계 각 지역을 찾는 한국인들도 그 심정은 매 한가지이다. 이역만리에서 같은 피를 확인하고 정을 나눌 때 얼마나 가슴이 뭉클한지 어찌 말로 표현할 수 있겠는가?

말마따나 친척이 잘살아야 숨기지 않고 자랑하듯이 고국이 잘살아야 동포 여러분들도 떳떳하지 않겠는가? 그러나 세상은 반가운 마음, 흐뭇한 마음만 지니고 있으라고 하지 않고 역사는 자꾸 흘러 새로운 적응과 협력을 요구하고 있다.

동포의 자취를 더듬고, 겨레의 얼을 일깨우고: 역사가 이루어지면서 어느 지역에서든지, 어느 민족이든지 태평성세와 영광의 시대가 있었으며 치욕과 통한의 시대가 있기 마련이다. 이러한 역사의 양면성은 우리민족에도 예외일 수 없다. 광활한 영토를 지배하면서 아시아의 패자로 군림하였던 영광의 고구려 역사와 발해의 역사가 있다.

그러나 고구려의 멸망, 발해의 멸망, 몽골의 침략으로 수많은 동포들이 수난을 당하게 되었다. 고구려와 백제의 유민 수십만 명이 당나라에 의해 중국 전역으로 강제이주 되었고, 몽골의 침략으로 수십만 명이 노예로 잡혀 갔으며, 일제의 침략으로 수백만 명의 동포가 고국을 떠났으며, 스탈린의 강압통치로 수십만 명의 동포가 고난을 당하고 중앙아시아의 불모지로 강제이주를 당하였다.

고국을 떠난 그들은 예속된 상태에서 모질고 처절한 생존의 역사를 이루어 왔다. 그러나 민족의 원형질은 말이 바뀌고 생활이 바뀌어도 의도적으로, 또 본능적으로 이어져 오고 있는 것이 점차 확인되기 시작하였다.

1992년도 여름 러시아의 바이칼호반에서 전 세계 몽골민족대회에 수십 개국에서 대표들이 참석하였는데 그중에 몇몇 대표는 자기들이 왜 그 대회에 참석하였는지조차 모르고 있다가 몽골의 뿌리가 확인되면서 역사를 반추하는 그들의 모습에서 서로들 이상한 느낌을 가져야 했다.

이러한 사례가 몽골민족에 한한 것이 아니고 우리에게도 현실로 나타나고 있다. 한국의 경제가 발전하고 해외진출이 잦아지면서 그동안 몰랐던 사실이 알려지고 또 잘못 알려진 사실이 바로 잡아지고 있다. 이 모두가 한국경제의 성장이 바탕이 되어 가능해진 것들이라 하겠다. 조국이 부강해지니까 공간적으로 동족이 확인되고 시간적으로도 역사를 뛰어 넘음으로써 민족확인 작업이 벌어지고 있는 것이다.

예를 들면, 중국 곳곳에서 이미 한족으로 동화된 줄 알았던 고구려 유민, 백제유민들이 조선족임을 자처하고 나서며, 겨레의 민속을 보존하고 있는 것이 확인되고 있다. 바약의 삼각지내라고 하는 태국의 치앙마이 지역에 있는 라후족은 틀림없는 고구려 유민의 후예들이라 하고, 이태리의 알베시에 있는 꼬레아 집성촌은 임진왜란 당시 한국의 소년이 끌려가 이루어 놓은 지역으로 확인되고 있다. 다만 몽골에 끌려간 우리민족은 몽골에서는 성씨 개념이 희박하기 때문에 조상의 뿌리가 잡히지 않아 무지개의 추억으로 간직되고 있을 뿐이다.

우리의 민족성과 경제행위: 한국의 경제영역이 국제화되면서 한국인들의 발걸음들이 세계 구석구석에 미치고 있다. 해외동포들도 이제 반가움만으로 대할 때만이 아니고 조국방문의 꿈만 실현하고자 하는 것이 유일한 희망이 될 수 없다. 한국의 기업가와 해외동포들이 이제 현지에서 본격적으로 손잡고 일을 할 때가 온 것이다.

따라서 교포들은 한국인들을 잘 아는 분들도 많지만 한국인들에 대해서 잘 모르는 분들도 많을 것이다. 어쩌면 동포 자신들이 한국인들의 행동을 보면서 스스로를 확인하는 좋은 경우가 될 수도 있으리라. 특히 사회주의권에서 오래 생활하였던 동포들은 몰랐던 동포를 대하는 자세 뿐만이 아니라 이질적인 체제를 경험한 동포들의 사고방식에서 적지 않은 마찰과 갈등이 있을 수도 있고 서로 당황하고 난처한 경우도 있을 것이다.

그래서 여기서는 일반적으로 알려진 한국인들의 경제적 습성을 몇 가지 소개하고자 한다. 그러나 이것은 어디까지나 전형적인 한국인들에 대해 필자 자신의 생각일 수도 있으므로 독자는 이점을 감안하여야 할 것이다.

경제체제와 경제환경은 자연환경과 무관하지 않다. 아프리카에는 겨울이 없기 때문에 자본주의가 성공할 수 없고 너무 긴 겨울을 가진 소련에서도 자본주의는 성공할 수가 없다. 돈과 상술에 귀재라고 할 수 있는 중국인들에게는 공산주의식 사회주의가 성공할 까닭이 없는 것과 이동성이 강한 유목민족들에게는 부족주의적인 경제공동체가 적격이란 것은 잘 알려진 사례들이다.

한국은 어떠한가? 한국에는 네 계절이 있고 그동안 외적의 침략을 받은 경험이 많이 있다. 그리고 농업을 주산업으로 하여 유교적 영향을 많이 받은 국민들이다. 이러한 문화적 배경이 한국인들의 경제행위에서 나타나는 것으로 볼 수 있다. 몇 가지 예를 들어 보자. 우선 농사와 관련시켜 보면 농사는 철을 놓쳐서는 안 되고 네 계절을 알뜰히 이용하고 장마와 홍수에 대비하여야 한다. 시기를 놓쳐서는 안 되기 때문에 시기적으로는 한때에, 장소적으로는 한곳으로 집중되는 현상을 나타낸다. 또 시기

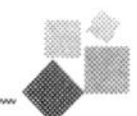

를 놓치지 않기 위해 서둘러야 하기 때문에 빨리 빨리라는 조급성을 갖게 된다. 그 뿐만 아니라 임기응변에도 능해야 한다. 상황에 따라 신축적인 대응이 필요하기 때문이다. 이러한 경제행위의 배경과 요인은 농사 뿐만이 아니라 전쟁이나 재난 때문에 우리의 몸에 배어있는 것이라 하겠다.

이러한 요인 때문에 우리는 중동의 건설시장에 몰려갔으며, 베트남시장으로도 몰려갔다. 또 북방시장으로도 몰려가고 있기 때문에 제살 깎기식의 과당경쟁의 우려가 높아지는 것이다. 또 다른 예로서는 끈기와 억척을 빼놓을 수 없다. 아무리 역경이 닥쳐도 끝내는 극복해 내고야 만다. 그리고 완선히 사라지지 않고 휴지기간과 잠복기간을 가지면서 끈질기게 기다리는 것이다. 이것이 바로 우리민족이 생존해온 길이다. 그리고 기회가 닥쳤을 때는 비축된 민족의 에너지가 용솟음치며 분출되는 것이다.

우리의 민속놀이인 농악을 보라! 얼마나 신명나게 두들겨 부수는가? 어느 누가 농악을 들으면 엉덩춤이 안나오겠는가? 그러나 그것도 클라이막스에 오르면 갑자기 시들어 지면서 비축기간 또는 휴지기간을 갖는다. 그러다가 점차 다시 신나는 국면을 맞는 것이다.

영국이 200년 동안 이룩한 공업화, 일본이 100년에 걸쳐 이룩한 공업화를 우리는 불과 25년, 사반세기 만에 거뜬하게 이룩하여 민족의 저력을 확인하지 않았던가? 바로 그것인 것이다.

이제 한국경제는 세계시장을 겨냥하여 힘찬 발진을 하였다. 이제 동포 여러분들의 곁을 수시로 찾아갈 것이다. 그동안 떳떳하지 못했던 조국이 자랑스런 모습으로 동포들에게 다가서고 있다.

해외동포 여러분은 현지 전문가이다. 동포들의 현지에 관한 전문지식이 한국의 사업가들과 접목될 때 우리민족의 기질이 발휘될 것이며 한국경제의 국제화도 찬란한 시대를 맞게 될 것이다. 고국에 대한 허황된 동경보다 현지의 전문가로서의 동포들의 역할을 기대하고 한국의 사업가들과 이제 여러분들이 선착한 지대에서 경제적 협력을 통하여 민족적 공동이익을 확보하도록 합시다[당당한 한국인, 고국소식, 1993.12].

얼룩도 자산이다

아프리카는 자원의 보고라는 것은 누구나 잘 알고 있다. 아프리카가 전세계 주요 자원의 1/3을 보유하고 있는데 대표적으로 세계 매장량의 89%의 백금, 크롬의 73.9%, 망간의 50%, 코발트의 52% 등이 아프리카에 부존되어 있다. 그러나 아프리카의 광산업은 풍부한 매장량과는 달리 개발, 가공 등이 부진하다. 인프라 시설이 부족하고 정정이 불안하기 때문이다. 그래도 광물개발사업은 경쟁적으로 추진되고 있다.

자원가격의 오르면서 세계 곳곳에서 자원관련 개발사업들이 진행되고 있다. 특히 아프리카에서 자원개발이 활발히 진행되고 있으며, 지금까지 자원개발과 무관한 기업들도 직간접으로 참여하는 다양한 개발모델을 보여주고 있다. M&A, 제휴진출, 패키지딜링, 파이낸싱 참여를 통하여 자원개발의 메이저들은 자원개발에 있어서의 지질조사, 탐광과 같은 상류부부터 사업을 주도한다. 일반적으로 자원개발 상류부문은 하류부문보다 사업 위험이 높다. 더구나 한국처럼 자원개발의 생산, 가공과 같은 하류부문에 참여하는 기업은 수익률에서 큰 차이가 난다.

아프리카에서 자원개발 기업은 자원개발과 주변의 인프라 개발 및 커뮤니티 개발 같은 부수적인 사업도 포함되므로 다른 지역의 사업과 비교하면 추가적인 부담이 된다. 아프리카 자원부국에서의 자원개발 사업은 내전과 테러, 불안정한 정치제도 등으로 인해, 개발 사업이 중단되는 경우가 있으므로 개발기업들은 이러한 컨트리 리스크를 고려하여야 한다.

한국기업은 당분간 개발주도 기업과 현지 정부가 보유한 자원의 일부를 획득하는 것에 목표를 두어야 한다. 한국 기업들을 자원 메이저 기업과 비교하면 자본 규모나 기술우위가 적기 때문이다. 그리고 시장을 통한 자본조달기법이 능란하지 않아 자기 자본으로 투자해야 한다. 따라서 한국 기업이 참여할 수 있는 사업은 메이저 기업들보다 규모가 작고 감당할 위험도 크고 사업관리 노하우의 축적도 충분치 않기 때문에 위험의 경감을 위해 공적금융지원 및 무역 보험 등의 활용이 필요하다. 한국의 공적지원기관은 경제부처들을 비롯해 이들 부처들의 산하기관인 석유공사나, 광물자원공사 그리고 수출입 은행 등이 자원개발을 위한 지원을 해 주고 있다. 한국무역진흥공사(KOTRA), 한국국제협력단(KOICA) 같은 기관도 아프리카진출을 위한 각종 지원과 자문을 행하고 있다.

그러나 현지 중소규모의 기업들과 제휴 및 지분 투자 방식을 통해 자원개발에 참여할 수 있다. 이는 초기 자본이 크지 않아도 현지 기업을 통해 새로운 광구개발이나 기존 광구 개척이 가능하기 때문이다. 물론 한국의 종합상사들도 자원개발에 활발히 참여하고 있는데 이는 종합상사들의 정보수집 능력, 현지 정부와 기업들과의 활발한 제휴, 또는 다른 메이저 기업들과의 협력이 가능하기 때문이다.

이명박정부는 집권 초기부터 자원부국의 자원개발사업을 적극적으로 추진하였다. 그러나 '자원외교'를 앞세우고 '자주개발률'을 주요 평가지표로 삼으면서 자원외교의 부진한 성과와 의혹이

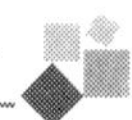

얽히면서 자원개발사업은 각종잡론의 중심에 있다. 매끄럽지 못한 투자사례들도 아프리카 자원개발을 위한 반면교사와 타산지석으로 활용할 수 있는 소중한 자산이다. 따라서 자원개발 투자는 단기적 전술보다 장기적 전략에서, 정부나 정권에 따라 부침하기보다 실리를 위한 정경분리가 필요하다. 전문가부족이란 타령보다 잠재적 미래 전문가를 발굴하여 육성하고, 전문가의 판단을 존중하고, 전문인력의 선진기술획득과 현장실무 경험습득을 위해 외국기업에 파견하는 것이 정도이다.

한국이 후발주자로서 자원개발에 동참하기 위해서는 개발수입보다는 현지에서 가공단계를 높이는 현지화와 우회생산단계의 가공품의 수입과 같은 전략도 새로운 시도가 될 수 있다. 한국의 기술과 국가브랜드를 최대한 활용하여 아프리카 현지 강소기업가 동반성장전략으로 구상하여 성공사례를 만들면 유관사업에 대한 진출은 새로운 활로를 찾을 수 있을 것이다.

아프리카에는 한국을 기다리는 자원이 많이 있다. 요즈음 아프리카의 자원에 대한 기대, 희망, 도전과 같은 소중한 단어들이 부정적인 이미지로 얼룩지어 있는 것이 현실이다. 그러나 이제는 지난날 자원개발의 얼룩을 거울삼아 새로운 바톤으로 뿌리내려야 한다. 실수의 반복이 허용되지 않는 것이 역사의 선택이기 때문이다[세계 경제의 마지막 성장 엔진(4), 아프리카 자원개발, 얼룩도 자산이다, 파이낸셜뉴스, 2015. 5.15].

해외동포들을 위한 인생경제학

갖가지 역경을 이겨내고 뿌리를 내린 북방의
동포들이 자본주의체제에 대한 막연한 기대를 안고 귀국,
고국에서 막일을 해서야 되겠는가.
거주지에서 열심히 일하고 생업에 종사하면
그것이 바로 성공적인 삶이 아니겠는가!

어느 나라, 어느 지역, 어느 세월에서든지 국가와 민족의 흥망성쇠는 늘 있어 왔다. 우리 민족도 예외일 수는 없다. 동북아시아를 호령하면서 패자의 위용을 떨쳤던 적이 있었고 외세의 압제에 시달린 적도 있었다.

국가가 부강하면 민족이 결집되고 국가가 쇠퇴할 때는 그 민족은 압제와 고통에 시달리고 분산되는 것이다. 우리 민족에게는 역사상 몇 차례 수난을 당한 적이 있다. 굵은 사건만 본다면 고구려와 백제의 멸망으로 수십만 명이 당나라로 끌려갔으며 중국 전역에 강제이주 되었다.

고려시대에는 몽골이라는 나라로 역시 수십만 명이 끌려갔다. 그때는 남자보다 부녀자가 공출되었기 때문에 현재 뿌리를 확인하는데 어려움을 겪고 있다. 왜냐하면 성씨가 없는 유목민 사회이기 때문이다.

조선시대에는 임진왜란으로 말미암아 수백만 명이 역시 조국을 떠났다. 일본으로도 끌려갔고 만주로도 떠났고 바다 멀리 이

름모를 이국땅으로도 떠났다.

그러나 이러한 모든 민족이동들이 한이 서리지 않은 것이 없겠지만 스탈린에 의해 당시 소련에 있던 고려인들의 중앙아시아로의 강제이주는 일제의 만행과 함께 역사의 저주를 받아야 할 만행이었다.

자본주의체제에 대한 기대와 환상 : 그동안 냉전의 시대에서는 조국과 해외동포는 멀기만 하였다. 공산세계에 흩어져 살고 있는 동포들에 대해서는 동포들의 실정파악이 거의 불가능하였다. 물론 공산권에 살고 있던 동포들도 고국에 살고 있는 동포들의 소식뿐만 아니라 다른 자유세계에 살고 있는 동포들의 소식을 접할 수가 없었다.

그러나 냉전체제의 붕괴와 공산사회주의 세계의 개방은 우리 민족에게 남다른 감회를 갖게 하였다. 흩어져 살고 있던 가족과 친지들의 상봉이 이루어지고 한 맺힌 역사의 응어리를 녹이기 시작하였다.

그동안 공산권에서 시달리고 고생하던 동포들이 자랑스러운 조국을 생각하면서 가슴 뿌듯한 감회를 갖게 되었다. 그러나 그러한 즐거움은 즐거움이더라도 우리에게 이제 새로운 과제를 안겨주게 되었다. 동포들의 고국방문이 물밀 듯이 이어지면서 조국의 동포들도 고국방문 해외동포들을 반가움만으로 대하지는 않게 되었다.

고국방문 동포는 그들대로 이해와 오해가 있으며 고국의 동포들도 그러한 심정은 마찬가지여서 해외동포들과 조국 동포 간에는 서로가 새로운 인식이 불가피해졌으므로, 이제는 더 건설적이고 발전적인 관계를 모색해야 할 단계에 이르게 되었다.

해외동포들과 고국동포들이 가까워질 수 있었던 것은 국제적인 환경 변화 때문에 가능했을지도 모른다. 공산경제체제는 스스로 한계를 느끼고 포기해야 하였으니 새로운 체제로의 전환이 불가피하게 됐다. 사회주의권의 균열은 체제전환만 몰고 온 것이 아니라 경제침체와 가난까지 몰고 오면서 상대적으로 시장경제체제 또는 자본주의 경제체제로 전환하거나 이를 수용하는 전략을 채택하게 되었다.

이러한 가운데 사회주의권에 살고 있는 동포들은 자본주의체제를 운영하고 있고 또 그들 거주지 국가보다 잘 살고 있는 조국 대한민국에 대한 기대와 환상에 쌓이게 되었다. 마치 한국을 방문하면 모든 것을 다 배우고 한 밑천까지 장만할 수 있으리라는 꿈마저 갖게 되었다.

그러나 그것은 대단히 위험한 생각이고 실현 가능성도 많지 않은 마음가짐인 것이다. 사회주의 국가에는 경제학자들이 많이 있다. 그러나 그 많은 경제학자들 중에는 시장경제나 자본주의 경제체제와 운영에 대하여 이는 학자는 거의 없거나 있어도 극히 제한된 숫자이다. 소위 학자라는 사람들도 그런데 일반 국민들, 하물며 우리 해외동포들인들 시장경제 체제를 어떻게 이해할 수 있을 것인가. 따라서 환상과 착각은 필연적인 것이고 생활의 균형까지 깨지게 되는 경우를 맛보게 되는 것이다.

한국에서는 건국 초기에 공산주의가 무엇인지, 자본주의가 무엇인지 서로 잘 모르면서 이념적 대결이 지속되었는데 그때에

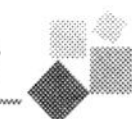

재미있는 일화가 있다. 서로를 죽이고 살리고 하는 마당에 어떻게 공산주의자를 가려내느냐가 문제였다. 한 가지 방법은 길바닥에 연필을 떨어뜨려 놓고 그것을 가져가면 공산주의자요, 안 가져가면 자본주의자라고 하면서 가려냈다고 한다. 왜냐하면 연필은 잃어버린 주인이 있을 것이고 자기 연필이 아니기 때문에 안 주워 간다면 그는 사유재산을 인정하는 자본주의자라고 생각하였기 때문이다. 지금 생각하면 얼마나 웃기는 선별방법인가 조소를 금할 수 없을 것이다.

그러나 이러한 사례는 현재 체제전환이 일어나고 있는 사회주의권에서 유사한 형태로 나타나고 있다면 웃지못할 사실인 것이다. 몇 가지 예를 들어보자.

먼저 우리민족이 많이 사는 중국 길림성의 도문시 두만강가 관광지에서 느낀 일이다. 사진사들이 사진 찍기 좋은 곳을 차지하고서 사진을 찍든 안 찍든 카메라를 들고 올라서거나 사진을 찍으면 돈을 내라고 하였다. 왜 그러느냐고 물었더니 그렇게 하는 것이 자본주의방식이란다. 필자는 돈을 내고 사진기를 들고 들어갔으며 돈을 내고 찍었다. 자본주의 사회에서 어디에 그런 곳이 있는지 와 보았으면 잘 알 것이다.

몽골의 올란바토르에서 있었던 일이다. 박물관이나 미술관이나 절에서 사진을 찍으려면 한번 찍는데 얼마씩 내야 되는데 가격이 정해진 것도 아니었다. 부르는 것이 가격이었다. 더구나 어처구니없는 것은 불상의 크기에 따라서 촬영료가 달라지는데 왜 그러냐고 물어보면 자본주의식이기 때문에 그렇다고 하였다. 아연할 수밖에 없었다.

러시아에서는 어떤가? 상업 마피아(범죄조직)가 극성을 떨고 있는데 그것도 자본주의방식을 따라서 하는 것이기 때문에 필요악이라고 하였다. 글쎄, 뭔가 잘못 이해되고 있는 것이 틀림없다.

그래도 이러한 시행착오를 겪으면서 사회주의권 국가들이 시장경제체제를 지향하고 있는데 자본주의체제를 이해하기까지는 앞으로 상당한 기간이 필요할 것으로 보인다.

고국방문의 열기는 세계 곳곳에서: 1980년대 중반까지만 하여도 한국에서는 공산권에 살고 있는 동포들에 대하여 잘 알지 못하였다. 간간이 외국여행자들이 전해주는 소식을 듣고서 간접적으로 짐작하였던 경우가 많았다.

그러나 1986년 서울아시안게임과 88년 서울올림픽을 계기로 체제의 차이를 서로 확인하게 되었으며 공산권에도 새롭게 한국이 알려지기 시작하였다. 아울러 두 대회에서 우수한 성적을 올릴 때마다 공산권에 살고 있던 동포들의 가슴을 뿌듯하게 만들어주었다.

같은 동포로서의 자랑스러움과 더불어 연일 보도되는 한국경제의 발전상을 보면서 조국방문의 꿈을 갖기 시작하였다. 또 한국에서도 그들의 소망을 실현시켜주기 위해서 갖가지 노력을 하였고 그러한 노력은 매우 좋은 결과를 가져왔다.

고국방문 동포에 대한 환대는 극진하였으며 또 그렇게 해주어야 한국인들의 마음도 편했다. 고국방문을 마치고 돌아간 동포들은 고국에 대한 자랑스러움을 늘 과시하게 되었고 주위 사람

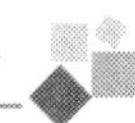

들도 고국방문을 위해 백방으로 노력하여 많은 동포들이 고국방문을 하게 되었다.

고국방문의 열기는 공산권 동포들에게만 있었던 것이 아니고 미주지역에 살고 있는 동포들에게도 고국을 새롭게 인식하고 새로운 마음으로 되돌아오는 경우도 있었다. 물론 다 그런 것이 아니고 일부 한정된 숫자이지만 한때는 불안한 고국을 버리고 도피 이민을 하여 고국을 떠난 사람도 없지 않다.

그러나 그들이 이민을 떠나 다 잘사는 것도 아니고 오히려 고국을 그리워하는 경우도 많다. 따라서 어찌 그들이라고 안정된 조국, 부강한 조국에 다시 돌아와 살고 싶은 마음이 없겠는가. 그래서 1980년대 후반에 자유세계권에 살고 있는 동포들의 역이민 현상이 나타났던 것이다.

고국을 찾은 북방동포들은 대부분 새로운 세계에 살고 싶은 충동을 가져보기도 하였지만 결국은 서로 살아온 체제가 다르고 새로운 환경에의 적응에도 한계를 느껴 방문을 마치고 되돌아갔다. 며칠이나 몇 달은 살아보고 싶지만 눌러앉아서 살라 한다면 살기는 싫다는 것이 공통된 생각이었다.

사실 이러한 생각이 정상적인 것이다. 그러나 일부 동포들은 고국에 머무르기를 원하여 탈법과 비법을 저지르며 남아 있기도 한데 처음에 생각했던 남으려는 목적도 못 이루고 당황하는 경우가 많이 생기게 되었다.

해외동포들 중 고국을 가장 많이 찾는 사람들은 중국동포이고 그중에서도 만주의 연변지역 동포들이 대부분이다. 워낙 많은 동포들이 그곳에 살고 있기 때문이다.

고국방문 동포들의 좌절과 갈등: 초기에는 가족방문, 친척방문의 형식으로 이루어졌다. 헤어진 지 수십년 만에 만나는 감회란 이 세상에 무엇과도 바꿀 수 없는 것이며 당해 본 사람이 아니면 잘 모를 것이다. 오랜만에 찾아온 친척을 어찌 환대하지 않겠는가. 고국에서도 도와줄 수 있는 한 도와주고 싶었던 것이 당사자들만의 심정만이 아니고 온 국민들의 마음가짐이었다.

가지고 온 한약은 흔하게 접하지 못하던 진귀하고 비싼 것들인데 생각보다 싸고, 또 약효도 좋아서 싸다 비싸다 얘기하지 않고 부르는 값 다 주고 심지어 더 보태주기도 하였다. 또 소문이 소문을 몰고 와서 이를 찾는 사람이 더욱 많아지고 이들이 돌아가서 또 자랑을 하게 되니 한약장사는 꽤 괜찮은 장사이었으며 한 밑천 잡을 수도 있었다.

그러나 몇 가지 오류가 있는 것을 알지 못했다. 하나는 우리 속담에 그런 말이 있다. "생선과 손님은 사흘이 지나면 비린내가 난다"는 말이다. 손님접대도 분수껏 해야 하기 때문에 고국을 찾는 동포들에게 처음에 보여주던 환대는 자연히 점차 시들기 시작하였다.

또 한약도 문제가 생겼다. 갑자기 수요가 많아지니 가짜가 생기게 되었고 약효도 의심하게 되어 서로 못 믿는 지경에 이르렀다. 옛날같이 인기가 있는 것이 아니었다.

한때는 서울에 있는 큰 지하철역, 시청앞, 종로3가역, 서울역 등에 중국동포 한약 보따리장수들이 빽빽하게 들어앉아 교통에 지장을 주었으며 사회문제로까지 대두되었었다. 그 후 많이 사라지긴 하였지만 아직도 서울역에는 많은 연변동포, 중국동포들

이 북적거리고 있다.

아직도 한약을 팔고 있으며, 일용잡화를 팔거나 주위의 값싼 여관에 머무르면서 좋은 일자리를 찾거나 갖가지 소식을 듣기 위해 모여 있는 사람들이 대부분이다.

그러한 현상은 중국동포들한테만 국한된 것이 아니고 동남아 지역에서 몰려 온 외국인 불법취업자들에게도 상황은 거의 비슷하게 나타나고 있다.

그런데 문제는 서울까지 오는데 따르는 갖가지 부작용이다. 서울 가면 한 밑천 잡을 수 있다는 막연한 기대 속에 아무 연고자도 없는 동포가 가짜 초청장을 값비싸게 사가지고, 게다가 비싼 한약을 잘 팔 수 있으리라는 행여나 하는 마음에서 빚을 내어 장만해 가지고 오는 경우이다. 그런데 그중에서 어느 하나라도 생각대로 안 풀리면 낭패인 것이다. 그런대로 잘살고 행복했던 가정과 인생살이에서 당황하게 되고 좌절을 맛보게 되는 것이 요즈음 현실인 것이다. 현지의 전문가인 동포들은 생업에 충실하며 현거주지에서 삶의 맛을 찾고 느껴야 한다.

자신의 생업에 충실하며 삶의 맛 찾아야: 날아다니는 새를 조롱에 가두어 보라. 개울에 사는 물고기를 어항에 넣어보라. 이에 대한 대답은 여러 말이 필요하지 않다.

북방권에 살고 있는 동포들은 그런대로 모두 행복하게 살고 있다. 그곳에서 뿌리를 내리고 이제 선대들의 고생에 보답하듯 떳떳하고 당당하게 살고 있지 않은가. 잠시 허황된 생각으로 이곳저곳을 찾아다니다가 실패한 사례를 많이 보고 듣지 않았는가. 해외동포들은 현지 전문가들이다. 이제 고국의 동포들이 찾아가고 있으므로 함께 손잡고 일할 기회가 점점 많아지고 있다.

해외동포들은 갖가지 역경을 이기고서 이제 뿌리를 내리게 되었는데 어찌 고국에서 천대받거나 막일을 하면서 자존심을 상해서야 되겠는가. 인생이 길다면 얼마나 길겠는가. 선대들의 고생에 보답도 못하고 다시 고국으로 회귀하여 서럽고 덧없는 인생을 되풀이할 필요가 있겠는가. 현지에서도 열심히 일하고 생업에 충실하면 그것이 바로 성공적인 삶이 아니겠는가.

끝으로 뜨거운 목욕탕에서 "어휴! 시원하구나!" 하는 아버지의 말을 듣고 뛰어든 어린 자식이 "믿을 사람 아무도 없다"는 식의 우를 범하지 않도록 경쟁사회에 익숙하지 못한 동포들이 시장경제사회에 대한 막연한 기대와 판단 착오는 말아야 할 것이다[특집 ④ 한국인 정신은 꿋꿋하다, 해외동포들을 위한 '인생경제학', 고국소식, 1992. 12, 31-33].

아롱지는 학창, 그리움의 여울

묵은 수학여행(修學旅行)

그러니까 1962년도에 갔었어야할 수학여행인데 사정상 못 갔으니까, 무려 46년 만에 경주로 묵은 수학여행을 다녀온 셈이다 [2008.4.11(금)~12(토)]. 허헌구가(이하 존칭생략) 제안을 했고, 이동원 회장-이춘배 총무팀의 집행부가 주도면밀하게, 또 발빠르게 움직여 주어서 성공적으로 마무리 되었다. 참가자 일동을 대신해서 다시 한 번 감사드린다.

이미 오랫동안 홈피에 공고했다. 공짜(?)이고 누구나 갈 수 있고, 인원이 늘어나면 버스 한 대 더 대절한다고...

잠원역에서 떠날 때부터 왁자지껄이다. 30여 명이 탔는데 전체 참가인원은 39명이 되었다. 분당에서 헤매다가 함께 가지 못한 'ㅎㅅㅇ' 군 미안 허이.

출발하자마자 아침 김밥이다. 완벽하게 준비해왔구먼...

볼수록 아름다운 산하, 길가에 갓 피기 시작한 개나리(forsythia Koreana, weeping golden bell) 같은 봄꽃이 춘흥을 일깨운다. 몇 군데 휴게소를 거치다보니 벌써 포항제철에 이르렀다. 근사한 구호가 들어온다. "Resources Are Limited, Creativity Is Unlimited", 맞아요 맞아 . . . POSCO 다운 슬로건이야 !

12시부터 산업시찰이 시작되었다. 오랜만에 다시 와보니 감개가 무량하고 느낌이 다르더군. 군데군데 쓰여 있는 안내문구가 확실히 global biz 냄새가 나는구나. '돌관공사(突貫工事) blitzkrieg construction', '둑을 쌓고 흙을 메우고, devide & conquer' 이정도면 얼마나 세심하게 신경을 투자 했겠어? 그리고 한 번도 써보지 않았다는 박정희 대통령이 박태준 사장에게 준 마패?, 말하자면, 인사 및 경영 독립권인데 . . . 그러니까 성공할 수밖에 없었던 것이다. 좌우지간 새삼스러운 것은 아니지만 부단한 혁신만이 경쟁에서 이기는 것이렸다.

800m(?) 압연 라인을 지났지만 생각보다 현장학습이 빨리 끝나 무얼 할까 하던 중, 이선종이 제철왕국으로의 관광이 이어졌다. 과연 . . . 이선종이 포철 공채 3기이고 첫 직장이었는데 지금까지 여기에 살고 있다니 부러웠다. 그래서 그런지 즐거운 마음으로 금액불문하고 한 번 쏘았다.

일락(日落) 횟집 맞지? 야 모두 한 줄로 앉으니까 기차간 같은 방이 정말 길더라. 끝에서 끝에까지 보려고 주인한테 망원경을 부탁했건만 . . . 선종아 고맙다. 다들 싱싱한 회 마음껏 즐겼다. 지금도 군침이 도는구나.

한껏 취해서 경주로 향했다. 한화콘도, 김태원이가 훈련 받던 곳이어서 그런지 알아서 다 챙기어 놨고, 룸메이트를 절묘하게 짜 놓았다. 이제 노래방 차례이다. 기회를 안주고 오광윤이 자기 턱이란다. 노래방 끝나고 일찍 돌아왔지만 2시까지는 글쎄 누구

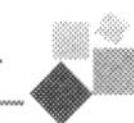

누구가 잠 설치게 떠들었는지 말 안 해도 알 것이다.

아침밥 먹자고 이리저리 헤맨 것도 추억이 되었고, 김진섭이 가져온 안주 메이트인 맥주를 버스에 싣자니 말자니 말이 많았다. 자 이제 어디로 갈까?

역사여행 코스는 대충 아래와 같았다.

대능원 → 천마총 → 첨성대 → 안압지 → 경주박물관 선사시대관 → 신라 1, 2관 → 선덕여행 신종 → 벚꽃 길 → 불국사

그런데 답사 하는 중에 기대를 많이 했지. 이름 가운데 '종'자 들어가는 친구하고 '웅'자 들어가는 친구 간에 대화. . . 누구인지 알겠지. 거시기. . .

'종' 가라사대, "넌 답사를 그렇게 많이 다녔다면서 해설 좀 하지. . ." 다음이 걸작이다. "소 팔러 가는데 개 따라가듯 뭐라 따라 왔냐?"

'웅' 다보탑 앞에서 설라무니, "이게 다보탑, 저게 석가탑, 늬들 알지, 그럼 됐어. . ."

동기간의 해설은 그렇게 끝나는 것이었다. 현지 문화해설가를 놀래킨 것! "뭘라코요? 47년 만에 수학여행 왔다고요? 제가 안내할께요"(자원자가 많다, 찬술 때문이겠지). . . 수준 높은 해설이다. 예를 들면, 고려 태조 왕건이 피 한 방울 안 흘리고 물려받은 경사스런 천년고도래서 서라벌을 경주(慶州)로 바꾸었단다.

담임선생님은 안 따라 가셨어도 영원한 스승 유경상 선생님은 우리와 함께한 진정한 사표이었다.

잊지 않고 '경주전통명과'까지 선물을 챙겨준 이동원 회장 고맙소. 아니 또 있잖아. 터미널 호프, 분당친구들 빼놓고 거나하

게 뒷풀이까지(저녁 8시) . . .

아마 이런 재미있는 〈묵은 수학여행〉 이야기는 기네스북에 오를 감이다. 부러워하는 친구들이 얼마나 많은데. . . 아 ! 천년서의(千年逝矣)라 시수지건(是誰之愆)고! [묵은 修學旅行 落穗, 보성54 홈피, 2008. 4.20]

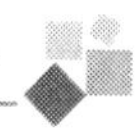

이순(耳順)과 명칭(名講)으로 어울린 바이킹 뷔페

생각이 나나요? 우리들의 대학 초년시절, 서울운동장(지금은 동대문 운동장) 건너편, 서울사대부중고 옆, 옛 서울 음대자리, 맞은편 광희동은 요즈음 유명해진 동대문 몽골촌이고, 담 너머는 옛 덕수상고 자리인데 지금은 두타, 밀리오레 등 동대문 패션, 아니 세계의 패션을 숨쉬게 하는 곳이다. 그 가운데에 유일하게 낮은 건물들이 있는데 그게 바로 국립의료원이고, 바로 그 안 깊숙한 곳에 있는 스칸디나비아클럽에서 4월 13일 〈세16차 안암65포럼〉이 있었다.

포럼은 11시가 넘어서 김민경(통계학과, 전 통계청 차장) 동기의 "생활 속의 통계 이야기"라는 특강이 있었다. 딱딱한 통계 이미지와는 달리 대학생활까지 포함해서 무려 40개성상을 함께 한 김민경 동문의 관록답게 꼭꼭 짚으면서 웃음으로 이어주는 기억에 남는 명강의를 해주었다.

12시가 넘어서 바이킹 뷔페를 즐기었고, 이어서 심재익(의학과, 전 대전보훈명원장) 동기의 "노년의 건강생활"에 대한 특강이 이어졌다. 나이가 나이인지라 관심도 많고, 경륜이 경륜인지라 30분 강의시간을 훨 초과하여 2시간 가까이 강의가 이어졌다.

이번 포럼의 특징은 우선 참석자들이 무려 35명이나 되었고 뜸했던 얼굴들이 많이 보였다. 너무 많이 와서 의자가 모자라 홀에서 들은 사람도 여러 명 있었다니 이제 강의실 자리 잡는 것도 신경을 써야 하는가 보다.

또한 강사 두 분이 모두 power point를 사용해서 이제 우리 65동기들에게도 컴퓨터는 일상이 되었다. 그리고 강의 중 자리를 뜨는 사람이 거의 없었고, 이순(耳順)과 명칭(名講)이 어울리는 포럼이라기보다는 작품(作品)이었다.

재정과 조직, 참여와 봉사 면에서 돋보이는 집행부의 열성은 밤 11시가 다되어서 걸려온 전화가 확인해 주었다. 이철식 회장 가라사대 "이제 헤어지는데 KTX 타고 갈거야. . ." All Shook Up에 이어 못 말리는 열정, 다가오는 〈동기의 날〉 모임이 기다려진다.

이번 16차 포럼 자료는 동기회 홈페이지에 올리도록 하고, 〈65동기회〉의 창립준비모임이 있었던 곳이기도 한 스칸디나비아클럽과 우리나라 뷔페의 기원에 대해 몇 마디를 하고자 한다.

한국전쟁 당시 유엔 회원 16개국이 한국에 대한 전투부대 파병을, 5개국이 의료 혹은 시설 지원하였다. 스웨덴을 비롯한 스칸디나비아 국가들은 한국 전쟁 때인 1950년 9월 23일 부산 외곽지역에 적십자 야전병원을 세운 후 남·북한군 구분 없이 부상병들을 치료하고 전쟁이 끝나는 '53년까지 국군, 유엔군, 부상병 등을 치료했다. 이후 야전병원은 스칸디나비안 교육병원으로 바뀌었고 '58년 10월 서울로 자리를 옮긴 후 '68년 한국정부로 넘겨져 국립의료원의 모태가 되었다.

스칸디나비아 국가들은 유럽의 북단에 있는 스웨덴, 노르웨이, 덴마크, 아이슬란드, 핀란드가 포함되기도 하지만, 일반적으로 스칸디나비아 반도하면 스웨덴과 노르웨이를 일컫는다. 스칸디

나비아 3국(스웨덴, 노르웨이, 덴마크)도 1958년 국립의료원 개원과 함께 의료사절단을 보내 병원을 공동운영하면서 파견되어 온 의료사절단의 전용식당으로 스칸디나비안 클럽을 열었다.

서울시 중구 을지로 6가, 국립의료원 안에 있는 스칸디나비안 클럽이라는 뷔페식당은 한국전쟁 때 스칸디나비아 3국인 덴마크, 노르웨이, 스웨덴이 병원선으로 와서 한국을 도와주고 국립의료원을 짓고 직원들이 구내식당으로 이용하던 곳이다. '58년 11월에 문을 연 스칸디나비안 클럽은 국내 최초의 바이킹 요리 뷔페식당이다. 그 후 10년간 전문식당 및 휴게실로 이용하였다. '68. 9. 30 양국간 협정으로 의료단 철수 하면서 한국-스칸디나비아 재단이 운영하게 되었고, '68. 12 회원제로 운영하였다. 그 후 10년간 UN군, 재외국인, 국내 의료계, 학계, 공공단체들이 이용하다가 80년 이후 회원제 폐지하여 일반 식당으로 운영하게 되었으며 현재도 수익금의 일부는 양국간의 의료 협력사업, 문화교류사업으로 사용하고 있다.

스칸디나비안 클럽의 뷔페식 식당은 바로 한국의 뷔페 요식업의 기원이다. 스웨덴 사람들(바이킹)이 해상활동 후에 고향으로 돌아와 여러 사람들이 다함께 다양한 음식으로 잔치를 벌였던 것이 지금의 뷔페의 기원이다. 뷔페식은 바이킹들이 여러 곳에서 빼앗은 음식물을 한자리에 모아놓고 즐기던 스모르가스보드(smorgasboard)라는 바이킹 음식에서 유래된 것이다. 북유럽 바이킹 음식은 청어를 6개월 이상 식용유, 소금, 후추 등에 절여 만드는 청어샐러드와 청어절임요리, 훈제연어가 대표적인 메뉴이다. 소간구이, 각종 조개, 새우 등으로 만든 스튜, 바이킹식 구이요리로는 오리와 쇠고기, 돼지고기 등이 있다. 스칸디나비안 클럽의 대표적인 요리는 훈제연어인데, 이곳의 훈제연어의 비결은, 노르웨이에서 잡은 연어로 초창기 스칸디나비안 요리사가 재직시 남기고 간 재래식 훈제기계로 만든다고 한다.

국립의료원은 2003년, 45주년을 기념하여 지난 60년대 한국에서 최초로 언청이 시술을 하고, 결핵치료에 선봉으로서 국내 의료선진화에 큰 영향을 주었던 노르웨이 등 스칸디나비안 3개 국가와의 의학교류가 새롭게 재개되었다. 지금도 국립의료원과 한국·스칸디나비안재단은 노르웨이, 덴마크, 스웨덴 3국의 중요대학병원과 협력을 하고 있다[耳順과 名講으로 어울린 바이킹뷔페, 제16차 안암65포럼, 고대65학번동기회, 2007. 4.13].

전력시장 체험보고

제17차 안암65포럼은 전력산업 경쟁촉진을 위한 전력시장 체험단 사업으로 하였다. 이번 포럼은 전력거래소가 주최하고 산업자원부 전기위원회 후원을 하였다. 일상적으로 사용하고 있는 전기의 생산 및 거래에 대한 소개 및 현장 시찰 프로그램을 통해 일반국민들에게 변화된 전력산업 환경에 대한 이해증진 및 미래성장 동력산업으로서 전력산업 이미지 제고하고, 참가자들에 대한 전력산업 및 소비자권익보호 정책에 대한 홍보를 통하여 전력산업의 변화 및 정책에 대한 지속적인 관심을 유도한다는 사업취지로 하는 것이 전력시장 체험단 사업이다.

아침 9:30에 예약인원보다 적은 28명이 서울 강남구 삼성동에 있는 한국전력거래소에 도착하였다. 곧바로 사전교육으로서 전력거래소 중앙급전소 교육센터에서 국내 전력산업 현황과 전력생산 및 거래에 대한 설명과 실제 전력거래 현황을 보고받았다.

우리나라의 전력현황은 보고당시 실시간으로 약 4800만kw 생산, 6600kw 생산시설, 1200만kw 예비시설을 가지고 있다. 광복전 10만kw 생산이었는데 지금은 예비전력이 600만kw라니 놀랄만 하다. 전력산업 환경이 변하면서 〈신이내린 직장〉인 한전의 민영화 작업으로 발전-송전-변전-배전-판매 구조의 4단계 중 현재 1단계인 발전부문만 일부 민영화된 상태이다.

한국의 전력 생산 구조는 원자력 30%, 석탄 30%, 가스 30%, 수력 기타 10%를 담당하고 있다. 기타중의 양수발전은 5.7%를 담당하고, 수력과 원자력이 40% 담당하고 있다. 단체사진을 찍고 10:30분에 영흥화력발전소로 향하였다. 영흥도(靈興島)는 과거에는 섬이었지만 이제는 1250m 길이의 영흥대교가 놓여 있어 육지와 연결되어 있다.

오이도를 지나 시화방조제, 대부도, 선재도를 거쳐 영흥도 가는 길의 양편에 늘어선 포도가 이 지역의 명물이란다. 영흥도 포도는 당도가 높아 맛이 으뜸이며 인기가 좋아 고가에 판매되고 있단다.

영흥화력발전소에서 바다를 가로 질러 수도권으로 가는 송전선로가 약 37km라니 바다에 설치된 세계에서 가장 긴 송전선로이고 기네스북에도 올랐다고 한다. 이동 중에 이번 모임을 주선해준 박인근(통계학과) 대한전기협회 기획실장의 "한국의 전력산업의 현재와 미래"에 대한 특강이 이어졌다. 우리나라에 전기가 들어온 것이 1887년도이니까 120년 전이다. 그의 특강 중 아직도 기억에 새로운 것은 고종이 100달러를 투자하여 건청전을 밝히게 되기까지 고종과 총명한 명성황후의 이야기가 구스름하였다. 명성황후가 아니었으면 어떻게 한국이 중국의 자금성보다, 또 일본의 황실보다 2년이나 앞서서 전기를 사용할 수 있었을까? 새삼 명성황후의 예지를 새기어 보았다.

또한 그가 말하기를 전기과 출신이 한때는 취직이 잘되던 선망의 학과이었는데 지금은 영선, 공무, 보수 등의 직종으로 밀리는 것이 시대의 흐름이라던가? 특히 종교지도자들인 문선명 목사(와세다 대학 전기학과), 조용기 목사(부산공고 전기과), 박태선 장로(??교 전기과)가 전기과에서 수학을 하였다는 놀라운

사실에 대한 그의 해석이 걸작이다. '불'이 light인데 [en+light+en] 〉〉〉 enlighten 〈계몽하다, 교화하다, 가르치다〉의 뜻이라니 무엇이 퍼뜩하고 머리를 스쳐가는 것이 아닌가?

12:30분경 제부도에 도착하여 하늘가든에서 매운탕을 들었다.

13:30에 영흥동에 있는 영흥화력발전소 홍보관에서 발전부문 경쟁 현황에 대한 브리핑과 전력 생산 과정을 견학하고, 전망대에 올라서 시설견학을 마무리 하였다.

영흥화력발전소는 현재 1, 2기가 운행 중에 있다. 1기당 하루에 80만kw의 전력을 생산하며 총 160만kw를 수도권 일대에 공급한나. 3, 4호기는 2008년께 가동에 들어갈 예정이며, 앞으로 12호기까지 건설하여 수도권에 전력공급을 담당할 것이다.

이번에 화력발전소에 대한 나의 고정관념을 많이 고쳐가지고 온 느낌이다. 특히 공해와 관련하여 굴뚝에서 내뿜는 연기는 인체에 거의 영향을 미치지 않으며 1000개의 환경 유해 요소 중 998개를 잡아내고 있다고 하였다.

그리고 바닷물을 사용하는데 발전소에서 배출되는 온배수로에는 열대어가 서식하고 있으며 발 빠른 낚시꾼들이 몰리고 있다고 하였다. 발전소 1, 2호기 옆에 있는 저탄장 역시 환경 문제에서는 전혀 문제가 없다고 하였다.

호주, 중국 등에서 수입하는 석탄이 영흥도 주변에 날리는 것을 막기 위해 저탄장 주변에 방풍림을 조성해 놓았다. 실제로 분진과 소음을 특별히 육감으로는 못 느끼면서 첨단기술을 실감하는 것 같았다.

놀라운 것은 다 태운 석탄 폐기물로 시멘트를 만들고 있었다.

석탄에는 실리콘이나 알루미늄 성분이 함유되어 있는데 석탄을 태우고 나면 이러한 성분들이 산화물 형태로 남아 산화 실리콘(SiO_2)나 산화 알루미늄(Al_2O_3) 성분의 미세한 먼지로 남게 된다.

이러한 먼지들을 수거한 것이 바로 플라이애시이다. 플라이애시 입자의 크기는 공교롭게도 시멘트와 비슷하므로 시멘트에 플라이애시를 미리 혼합한 플라이애시 시멘트를 만든다. 석탄재로 만든 벽돌은 강도가 훨씬 높다고 하였다. 또 석탄재로 만든 비료도 만드는데 그 석탄재비료는 고농도이라며, 화초재배에 써보라고 선물로 주어서 고마울 뿐이다.

17:30분경 남부 터미널에 도착 동기회 사무실에 들리어 환담을 나누고 해산하였다. 이번 포럼에 수고해주신 전력거래소와 영흥발전소 담당자 여러분들께 감사드린다. 무엇보다도 전기협회에서 정년을 맞아 동기들에게 귀한 기회를 선물로 봉사하여 주신 박인근 동기에게 다시 한 번 감사의 말씀을 드린다[전력시장 체험보고 제17차 안암65포럼, 고대65학번동기회, 2007. 6. 8].

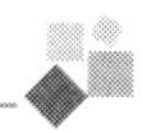

꿈에 본 조선청년 가미가제

지난 10월 29일, 오랜만에 교우회관 대회의실에서 모임을 가졌다. 이번 모임에서는 좀 특이한 주제를 다루었다. 초청 강사인 구로다 후꾸미(黑田福美)가 일본의 유명한 여배우 이어서라기보다 반전 평화주의자이자 한국을 사랑하는 순수 일본인이었기 때문이다.

소위 일제의 태평양전쟁 말기 자살 특공대원인 가미가제(神風)로 징집돼 1945년 5월 11일 오키나와 해상에서 25세의 나이로 사라져간 조선 청년이자, 일본 영화인 '호타루 가에루(반딧불이 돌아오다)'에서 '호타루(ほたる)'의 모델인 탁경현(卓庚鉉)과 구로다의 기이한 인연의 이야기를 시작하자 참석자들은 그녀의 이야기에 흠뻑 빠져들었다.

줄거리는 대충 이렇다. 1991년 어느 날, 꿈속에서 만난 조선인 청년이 "나는 비행기를 조종한다. 전쟁에 나가 죽는 것에 후회는 없다. 하지만 억울한 것이 있다면 조선인이 일본인의 이름으로 죽는다는 것이다"라는 말을 들었다. 1995년 요미우리신문에 꿈의 내용을 칼럼으로 쓴 뒤 그 특공대원은 미쓰야마 후미히로(光山文博, 한국이름 탁경현)일 가능성이 높다는 제보가 있었다. 미쓰야마의 사진을 보고 꿈속의 청년이란 확신이 서면서 그녀는 벽치의 기질로 탁경현의 가계자료(家系資料)와 소학교, 중학교, 교토 약학전문학교의 생활기록부까지 뒤지기 시작하였다. 이러한 기이한 인연(?)은 탁경현의 고향인 경남 사천시 서포면 외구리를 찾게 되었고, 드디어 그곳에 행정적이고 감정적인 것까지 얽히고설킨 복잡한 과정을 견디면서 추모비를 건립하기에 이르렀다(제막일 당초 12월 2일이었으나 2008년 5월초 변경했으나 제막불발).

구로다씨가 이러한 활동을 꾸준히 지속할 수 있게 한 데에는 이 모임에 배석하였던 현 동경대 교수인 홍종필(71, 전 명지대) 박사가 있다. 구로다가 홍교수를 알면서부터 구로다의 탁경현과의 기이한 스토리는 더욱 확고해지고 구체화된다. 홍교수를 통해 탁경현의 유족을 만나게 되었고, 오키나와 '평화의 초석'(平和の礎)에 잘못 새겨진 탁경현의 한자이름도 고치게 되었다. 그녀는 오키나와 바닷가에서 주운 산호가 꼭 탁경현의 유골 같다는 생각이 들어 오늘도 물을 주고 있단다.

구로다씨의 강연에 참석자들은 모두가 몰입하였고 간간 감정을 이기지 못해 눈물까지 흘리는 그녀에게 오직 박수로 힘을 줄 뿐이었다. 그녀의 기인한 평화활동에 나와 너, 한국과 일본, 전쟁과 평화, 어제와 오늘, 오늘과 내일 등이 뒤섞이면서 복잡한 감정들이 융합되는 느낌이었다. 오직 그녀의 끊임없는 탁경현의 사랑이 두 나라 간에 찢겨지고, 얼룩지고 만신창이가 된 불행했던 한일간의 응어리를 녹여 내릴 수 있는 실마리를 찾아주는 것 같았다.

그녀에 대한 이야기는 이미 인터넷과 지상을 통하여 많이 알려졌기에 여기서는 줄이기로 하고 강연에서 느낀 새로운 사실 몇 가지로 보고에 대신하도록 한다.

꿈속의 탁경현이 그녀가 한국어를 독학하게 하였고 1984년부터 NHK의 한글강좌를 지금까지 진행하도록 하였다 '한국어'냐

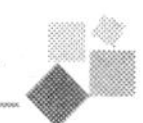

'조선어'냐의 30년 가까운 논란에서 '한글 강좌'라는 이상한 이름으로 귀착시킨 것이 일본의 지식인이고 일본사회이라고 하였다.

1984년 전까지만 해도 대부분 일본들의 대한관(對韓觀)은 부정적이었다. 지식인은 물론 한국의 왕래가 잦은 비즈니스맨 들이 조센징, 기생 따위로 비하시키고 폄하시키는 부정적 한국관의 숙주이었다. 그런 상황에서 저명한 여배우이며, 문화인이고, 방송인인 구로다씨는 새 시대에 맞는 새로운 한국관을 전파시키고 고정된 부정적 한국관을 긍정적으로 전환시키려고 산더미 같은 역사의 응어리를 어루만지고, 적대적이고 무관심한 감정의 실타래를 풀려고 험난한 길을 뚫고 나가기 위해 30여년을 바쳐오고 있는 그녀이었다.

시장에서 만나는 아줌마들의 사랑에서 한국의 가정과 정서를 이해하게 되었고, 발전된 서울 올림픽이 한국을 다시 보게 만들었다. 그러한 변화의 중심에는 언제나 구로다씨가 있었다. 한국을 바로 알리기에는 한류의 영향이 매우 컸다. 일본인들의 한국문화에의 쏠림 현상은 일본사회의 바닥을 파고들고, 그들의 사시(斜視)를 인식시키었다. 구로다가가 발로 쓴 '서울의 달인(達人)'이란 관광안내서는 벌써 세 차례나 개정판을 내었고 베스트셀러가 되었다. 그녀는 불고기만 소개한 것이 아니고 개장국도 소개하였고, 김치만 소개한 것이 아니라 깍두기도 소개하였다. 아리랑만 소개한 것이 아니라 양산도도 소개하였고, 남대문 시장만 소개한 것이 아니라 모란시장도 소개하였고, 서울만 소개한 것이 아니라 충주도 소개하였다. 그녀의 지한활동(知韓活動)은 지난 20여년을 바탕으로 이제부터 곰삭아지고 넓어지고 높아지는 느낌이다. 한국을 사랑하기에 불행했던 과거를 반성하되 털어버릴 역사의 짐은 털어버리고, 새롭고 밝은 교린의 역사를 맞이하기 위해 그녀가 생애의 고귀한 세월을 바치면서 기울여온 평화주의와 한일선린을 위한 숭엄하고 보람에 찬 노력에 힘찬 격려의 박수를 보내는 이 나만은 아닐 것이다[쿠로다 후쿠미(黑田福美, Fukumi Kuroda)의 꿈에 본 한국청년 가미가제, 제19차 안암65포럼, 고대65학번동기회, 2007.10.29].

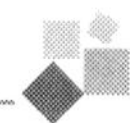

일본군 '위안부' 문제해결을 위한 정기 수요시위에서

미국 하원 국제관계위원회가 지난 9월 13일 일본 군대위안부 동원 관련 결의안을 만장일치로 통과시키었다. 결의안은 피해자 수가 20만 명에 이르는 한국에서의 위안부 강제동원이 20세기 발생한 인신매매사건 가운데 가장 큰 것이라며, 이들에 대한 폭행, 강제낙태, 성폭력, 인신매매 등이 일본 정부에 의해 공식적으로 이뤄졌다고 지적했다. 또한 결의안은 일본 정부에 대해 군대위안부 동원 사실을 인정하고 이를 현재와 미래 세대에 교육할 것 등을 요구했다.

이 결의안은 오는 10월 29일 경 미국 하원 본회의에서 표결될 예정이므로 이 결의안이 채택되도록 한국인들의 운동과 관심이 요구된다. 결의안이 11월 7일 미국의 중간선거 이전에 통과될 수 있도록 의원들에게 편지를 보내고 전화를 거는 캠페인이 오늘도 줄기차게 이어지고 있다. 한미여성회 총연합회를 비롯한 수많은 인권단체 및 한인단체들이 결의안 통과를 위해 활발한 활동을 벌이고 있다. 이에 질세라 일본인 기업가들과 로비스트들이 일본정부와 함께 맹렬한 로비를 벌이고 있는 것도 사실이다.

그동안 위안부 결의안은 하원에 두 차례 제출됐지만 일본의 집요한 반대 로비에 막혀 상정조차 되지 못한 채 폐기되었다. 하지만 지난 4월 에번스 의원(민주당, 일리노이주)과 크리스토퍼 스미스 의원(공화)이 공동 제출한 결의안을 하원 국제관계위원회에 처음 상정하였고 만장일치로 통과되었다. 이 결의안을 제출하고 통과를 주도한 레인 에번스 의원은 파킨슨병으로 얼마 전 정계를 은퇴하였다. 그는 지난달 29일 버지니아주의 코리아타운 애넌데일에서 열린 환송파티에 참석해 "절대 포기하지 말라. 계속 밀어붙여라. 그들이 여러분을 좌절시키게 내버려두지 말라"는 말을 한국 국민들에게 남기었다.

이러한 상황에서 10월 11일, 일본대사관 앞에서는 〈일본군 '위안부' 문제해결을 위한 제730차 정기 수요시위〉가 열리었다. 제15차 〈안암포럼 65〉와 '역사의 현장과 지성'이란 모임은 참석에 앞서 인근에 있는 수송공원에 모였다. 3·1운동의 성지라 할 수 있는 보성사(普成社)터와 올해 개교 100주년을 맞은 학교(보성, 숙명, 숭실, 중동, 진명, 휘문)들 중, 보성, 숙명, 중동의 창학터 기념비를 보면서 개화기의 창학정신을 더듬어 보았다.

수요시위는 1992년 1월 8일 미야자와 기이치 전 일본 총리의 방한을 계기로 시작되었다. 한국정신대문제대책협의회(정대협)가 주관하며 15년째 계속되고 있어서 이 수요시위가 세계 최장기 시위 기록이 되었다(2002년 세계 기네스북). 730회가 되도록 일본정부는 묵묵부답이다. 시위 중 위안부 문제는 도덕적인 죄였을 뿐만 아니라 합법적으로 이뤄진 죄였기 때문에 일본 아베 정부는 공식적인 문서를 통해 사과하고 배상해야 한다는 주장과 함께 "그동안 위안부 문제를 방관해온 한국 정부에 사실상 가장 큰 책임이 있다"는 발언이 많았다.

수요시위 초기 230명이던 위안부 할머니들은 그동안 많은 분들이 세상을 떠나시어 이제는 100여분이 생존해 있다. 비록 그

분들이 한을 안고 떠나시더라도 국제사회에 일본의 범죄 사실을 알리고 유엔 상임이사국을 꿈꾸는 일본의 양심을 깨우치는데 큰 압력으로 작용하였다고 역사는 평가할 것이다.

730차 수요시위는 진행에 앞서 정대협 진행자의 인사말, 얼마 전 작고하신 손판임 할머니의 명복을 비는 묵념, 여는 노래 '바위처럼', 정대협 사무총장의 경과보고, 참가단체소개, 자유발언, 성명서 낭독으로 이어졌다. 시위 내내 일본의 속죄하는 해결자세와 정부의 적극적인 관심과 대책을 요구하였다. 그리고 일본이 미국 의회에서 종군위안부 결의안 통과를 막기 위해 벌이고 있는 로비활동 중단과 아베총리의 성의 있는 해결책 모색을 촉구하였다. 정확히 1시간이 걸린 시위를 마치면서, 일본의 사죄와 배상이 있을 때까지 모이자는 할머니들의 발길이 왜 그리 무거워 보이고 지성의 양심을 누르는지 . . . [2006.10.11]

웰컴 투 청계천!

2007년 깊은 가을 저녁, 동기회에서 주관하는 각종 소모임의 마지막 행사로 위와 같이 좀 특이한 제목으로 안내를 했는데 27명이나 참가하여 성황을 이루었다.

좀 쌀쌀한 날씨 이었지만 후끈 달아오른 동기들의 우정이 있었다. 오랜만에 구 동아일보사(현 일민문화회관)도 둘러보았다. 더구나 이번 모임에는 처음 나오는 동문도 몇 분 있고, 청사회 1회라는 문화해설가 이성우 동문(농화)의 전문적인 해설이 곁들여져 있어 뜻있는 모임이었다.

청계천 입구에 들어서자마자 해박하고 유창한 해설이 이어진다. 청계천복원구간 1/100의 미니어처(miniature) 캔들(촛불) 분수, 4m 2단 폭포, 팔도석을 밟으며 청계천의 역사를 꿰뚫는 해설에 앞자리를 다툰다.

모전교, 광통교, 광교를 지나며 해설은 이어진다. 권력다툼에서 기선을 잡는 방원의 태조능의 이장과 둘레석이 복원공사에 놓여진 내력 등등 귀담아 둘 이야기들이 이어진다. 과연 청계천의 달인인가 보다. 늘어져, 나이 들어 걸으니 선두와 후미가 거리가 멀다. 뒤끝이 따라붙게 하도록 해설과 질문은 이어지다 다 함께 모이면 또 방 빼주고 나아간다.

정조대왕능행반차도를 설명하기 위해 돌다리를 건너야할 때, 아풀사! 일이 벌어졌다. 심봉사가 물에 빠지는 연기를 둘이서 해낸 것이다. 날씨가 차가워도 욕심은 물 잠바를 입고서라도 건고는 싶은데 . . . 아서라, 접어라, 미리 가 있어라. 잘 결정했다.

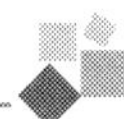

정조대왕능행반차도에서 혜경궁 홍씨의 가마는 보이는데 정조의 모습을 안 그린 까닭은 예나 지금이나 보안이 문제였나? 아니면 이슬람교의 창시자 무함마드의 얼굴을 그릴 수 없는 것과 같은 종교적(?) 의미인가? 1779명이나 되는 인물그림의 서열, 역할과 임무가 그림에 나타나고 있으니 과연 의궤(儀軌)가 UNESCO 문화유산으로 지정되는 것은 당연한 것이리라.

풍성한 청계천의 갈대숲과 갯버들의 키 높이가 내년에는 전정을 해야 할 정도로 자랐다. 물소리와 조명이 어우러지고 엇갈리는 사람사이를 비집고 지나다 보니 마전교에 이르렀다. 느린 걸음으로 40분 걷다 보니 시장기도 느껴졌다.

동대문 광장시장 먹자골목이 왜 그리 비좁은지 어깨를 스치며 약속된 장소에 다달았다. 이미 선발대가 와있고 예약이 안 되었기 때문에 옆집까지 빌리면서 정겨운 이야기가 뭉실 거린다. 두툼한 빈대떡에 막걸리가 제격이다. 얼마나 오랜만에 동기들이 삼삼오오 어우러져 모아보는 너스레냐. . . 아, 옛날이여!

소재야 무엇이든 좋다. 혼자 취하고, 같이 취하고, 취한 척하고, 왁자지껄하다. 가벼운 술자리, 허물없는 술자리, 부담 없는 술자리. . . 소중한 추억을 되살리고, 새로운 추억을 만드는 자리였다. 값 눅고 허름하지만 새로운 추억을 한 보따리씩 마련해 왔다. 더구나 심봉사 역할에서 패션쇼까지 이어지는 따뜻한 동기들의 우정을 확인하기 위한 'Welcome to Cheonggyecheon' 이었다[Welcome to Cheonggyecheon! 제20차 안암65포럼, 고대65학번동기회, 2007.11.15].

청년의 활력, 서창캠퍼스

지난 6월 14일(토) 오후, 고려대학교 65 입학동기회는(회장 서동우) 동가의 날 행사를 지방에서는 처음으로 대전에서 개최하고자 가는 길에 조치원분교를 방문하였다. 1980년에 수도권 인구 분산정책에 의하여 조치원 캠퍼스가 설립되었으니 무려 23년 만에 찾는 꼴이 되었다. 사실 고대인으로서 서창캠퍼스를 모르랴마는 '83년 이전에 졸업생으로서 실제 조치원 캠퍼스를 방문했던 사람은 그리 많지 않을 것이다. 더구나 졸업동문들이 공식적으로 서창캠퍼스를 방문한 것은 65 동기회가 처음이라고 했다.

토요일 오후 2시 반경에 녹음이 우거지고 밤꽃이 흐늘어진 산야를 달려 1시간 반쯤 지나서 캠퍼스에 닿았다. 교문에 들어서자 재학 당시의 눈에 익은 석탑교문이 반가이 맞아주는데 버스로 들어가자니 좀 비좁은 감도 없지 않았다. 표시열 서창 부총장님(69학번)을 비롯하여 교학처장, 사무처장, 총무부장 등 교직원들이 퇴근도 하지 않고 기다리면서 반가이 맞아주었다. 행정동 2층 강당에서 부총장의 인사말씀과 캠퍼스 소개가 있었고, 이어서 학술정보원을 둘러보고 캠퍼스를 한바퀴 돌았다. 학술정보원은 2001년부터 도서관과 전산실을 통합하여 최첨단 학술정보원으로 운영하고 있었다.

서창에는 재학생이 6200여명, 대학원생도 700여명이라니 당시 우리가 입학했을 때의 학생수가 4000명 정도이었다는 것을 회상하면서 캠퍼스의 규모를 짐작하였다. 교수도 현재 141명이며

교수들의 연구실적을 보면 SCI 논문 게재율이 고려대 내에서 연구업적 많은 분이 서창캠퍼스 소속교수가 2위, 3위를 차지하고 있어서 교수의 잠재력이 그 어느 대학보다도 높게 나타나고 있었다. 65동기 교수들도 은희천(수학과) 동기를 비롯하여 5명이나 되었다.

그리고 5개 특수대학원을 운영하고 있는데 조치원은 물론이고 인접 청주, 공주, 논산, 전주, 김천, 대구에서까지 학생들이 모여들고 있었다. 앞으로 행정수도가 이전하게 되면 세칭 수도권 대학으로 격상될 것이고(?), 행정수도가 어디로 정해지던 조치원 분교에서는 아무리 멀어봤자 40분권에 있게 되어 학교의 위상은 더욱 높아질 것이다. 그리고 현재 수도권 학생 41%를 차지하고 있는데 기숙사인 호연학사에는 1200여명 기숙하고 있으며, 앞으로 신관을 준공하는 2004년에는 2000여명을 수용할 수 있을 것이기 때문에 원하면 신입생을 기숙사에 100% 수용할 수 있으리라는 설명이었다.

캠퍼스는 산자락을 중심으로 12만평의 부지에 정감스레 건물이 배치되었다. 하지만 설립당시 수도권인구분산 정책에 따라 졸속적으로 자리를 잡았기 때문에 약간 중복되고 비체계적인 면도 없지 않았다. 고대인의 상징인 호상은 안암골 호상보다는 어딘가 부자연스러웠고, 학교 앞에 버티고 있는 골프연습장으로 전경이 가리워지고, 입구에는 신봉초등학교도 있어서 주변정리가 뭐랄까 좀 아쉬운 느낌이었다. 그러나 20여년이 흐르면서 취업률 80%, 이중전공, 복수전공, 부전공제도를 운영하면서 본교와의 일체감이 형성되면서 중부권 최고의 명문사학으로 자리매

김하고 있다니 가슴 뿌듯하였다. 공사중인 종합교육관은 석탑으로 짓고 있지만 그래도 100주년 기념사업으로 더 많은 사업이 전개되기를 바라는 마음이었다. 모교방문 기념품으로 받은 컵에 동문의 자부심을 가득 넣어 되돌려 보내야겠다["모교 서창캠퍼스 방문기, 청년의 활력, 서창캠퍼스", *고대교우회보*, 2003. 7. 5].

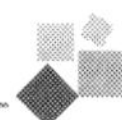

말잡이 2년, 이제 고삐를 기수(騎手)에게

떠밀리다시피 회장직(會長職)을 맡은지 어언 2년이 지나고 있다(1994.9.7-1995.5.3-1996.9.4). 맡을 때의 무서운 마음이 이제 매우 홀가분해진 것이 솔직한 심정이다. 비록 힘은 들었지만 동료교수님들의 친목과 복지, 그리고 교수 위상제고(位相提高)를 위하여 주어진 여건 속에서 나름대로 최선을 다하고자 하였으나 그래도 기대에 미흡하여 이제 아쉬운 마음으로 마무리를 하게 되니 여러 가지 착잡한 심정이 든다.

어느 조직이나 잘 되려면 한 사람이 미치기보다는 몇 사람이 함께 미쳐야 된다고 한다. 그 동안 같이 노력해 주신 회원들과 임원들께 감사드린다. 어려울 때에 누군가 해준 말이 생각난다. 빈대 떼를 몰고 다니기보다 스님 한 분 모시기가 어렵고, 스님 10분 모시기보다 교수님 한 분 모시기가 어렵다고 한다. 이러한 정서 속에 대과(大過) 없이 서울교수협회라는 기마(騎馬)의 기본기(基本技)를 다지기 위하여 말잡이 생활 2년을 마감하고 이제 고삐를 새로운 기수(騎手)에게 넘길 수 있도록 그동안 물심양면의 협조를 해주신 회원님과 임원님들께 거듭 감사드린다.

기록을 위하여 몇 마디 남기고 싶다. 명지대학교 교수협의회 정기총회(1994.9.7)에서 서울지회로서 분리운영을 결의하여 운영해 오던 중 분리운영에 따른 여러 가지 정서상의 요인으로 명지대학교 서울 교수협의회(이하 서울교수협의회)를 창립하였다('95.5.3). 이를 위해 에 8차례의 임원회의와 3차례의 정기총회 및 임시총회를 가졌다. 그리도 명지대학교 서울교수협의회로 발족된 이후 1995년도 정기총회 때까지('95.10.28~29) 7차례의 임원회의와 한차례의 긴급총회를(9.5) 가졌다. 1996년 사업기간에는 정기총회 때까지(9.4) 14차례의 임원회의를 가졌으며 한차례의 임시총회(4.24)를 가졌다. 지난 2년간 무려 36차례의 회의를 가졌는데 이야말로 교수협의회의 왕성한 활동을 그대로 대변해주는 것이다. 또한 이는 회원의 권위와 복지를 위하여 집행부를 비롯한 회원들의 적극적인 참여를 반영하는 것이라고 할 수 있다.

또한 회원의 복지를 위하여 서울교수소식의 전신인 서울명지마당을 창간하여('95.3.20) 금번까지 7호를 정기적으로 발간해오면서 서울교수협의회의 목소리를 가다듬고 있다. 회원들의 친목과 단합을 위하여 내장산 연수산행('94.10.30), 관악산 연수산행('95.6.3), 양평 연수회('95.10.28~29), 종근당 산업시찰('95.12.18), 오끼나와 역사문화탐방연수('96.2.8~2.11), 바둑대회('96.5.15) 등을 개최하였다. 이 같은 2년에 걸친 6차례의 행사는 회원 당 월 5000원씩 회비를 받아 매달 30만원 정도의 자금으로 서울교수협의회를 운영하기에는 상당한 고통이 따랐다('96년 5월부터 회비 1만원으로 인상). 그러나 유영구 이사장님, 고건 총장님, 명지대 총동문회 회장단과 사회교육원의 지원과 본인을 비롯하여 김숙자 부회장님과 오치선 기획위원님을 비롯하여 임원들의 적지 않은 보탬이 이러한 다양한 활동을 가능하게 해주었다. 새삼 이 자리를 비어 오늘의 이 서울 교수협의회가 건강하게 자랄 수 있도록 협조해주신 여러분들께 감사드

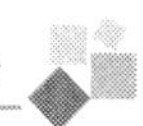

린다.

그리고 서울교수협회의 위상정립과 학사활동과 관련된 것으로서 명지대학교 서울지회의 해산과 서울교수협회 창립('95.3), 방목기금관리 이관사업, 서울교수협의회 회장의 교무위원회배석요구('95.6.26 최초 참석), 5.18 성명관련사항 및 비지성적인 언행에 대한 사건('95.9.5), 교수협의회실 배정요구('95.6.12), 서울담당 교무처장 분리요구('95.6.12), 교수협의회 전국연합회 가입검토('95.6.12), 서울교수휴게실 배정요구('95.9.22), 학생폭언에 대한 사건('95.3.22), 친화회 결산서 요청('96.3.25), 명지발전기금자료요청(1995.3.25), 명예교수 예우개선요구('96.4.26), 한겨레신문 광고사건('96.5.9), 친화회 임시총회 개최요구('96.5.21) 등에서 볼 수 있듯이 서울교수협의회는 특별한 상황이 있을 때마다 서울교수협의회의 입장이 표면화 되었던 안 되었던 어떠한 형태로든지 검토와 협의를 거쳐서 적극적인 대응을 해왔다고 생각한다. 이러한 결과들은 어디까지나 회원 교수님들이 바쁘신 가운데도 적극적으로 참여해준 결과라고 생각한다. 그러나 아직도 미흡한 사항으로는 방목기금 관리사업, 교수협의회장의 교무위원자격 요구, 명예교수 예우개선, 친화회 운영개선, 전체교수회의의 부활, 서울담당 연구처장 분리, 교수보직의 기회균등, 교수승진 및 재임용 평가 등과 관련된 불합리한 평가항목의 조정, 서울캠퍼스의 소음대책, 비좁은 연구실 환경개선 등을 계속 사업으로 남겨놓게 되었다.

끝으로 아직도 서울캠퍼스 소속교수로서 "공짜는 없다"는 냉엄한 세상현실을 잘 아시면서 아직껏 out sider로 남으신 분들과 용인교수협의회(명지대학교수협의회)의 회원으로 잔류한 분과 방목기금공제이관사업을 정리하지 못한 교수님들이 몇 분 계시다는 점 납득하기 어려운 점이 남아있다. 어쨌든 그 동안 음양으로 주위에서 늘 함께 도와주신 아래의 임원들과 동료 회원 여러분들께 진심으로 감사드린다. 회원여러분들께서 앞으로 진정한 애정을 가지고 이제 팔다리에 힘이 오르려는 서울교수협의회에 솔선하여 하고 변함없는 사랑과 중단 없는 성원을 보내주시기 바란다[말잡이 2년, 이제 고삐를 騎手에게, 서울교수소식, 제7호, 명지대학교 서울교수협의회, 1996.8].

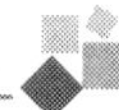

낯선 지역 길을 트고

한국중동학회 창립과정에 관한 회고좌담

- 일 시 : 1999. 4. 12
- 장 소 : 한남클럽
- 참석자 : 김용기 교수, 김정위 교수, 류정렬 교수, 서재만 교수, 송경숙 교수, 심의섭 교수, 유태영 교수, 홍순남 교수
- 대 담 : 조수종 교수

송경숙 : 금년 가을 한국중동학회 20년사 발간 등에 관해 좌담회를 갖겠습니다. 20년사는 나중에 30, 40년사를 발간하기 위한 자료를 정리하기 위해서도 매우 중요합니다. 기억을 되살려서 상세히 말씀해 주십시오. 오늘 좌담회에서 다룰 내용은 중동학회가 언제, 어떤 목적으로 생겨났으며 그동안 어떠한 발전과정을 거쳐 지금에 이르렀는가 하는 것입니다. 오늘 좌담회 내용은 20년사에 함께 들어가게 될 것입니다. 중동학회 20년사를 정리하고 학회 20년사와 더불어 한국의 중동학의 회고와 전망에

대하여도 논의하도록 하겠습니다.

조수종 : 올해가 중동학회 20년 되는 해입니다. 올해 20년사를 확실히 기록해 두어야 앞으로 30, 40년사가 계속 발간될 것입니다. 올해 20년사에 대한 자료는 1학기 중에 준비해서 방학중에 집필을 하고, 늦어도 10월말 이전에 배포를 하는 것으로 계획을 짜고 있습니다. 내용은 학회의 연혁, 임원회의, 역대학회 임원명단, 정기총회, 학술발표논문의 제목 및 발표자, 국제회의 또는 학술대회내용, 학회지발표 논문, 소식지 발간, 학회 회칙 및 기타규정, 국내 유관 대학의 학과 연혁, 학회발전연표, 유관 단체소개, 회원 명단 등이 들어갑니다. 한국중동학의 회고와 전망은 어떻게 하실 건지요?

송경숙 : 당연히 학회 20년사에 포함시킬 계획으로 있습니다.

조수종 : 그러면 그것은 학회 발전 상황에 앞서서 넣도록 하고, 서술방법은 항목별로 하겠습니다. 또 연도별로 서술과 배경 설명을 하겠습니다. 사진을 실으려고 하는데 사진은 회의모습과 역대회장들의 사진들을 포함해서 약 20장 정도 넣으려고 합니다. 축사, 격려사, 회고담을 넣을 예정인데 축사나 격려사는 편집위원회에서 부탁드릴 것이고, 오늘은 회고담을 듣기로 하겠습니다. 체제는 크기가 20, 26cm 정도로 하겠습니다. 비용이 비싸기 때문에 양장본을 해야 할 부분은 전체 500부중 100부 정도로 영구보존분과 도서관에 보낼 것만 해야 할 것 같습니다. 페

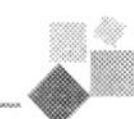

이지수는 사진부분을 빼고 250페이지 정도이고 배포 대상은 회원, 도서관, 관계기관, 외국에도 보내야 하기 때문에 500부로는 조금 부족할 지도 모르겠습니다. 700부 정도를 하면 어떨까 합니다. 비용이 문제라면 회원당 1만원 정도를 부담하면 되겠습니다. 오늘 말씀을 해 주셔야 할 것으로 몇 가지 적어 왔는데 우선, 학회창립을 서두르게 된 배경이나 이유, 학회를 운영하면서의 어려움, 학회를 하면서 기억에 남는 것 등을 짚어 주시고 끝으로 학회 발전에 대해 좀 얘기 해주셨으면 합니다. 진행방법은 항목별로 각자의 말씀을 듣는 것으로 하겠습니다. 먼저 학회창립이 언제였습니까?

류정렬 : '79년 6월 정도에 학회창립을 했던 것으로 기억합니다. 중동진출이 70년 중반에 본격화되었는데 각계에서 이 지역 관련자들을 위한 학회가 있어야 하지 않겠느냐는 제안들이 있었습니다. 당시 제 생각으로는 중동학회 창립시기가 빠르지 않을까 하는 생각도 있었습니다. 저는 당시 국제정치학회 회장도 맡고 있어서 중동학회 창립은 크게 서두르지 못하고 있었습니다. 그러나 몇 분이 만들자고 마음을 모아서 당시 대림정에서 준비작업을 위한 모임을 가졌던 것으로 기억합니다. 그러나 솔직히 말씀드리면 당시 회의 구성원이 학구적이지 않아서 걱정은 되었습니다. 그래서 그냥 회의로서만 끝내 버렸습니다. 학구적인 학회를 만들고자 해서 아랍회관에서 다시 회의를 갖고 학회창립준비를 하게 되었던 것 같습니다. 최초의 학회명단을 보면 회원이 27명 정도였고, 그중에는 서울대 한상복 교수와 한승수씨도 참

석하셨지요. 대림정에서의 모임이 학회 창립에 자극이 되었습니다. 이어 아랍회관 지하 회의실에서 50~60명이 참석했던 것으로 기억되는군요. 당시 기관회원으로는 명지대, 기술협회 등이 있었지요.

심의섭 : 저도 당시 대림정 모임이 기억이 납니다. 저는 그때 연구원으로 있으면서 모임에 참석했는데 연구원에서도 중동연구를 주도할 전문학회의 창립을 기대하고 있었습니다. 왜냐하면 연구원과 학자들 사이에는 많은 차이를 보이고 있었는데, 그것을 계기로 연구원 쪽에서도 3~4명 정도가 참여할 수 있어 학회 창립을 위한 적절한 기회가 됐다고 생각을 했었습니다.

류정렬 : 초기에는 중동을 상대로 무역을 하고 싶어하는 사람들이나 혹 이슬람 사원을 통해 어떤 이득을 고려해서 온 사람들이 학회에 관심을 갖고 있었기 때문에 저는 학회창립을 조금 늦춰야 한다고 생각했었습니다.

조수종 : '73년에 첫 번째 오일 쇼크가 있었고, '76년부터 아랍쪽으로의 건설 수출이 본격화되었으며, '79년 중동에서 외화가 많이 유입이 되어 외환 인플레를 초래하기도 했었습니다. 제가 생각하기에는 그때가 경제적으로나 정치적으로 매우 불안한 시기였다고 생각하는데 학회창립에는 별 영향이 없었습니까?

류정렬 : 큰 영향은 없었습니다. '71년에는 사실 이름뿐이기는

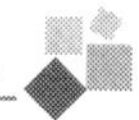

하지만 한국아랍친선협회가 있었고 '76년 정부에서 공식적으로 친선협회를 만들 것을 권하여 바로 확대개편대회를 가졌습니다. 정주영씨가 회장을 맡았었지요. '76년에 협회가 생긴 것에 비하면 '79년 중동학회 창립은 늦은 것이라고 볼 수 있었습니다.

서재만 : 당시 저는 류정렬 교수님께 중동학회 창립을 여러 차례 건의했었는데 류박사께서는 국제정치학회 회장을 맡고 계셨기 때문에 그렇게 서두르지 않으셨던 것 같습니다. 그래서 저는 김정위, 김용선 교수님과 함께 학회 창립을 빨리 해야 한다는데 서로 동의했습니다. 그런 후 김용선 교수님이 먼저 작업을 시작해 대림정에서 모임을 갖게 되었던 것입니다. 그런데 이 모임에서는 준비를 해오시기로 한 김정위 교수님이 시간이 촉박해서 제대로 자료를 준비하지 못했었습니다. 게다가 그 때 모임 분들 중에는 상당수가 아마 제 생각에는 거의 과반수 이상의 분들이 학문적인 목적보다는 기회를 이용해서 사업이나 무역 쪽과 연계를 갖고 싶어 하셨던 분들이었습니다. 그래서 후에 다시 만나 제대로 된 학술학회를 만들어야 한다고 생각해서 류박사를 중심으로 다른 학회를 좀 모방하더라도 정식으로 정관을 만들고 학술적인 단체로서의 면모를 갖추는 한편, 학자가 중심이 되는 학회를 만들어야겠다고 해서 발기 모임을 갖게 된 것입니다. 그래서 학계에 계시는 분들은 아랍친선협회 건물에서 개최된 중동학회 발기대회에 모두 나오셨으나 학계에 계시지 않으셨던 분들은 대부분 빠지게 되었습니다. 그리고 발기 시기에 대하여서는 그 때 류박사님은 조금 더 천천히 만드셨으면

하셨던 것 같습니다.

조수종 : 그렇다면 언젠가 서재만, 김용선, 김정위 교수님 등이 모여 함께 식사하면서 꼭 류박사님을 통해서 할 것이 아니라 지금이라도 빨리 학회의 필요성이 절실하니 만드는 것이 어떠냐는 얘기가 나왔다는 얘기를 들었습니다. 그것을 계기로 열린 것이 대림정 회의였군요. 그 후 창립 총회를 갖게 되기까지의 중간단계는 어떠했습니까?

서재만 : 대림정에서는 발기회라는 이름만으로 별 준비없이 모였었습니다. 그러나 아랍회관에서는 회칙을 준비해 토의했던 것이지요.

류정렬 : 제 생각으로는 대림정 모임은 발기회는 아니고 단지 간담회였던 것 같습니다. 정식으로 발기회라고 해서 모인 적은 제 기억에는 없는 것 같습니다. 아랍회관 지하실에서 모인 것이 곧바로 창립총회가 되었던 것 같습니다.

조수종 : 학회 창립회 동기는 어떻게 볼 수 있을까요?

서재만 : 중동에 관련된 전공을 하는 사람들끼리 보다 전문적으로 연구를 하자는 취지하에서 만들어지게 된 것이죠. 다만 누가, 언제, 어떻게 만드느냐 하는 것만이 정해져 있지 않았을 뿐 중동 관련 연구자들은 학회창립의 필요성을 느끼고 있었습니다.

김용기 : 당시는 중동 시장으로의 진출이 활발했던 시기였으므로 이 지역 연구자들이 한데 모여 연구하고 발표할 수 있는 장이 마련되어야 한다고 생각하고 있었지요.

심의섭 : 중동학회는 국내 지역학 연구학회로는 처음으로 생겨났고 이후에 타지역학회도 생겨나기 시작했습니다. 우리나라의 대중동진출 붐도 중동학회 창립에 영향을 주었을 것입니다.

조수종 : 학회를 운영하면서 어려웠던 점들을 모두 한마디씩 해 주세요. 초창기에는 모두 어려웠을 테니까요?

김용기 : 그 때는 어려웠던 것보다는 외국어대학교에서 도움을 많이 주셔서 고마웠습니다. 당시 80%이상을 외국어대학교에서 지원해 주었습니다. 특히 당시 서재만, 김정위 교수님이 음양으로 많이 도와주셔서 그런대로 잘 운영되었습니다. 당시 간사들에게 조금이지만 월급도 줄만치 괜찮은 편이었습니다.

유태영 : 건설협회로부터 지원도 받아 재정은 괜찮은 상태였지요. 그 때는 회비 외에 다른 재단을 비롯하여 외무부나 기업, 기관 등에서 도움을 얻었습니다.

김정위 : 재정적인 문제가 지금까지 가장 어려웠습니다. 평생회원제를 마련한 이후 회원이었던 분들이 거의 모두 평생회원으로 등록해 실제 수입은 줄었습니다. 회장과 간사 둘이서 학회

일을 운영하는 것도 무리가 있습니다. 일본과 학술교류를 위해 당시 회장이었던 제가 모든 일을 도맡아 하느라고 어려움이 있었던 것도 사실입니다. 당시 일본에 계셨던 유공조 교수님의 도움이 컸습니다.

심의섭 : 제가 회장이 되었을 때 적자가 많아서 재정적으로 힘이 많이 들었습니다. 외대 아랍어과에 속하지 않은 제가 회장이 되자 다소 우려가 되었으나 그래도 열심히 하겠다는 의지가 있었던 것 같습니다. 일을 하다 보니까 더 많은 돈이 필요하게 되어서 기존의 지원기관 뿐 아니라 새로운 기관으로부터 기금도 모았습니다. 또한 많은 수가 평생회원으로 가입하게 되었고, 여기서 생긴 기금은 공탁을 통해 별도로 관리를 함으로써 차기회장에게 흑자로 남겨 주었습니다. 평생회원기금은 이자수입의 10%까지만 경상비로 쓰게 하는 규정까지 만들어 두었습니다. 이렇게 해야 차기회장이 재정적으로 힘들지 않을 것이기 때문입니다. 이를 위해 당시에 많은 도움을 준 분들께 감사드립니다.

김용기 : 심교수님이 학회 재정을 마련하기 위해 애썼던 것은 참으로 높이 평가하고 싶군요.

서재만 : 저는 학회 10주년 되는 해에 일을 했었는데 그때 10주년 기념으로 처음으로 외국인을 초청해 보았습니다. 외국손님을 초대할 때 차비는 제외하고 체류비만 보조를 해 주었습니다. 그때 당시로서는 처음 있는 일이었고 그래도 외국손님들이 자비

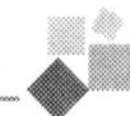

로 회의에 참석을 했었습니다. 그렇지만 쉬운 일은 아니었습니다. 초대장을 100장 정도 보내면 서너명의 손님이 왔었습니다. 그러나 저는 이렇게 생각합니다. 학회에서 일을 할 때는 항상 돈이 먼저 필요하다는 생각들이 지배적입니다. 하지만 돈 문제도 중요하지만 그보다 더 중요한 것은 저희들이 학회에서 일을 할 때 봉사정신을 가지고 일을 해야 한다는 생각이 듭니다. 각자 돈을 만드는 방향으로 노력해야 합니다. 임원진들은 회원을 위해서 봉사하는 마음으로 해야 한다고 생각합니다. 그리고 학회의 성격을 잘 알아야 하겠습니다. 학회는 공신력을 갖고 있어야 한다고 생각합니다. 그래서 모든 회원이나 회장님들은 이것을 유념하시고 공신력을 떨어뜨리지 않아야겠다고 생각합니다. 그리고 자료가 필요할 때 학회지를 왜 다시 만들어야 합니까? News letter를 보지도 않고 버리는 분들은 그렇게 하지 말아 주십시오. 학회 일원으로서 자부심을 느끼고 있는지 다시 한 번 스스로 생각해 보아야 합니다. 우리 학회는 앞으로는 명실공히 학술단체로서 손색이 없도록 발전시켜야 하겠습니다.

조수종 : 네. 좋은 말씀이었습니다. 바로 지금 서교수님의 말씀이 바로 학회 20년사를 쓰는 이유입니다. 과거를 다시 돌이켜 보고 보다 학회를 발전시키는 것이 진정한 학회사 발간의 목적입니다. 단지 기록만을 모아 묶어 놓는 것이 목적이 아닙니다. 다음 순서로는 그동안 학회를 이끌면서, 또는 학회 활동을 하면서 꼭 기록에 남겨야 할 말씀이 있으면 해주시기 바랍니다.

김정위 : 제가 회장을 맡으면서 세가지를 중동학회에 도입했습니다. 첫째는 평생회원제 도입인데 이것은 이전에 서재만 교수께서 바라시던 일로 제가 실천을 하였습니다. 둘째는 일본과의 학술교류 개시입니다. 4월에는 저희가 일본에 가서 학회에 참여하고 연말에는 일본교수들을 초청하여 한국에서 학회를 하였습니다. 지금까지 이 교류는 잘 진행되고 있는 것 같습니다. 셋째는 외국인 대사를 명예회원으로 모시는 것이었습니다. 그래서 제가 몇 분의 외국대사를 명예회원으로 모셨는데 다음 회장들이 이 제도를 계속 시행하지 않았습니다. 다음 회장분들이 계속 시행하여 외국대사들이 지금까지 명예회원으로 남아 있었다면 학회에 큰 도움이 되었을 것입니다. 지금은 완전히 없어져 다소 서운한 느낌이 듭니다. 이러한 점은 개선해야 할 것입니다. 회장들이 기존의 어떤 제도를 일방적으로 취소시키는 일이 있는데 이는 일의 연속성을 저하시키는 것으로 앞으로는 개선되어야 할 것 같습니다.

김용기 : 우리 학회가 너무나 가족적인 분위기이기 때문에 어떤 의미에서는 사무적이어야 할 부분이 제대로 시행되지 못했던 점도 있었습니다. 앞으로는 철저하게 개선해 나가야 할 것으로 생각됩니다.

김정위 : 회장 혼자가 일을 하는 것이 아니라 회원들 전체가 팀웍을 이루어서 이끄는 학회가 되어야 하는 것이 급선무라고 생각합니다.

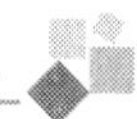

심의섭 : 역사는 기록이라고 생각합니다. 그때 그때 자료를 잘 기록하고 수집해서 보관에 힘써야 할 것입니다. 저의 회장재임 기간에도 흩어진 자료들을 모으려고 많은 노력을 하였습니다. 제가 몇 차례에 걸쳐 그나마 모아 놓은 자료가 있어서 지금 긴요하게 쓰고 있을 줄로 압니다. 역대회장들 가운데는 국내, 국제 학술대회를 개최하면서 기록을 잘 정리한 분도 있고 전혀 정리 작업을 하지 않은 분도 있었습니다. 그 동안 빠진 자료들을 보충해 놓기는 하였지만 현재 그것이 어느 정도 충분한지는 알 수 없습니다. 이 자료들을 모을 때 협조를 해주신 역대회장, 총무들께 감사드립니다. 홍순남교수가 회장을 하고 최영길교수가 총무를 맡고 있을 때 제가 전임회장으로서 그 동안 모아놓은 자료와 디스켓을 모두 전달해 주었는데 불행이도 사무실에서 그것을 몽땅 도난당했을 때는 참으로 답답한 일이었습니다. 그래서 모아 놓는 것만이 능사가 아니라는 생각이 들었습니다. 어쨌든 공적 기관에서 자료를 집성해 책으로 만들어 놓는 일은 꼭 시행이 되어야 할 것입니다. 앞으로 회장들께서는 학회기록을 철저히 보관하는 작업에도 관심을 기울여야 할 것입니다.

조수종 : 그때 자료를 훔쳐 간 도둑의 주소는 모르시겠지요? 연락처나 남겨 놓았으면 좋았을텐데요. (모두들 웃음) 그러면 서재만 교수님의 말씀을 들어보겠습니다.

서재만 : 회비 모금문제에 있어서 사업만 좋으면 비용을 제공하겠다는 사람이 많다는 것을 알았습니다. 제가 국제학술대회를

할 때 현금을 1800만원 모았는데 그 중에서 제가 아는 사람한테 받은 것은 절반도 안되었습니다. 제가 모르는 기관 수십군데에 사업계획서를 보냈더니 -모래사장에서 바늘 찾기 식으로- 그 중 몇 군데에서는 지원을 해주었습니다. 예를 들어 유공 같은 곳은 제가 전혀 면식이 없는데도 그곳에서 200만원을 지원을 받았습니다. 당시 '79년에 200만원이면 큰 액수였습니다. 그러니까 사업계획이 좋으면 지원을 받을 수가 있었습니다. 관계가 조금만 있는 곳이라면 좋은 계획을 갖고 그곳에 요청해보는 것도 좋은 방법이라는 생각이 듭니다. 앞으로도 좋은 아이디어를 갖고 회비 협조를 받을 수 있는 방법을 구상해보는 것이 필요하리라 생각됩니다. 이 점 재원 확보 문제에 관해서는 여기 유태영 박사가 잘 알고 계실텐데요, 일단 모르는 기관이라도 한번 지원협조를 타진해 보는 것, 이것이 제가 유박사로부터 배운 방법이기도 합니다. 앞으로 학회에서 이를 잘 활용하면 좋겠습니다.

심의섭 : 한때 제가 회장으로서 예산 집행을 할 때 일입니다. 제가 예산을 지나치게 부풀렸다고 해서 문제를 제기하는 사람이 많았습니다. 저는 예산을 7000만~8000만원까지 확대하기도 하였는데, 실제로 몇백만원 예산안으로 계획서를 제출하면 이를 알아주는 기관이 없습니다. 여하튼 제가 모르는 기관에 지원요청서를 제출했는데 흔쾌히 지원을 승낙해 줄 때 그때의 기분은 참으로 좋았습니다. 이는 서교수님께서 하신 말씀과 상통합니다. 앞으로도 회장을 맡으시는 분은 자신감을 갖고 일을 추진하시면 어려운 일이라도 쉽게 해결될 수 있으리라는 생각이 듭니다.

유태영 : 1년에 학술대회를 4차례 시행하면서 최선을 다하면 재정적인 문제는 해결되리라 생각합니다. 대사 명예회원제도도 꼭 시행되었으면 좋겠습니다. 각 나라와 친선협회가 있는데 그 분들을 초대해서 단체회원이나 후원회원으로 가입시킴으로써 지원을 받았으면 합니다. 특히 대사를 회원으로 모시면 학회를 위해 큰 득이 될 것입니다. 중동지역과 관련있는 회사들은 중동국가 대사관으로부터 특별히 도움을 받는 경우가 있습니다. 따라서 학회 회장은 이들 기업 사장, 대사와 함께 식사 등의 만남을 통해 지원을 부탁해도 좋을 것입니다. 이들은 반드시 지원을 해줄 것입니다. 대사도 기업에 대해 학회지원을 부탁할 것입니다. 이 방법은 상당히 실현가능성이 클 것입니다. 참 이 만남에서 식사값은 대사가 지불하도록 하십시오. (모두들 웃음)

김정위 : 제가 회장으로 있을 때에는 저희 이란대사가 무척 많은 도움을 주었습니다. 여하튼 대사관을 통해 지원금을 모으는 방법은 유용합니다. 아랍에미레트 대사관 같은 경우에는 명예회원으로 가입하기를 바라고 있습니다. 제가 회장 재임시에는 중동 각국대사들을 한 자리에 초청해서 발표회를 마련한 적도 있었는데 참으로 좋은 반응을 얻었습니다.

송경숙 : 지금 중동학회에는 많은 기관회원들이 있지만 실제로 그 중 4곳에서만 회비가 들어오고 있습니다. 말하자면 기관회원 관리가 잘 안되고 있습니다. 그래서 제가 회장이 되어서 이를 다시 관리하고자 편지도 400여 통이나 발송하였습니다. 경

희대 도서관이나 건국대 도서관처럼 우리 임원진이 있는 학교는 잘 관리가 됩니다. 다른 곳에서라도 지원이 들어왔으면 합니다.

김정위 : 제일 중요한 것은 회장의 임기문제입니다. 이번부터는 1년으로 되어 있는데 사실 회장이 단기간에 바뀌면 행정에서 일관성이 없게 됩니다. 임기를 늘려야 하지 않나 생각합니다.

송경숙 : 제가 '96년 요르단에 있을 때 회장의 임기가 1년으로 결정이 난 것 같습니다. 그것은 아마 많은 사람들에게 회장의 기회가 돌아가게 하기 위해 그렇게 결정한 것 같습니다.

김정위 : 여하튼 중동학회도 구조조정이 필요하다고 봅니다. 우선 사무국이 변해서는 안될 것입니다. 사무국이 없으니까 정책의 일관성이 떨어지는 것 같습니다. 대학원생과 박사과정 학생들이 중심이 되어서 대사관 접촉들을 통해 지속적으로 업무를 수행해 나가야 하겠습니다. 그래야 외부와의 접촉도 원활하게 이루어지고 대학원생들에게 졸업 후에도 다양한 기회가 오지 않을까요?

심의섭 : 여하튼 사무국을 세우는 일은 반드시 앞으로 실현되어야 할 사항입니다. 회장 임기에 대해 제가 잠시 말씀드리겠습니다. 원래 회장임기는 2년이었는데 그러다 보니까 너무 학회가 정체되는 것 같았습니다. 보다 많은 사람이 회장 일을 할 수 있도록 하기 위해서 1년으로 결정이 났습니다. 사실 2년 기간은

회장에게 너무 긴 세월입니다. 1년 동안이라 해도 상당히 할 일이 많기 때문에 정작 맡으시는 분은 굉장히 수고를 많이 하셔야 하므로 1년 정도도 괜찮지 않을까 싶네요.

조수종 : 사실 회장 임기 문제는 각 회원에 따라 생각이 다른 것 같습니다. 그러면 한가지만 더 말씀 듣도록 하겠습니다. 앞으로 학회발전을 위해 당부하고 싶은 얘기를 나눠 보도록 하겠습니다.

홍순남 : 한국중동학회는 류정렬 교수님과 여러 선배 교수님들이 만드시어 큰 발전을 하였지만 아직도 교수들간의 조그만 동아리 같은 규모이기에 학회가 학제간의 연구활동을 국내외롤 강화하였으면 합니다.

우선 중동학회와 이슬람학회 및 아랍어 아랍문학회, 터키학회, 리비아학회 등 뿐만 아니라 이스라엘 학회 등과도 학회간의 학제간 협력활동과 연구활동이 필요합니다. 더 나아가서 역사학회 특히 동양사 학회와 종교학회 등과의 학제간 연구 활동을 일차적으로 추진하는 등 국내에서 광범위하게 확대해 나가면서 AFMA 활동을 강화하였으면 하는 소망입니다.

특히 미국내 중동학회에 한국중동학회가 회원으로 가입하여 미국내 아랍계 교수들과 깊은 관계를 가지면 그것이 그대로 중동지역의 유명 교수들과의 관계로 발전하는 것이 될 것입니다.

특히 조지타운대학 내 현대아랍문화센터인 “Center for Contemporary Arab Studies”와도 꼭 연구관계 및 국제 세미나활동 등의 밀접한 관계를 가졌으면 합니다. 조지타운대학내에만 중동학생들이 400~500명쯤 됩니다. 이 곳 아랍어과 교수들은 모두 아랍지역에서 온 아랍인 교수들로 교수진이 짜여 있습니다. 1년에 수차례(적어도 4회 이상) 열리는 학술강연, 연구발표 등은 아랍문화센터가 주관하고 있으며 다른 대학의 아랍관계 행사 등도 조지타운대학에서 저녁시간을 이용하여 진행되고 있습니다.

한국중동학회도 이제 외국학자들과 긴밀한 관계를 가져야 합니다. 또 판에 박은 듯한 행사보다는 실질적인 학문교류차원의 학술활동을 하는 것이 후학을 위하여 큰 도움이 되고 중동학회가 발전하는 길이라고 생각합니다.

유공조: 저는 본 학회에 처음부터 참여하지 않고 중간에 이 학회를 참여해서 그간의 사정은 잘 모릅니다. 원래 저는 중동사를 전공하지 않고 서양사를 전공했습니다. 저는 '67년 전쟁부터 중동 역사에 관심을 갖기 시작했습니다. 제가 있었던 일본 경도대학에는 서남아시아 학과가 있었는데 이곳에서는 중동의 고전 역사가 주로 연구되고 있었습니다. 그런데 저는 현대사에 관심이 있어서 동경에 가서는 일본 국회도서관에서 자료를 찾아 공부하였습니다. 저는 일본중동학회에 먼저 참여하고 그 후에 한국중동학회에 참여하였습니다. 제가 그동안 한국중동학회를 보니까 양적으로 많은 회원이 확보되는 등 발전을 하였습니다. 그러나 기본적인 체제가 아직 미비하지 않은가 하는 생각이 듭니다. 이제 한국중동학회가 20년의 역사를 지닌 만큼 부족한 부분은 획기적으로 개선되어야 하지 않나 하는 생각이 드는군요. 앞으로 일본, 동아시아, 미국의 학계와 교류하기 위해서는 내적인

면을 강화해야 할 것으로 생각합니다. 학회논총 논문 심사에도 인정에 얽매여 제대로 평가하지 못하는 경우가 있는데 이런 점도 개선되어야 할 것입니다.

서재만 : 이제 우리학회도 20년이 되었으니 학회지와 소식지 등의 인쇄물도 영속성이 있도록 체계적으로 정리했으면 좋겠습니다. 예를 들어 논총의 주소록만 보아도 제대로 정리가 안되어 사람과 연락처가 뒤바뀌는 경우도 발생합니다. 또 뉴스레터와 논총은 책임자가 바뀔 때마다 편집이 계속 바뀌고 있습니다. 편십에서 동일성을 기하여야 할 것입니다. 또한 게재 논문심사도 정식으로 해서 우리 중동학회의 위상을 높이고 질적인 면에서 발전을 이루었으면 합니다.

김용기 : 중동학에 있어서 가장 기초가 되는 것은 아무래도 중동의 역사 분야일 것입니다. 미국 같은 경우는 중동역사 전문가가 많이 있습니다만 우리 학회에는 중동사 연구가 미약하고 어문학을 전공한 사람이 너무 많은 것 같습니다. 그래서 후학양성에 있어서는 다른 분야도 좋지만 역사분야를 전공해 중동학의 기초를 세우도록 해야 하지 않을까 하는 생각을 해봅니다.

김정위 : 저도 동감합니다. 외국학을 하는 데는 일단 해당언어를 습득하고 이어 역사, 문화, 종교를 해나가야 할 것입니다. 중동학에서도 이러한 분야의 바탕이 이루어져야 타분야의 연구가 이루어질 것입니다.

심의섭 : 저의 경우에는 질적인 것도 중요하지만 양적인 것도 욕심이 나는데요. 많은 중동관련 학회가 있는데 이들과 함께 년중에 연합학회를 열어 봤으면 합니다. 두 번째로 중동관련 학자 외에 중동과 관계있는 분들, 즉 사업가나 외교관들 중동관련자들에게 중동학회에 대해 더 많은 것을 알려주는 기회를 마련하였으면 합니다.

서재만 : 저는 학회를 국제화했으면 합니다. 정관을 영어, 아랍어, 터키어 등으로 번역 소개함으로써 외국인들도 저희 학회에 가입하게 함으로써 미국의 학회처럼 국제적으로 발전했으면 좋겠습니다.

김정위 : 또 논문도 영어로 쓰는 것을 장려하는 것은 어떨까요? 일본중동학회 논총의 경우 3분의 2가 영어로 쓰여집니다. 이렇게 하면 좀 더 국제화의 첩경이 될 것 같습니다. 물론 아랍어 등 다른 외국어로 쓰는 것도 무방하지만 영어로 써야 국제적으로 평가가 되고 있습니다.

홍순남 : 한국중동학회지에 대한 논문심사는 강화되어야 합니다. 비록 발표 논문이라 해도 심사되어 평가받은 논문만 학회논총에 게재하는 관행을 강화하였으면 합니다. 이곳에 와서 보니 우리 학회가 큰 발전을 한 것에는 틀림없지만 너무나 우물안 개구리식 연구활동이라는 생각이 듭니다. 한국중동학회가 중동지역 국가들의 연구 논문을 비롯하여 미국 및 동남아시아의 중동학회가 발간하는 논총만이라도 계속 교환하는 제도를 만들 것을 부탁합니다.

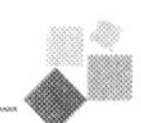

조수종 : 모두 맞는 말입니다. 한국 중동학회가 발전하려면 오랜 심화과정이 필요할 것 같습니다. 가령 우리는 미국 자료나 아랍자료로 연구를 하기 때문에 그쪽 지역의 시각만 옮길 뿐이지 우리쪽 시각은 잘 제시하지 못하는 것 같습니다. 연구에서는 방법론과 객관적인 시각이 가장 중요합니다. 그러나 우리는 서양에 의해 편향된 견해를 갖고 있습니다. 우리는 과연 중동에 대해 올바른 시각을 어떻게 가져야 할지 다시 생각해 보아야 할 것입니다. 논문에서 보면 보통 친아랍적이거나 반아랍적인 시각이 나뉘어져 있습니다. 시간이 걸리겠지만 우리는 이를 극복해 우리 나름의 시각을 정립해 나가야 한다고 생각합니다.

김용기 : 이번에 송경숙 교수께서 어려운 중동학회 회장직을 맡으셨는데 1년간 많은 성과 있기를 바랍니다. 아울러 우리 전임 회장들은 경제적으로 학회 재정을 돕는데 각자 나름대로 일조를 할 것입니다.

조수종 : 이 정도로 해서 중동학회 20주년 기념 좌담회를 마치도록 하겠습니다. 여러분들이 들려주신 말씀은 앞으로 우리 중동 학회의 발전에 유익한 지혜와 교훈으로 되살아 날 것입니다. 여러모로 전임 회장님들과 회원들의 끊임없는 관심과 성원을 부탁드립니다.

[한국중동학회 창립 과정에 관한 회고 좌담, 한국중동학회 20년사, 1999.10]

이슬람경제학 세미나 소감

지난 4월 5일부터 8일까지 요르단의 이르비드에 있는 야르무크 대학교 이슬람연구소에서는 "초기 이슬람사회의 재정"에 관한 국제학술대회가 개최되었다. 필자는 이 세미나에 참석하여 "초기 이슬람 사회의 금융수단으로서의 자카트와 한국의 계에 관한 비교분석"이란 주제를 발표하면서 느낀 바를 적어 보고자 한다.

이 세미나는 4일 동안에 8개 분야를 다루었다. 발표주제는 세입과 세출분석, 국가의 경제적 기능, 재정·금융정책, 초기 이슬람사회의 개발재정과 재정실태, 당시 국가 재정정책의 비교분석, 조세제도, 통화제도, 조세행정, 예산제도 등을 8개 분야로 나누어서 다루어졌다.

이 세미나는 주최국인 요르단에서 14명, 아랍국가 및 비 아람국가에서 24명의 이슬람경제학자들이 참석하는 대규모 국제학술회의였다. 비 아랍권 발표자들은 필자를 포함하여 캐나다, 미국, 파키스탄에서 온 학자들이었다.

이밖에도 아랍 각국으로부터 참석한 이슬람 학자들, 요르단 주재 이슬람 국가들의 관계관들도 많이 참석하였으며 대학생들의 참석으로 발표장은 연일 자리가 모자랄 정도여서 그들의 세미나에 대한 관심을 짐작할 수 있었다. 참가자들의 진지한 발표와 열렬한 토론은 필자가 지금까지 참석했던 어느 학술모임보다도 열띤 것이었다. 그러나 세미나는 모두 아랍어로 진행되어서

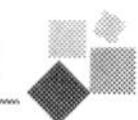

아랍어에 익숙하지 못한 필자에게는 불편한 점도 적지 않았다.

이 세미나의 종합평가에서는 이슬람대학교와 연구소에서 학사과정 및 석사과정에 이슬람경제학교육의 필요성을 강조하였다. 세미나 참가자들은 야르무크 대학의 이슬람연구소에 이슬람경제학과정을 개설할 것을 건의하였다.

그들은 또한 이슬람경제학의 과학적 연구를 위해 부단히 정진할 것을 다짐하였고 오늘날 이슬람사회에서 겪고 있는 경제문제에 대한 해결책을 모색하기 위해 초기 이슬람경제정책의 현대적 운용을 요구하였다. 또 이슬람 재정제도의 사상이나 원리는 광범하고도 심오한 것이이시 현대국가에서도 재정운용을 위한 기초로서 매우 적합하다는 것을 지적하였다.

이 세미나가 필자에게 기억될 수 있는 것은 이슬람경제학의 대가인 몬저르 카프박사를 만났기 때문이다. 카프박사의 책을 필자와 홍성민 선생이 함께 한국에 소개한 인연 때문인지 그분이 베풀어준 각별한 친절은 잊을 수 없다. 필자가 발표한 주제가 미숙한 것이기는 하지만 비 이슬람 동양권에서는 필자가 유일한 참석자이어서 항상 그들의 관심의 대상이 되었으며 한국에서의 이슬람 연구에 대한 동향을 듣는 그들의 표정은 대단히 놀라는 것이었다.

한편 이 세미나에 참석하고서 절실히 느낀 것 중의 하나는 우리 경제학계의 연구동향이다. 우리는 지금껏 정통경제학 중심의 편향된 경제학을 교육받았다. 마르크스 경제학은 그동안 터부시되었고, 자유주의경제학이나 종속경제이론은 크게 관심을 갖지 않았다고 할 수 있다. 더구나 이슬람세계에서 활발한 연구가 진행되고 있는 이슬람경제학에 대해서는 몇 년 전까지만 하여도 거의 불모지대나 다름없었다.

지금까지 우리는 수정자본주의 경제학만 거의 일방적으로 배워왔기 때문에 그러한 경제학을 바탕으로 한 경제정책운용은 생성여건이 같지 않은 우리의 경제환경에 적용하는 데에는 상당한 시행착오를 피할 수 없는 것이 되었다.

우리가 개방경제로 성숙하기 위해서는 다양한 경제체계를 이해하고 접근하여야 할 것이며 한국적 경제학의 수립을 위해서 부단한 노력을 기울여야 할 것이다.

중세(中世)에는 이슬람문명이 서구의 암흑시대를 잠에서 깨어나게 하였다. 오늘날 이슬람문명이 부활하고 동양문명이 중흥되고 있는 것은 서구의 물질문명의 퇴조에 조응하는 것이라 할 수 있을런지?

이번 세미나도 그러한 관점에서 보고 싶다. 석유 때문에 아랍과 이슬람세계가 세계사에서 다시 중요한 역할을 맡고 있듯이 이번 세미나도 세계경제학계에서 이슬람 경제학을 현대화하기 위한 학자들의 학술회의이었다고 보고 싶다. 이러한 세미나에 참석할 수 있도록 기회를 마련해 준 한국외대 중동문제연구소장 홍순남 박사께 감사드린다[이슬람경제학 세미나 소감, 韓國中東學會 학회소식 제15호, 1987. 7].

코란의 율법에 따라 이자를 안 받는 은행제도

이슬람의 은행에서는 우리가 흔히 자본용역, 말하자면, 자금의 대차시(貸借時) 그 가격쯤으로 여기는 이자가 없다. 이는 이슬람의 경전인 코란 제 2장 '암소의 장'에서 "상업에 의한 이윤은 허락하나 고리대에 의한 이자는 금지 한다"는 계시에서 비롯된 것이며, 또한 이슬람에서 가장 큰 죄악으로 간주하는 15가 항목에 고리대가 포함되어 왔다는 전통사상에 기초를 둔 뿌리 깊은 사상이기 때문이다.

그런데 이러한 이슬람의 금융제도인 무이자은행(無利子銀行)이 현대적 의미의 금융제도에 도입되기 시작한 것은 1970년대 이후의 일이다. 말하자면, 1975년에 사우디아라비아와 주요 산유국들의 공동출자에 의해 설립된 이슬람 개발은행에 의해 무이자 은행제도가 현재적 의미에서의 금융제도로서 채택되어 취급되기 시작한 것이다. 그리하여 1985년 현재 전 세계에서 30여 개국 이상이 이러한 제도를 채택하여 발전시키고 있다.

이자징수를 죄악시하는 사상

이자징수를 죄악시하는 사상으로 인하여 이슬람사회의 자본축적은 제대로 이루어지지 않았다는 논의가 있다. 말하자면, 이자를 금지하고 있는 이슬람의 관습법은 현재의 경제발전과 국제적 경제교류 면에서 바람직하지 못하다는 것이다.

그러나 중동의 이슬람세계에서 상업거래에 종사하지 않는 일반 대중은 천혜의 자원인 석유를 화폐경제에 의한 이득으로 전환시켜 대부분 예금이라는 형태로 보유하고 있다. 이러한 형태의 이득보존은 그 목적이 이식(利息)이 아니라 단순한 저장에 있었으므로 무이자 은행제도가 채택되어 발전 할 수 있었다.

이러한 배경에서 무이자 은행이 금융기능을 수행하는 관습은 대개 무다라바(Mudaraba), 무라바하(Murabaha), 무샤리카(Musharika) 등으로 요약 될 수 있다. 무다라바는 일종의 금전신탁계약이라고 할 수 있다. 말하자면, 금융기관은 자금의 수탁자 또는 자금운용의 대리인으로서의 역할을 수행하며 자금운용의 결과 이익이 나타나는 경우, 미리 예정된 비율로 위탁자와 수탁자 사이에 배분되고 손실이 발생하는 경우에는 위탁자의 부담이 된다는 약정상의 관행인 것이다. 이와 같은 손익배분원칙(profit and loss sharing)이 합의 되면 손실이 발생하므로 수탁자에게 과실이나 계약 위반행위가 없는 한 손실의 책임을 묻지 않는다.

무라바하는 주로 상품이나 부동산 등의 실물(實物)거래에 적용되는 관습으로서 금융기관이 상품매매 거래의 중간에 개입하는 경우 매입한 상품대금을 지급해주고 실제의 매입자에 대하여 연불(延拂)조건으로 전매(轉賣)하는 방식이다. 이러한 방식은 금융기관이 미래 해당거래를 행하는 시점에서 수익, 말하자면, 매매의 가격차(mark-up)를 확정하게 되므로 적용하기 쉽고 그 범위도 넓다.

무샤리카는 금융기관이 단독적인 자금제공자가 아니라 공동출자자로서 특정의 프로젝트를 수행하거나 자금수요가 있는 기

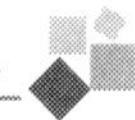

업의 경영에 참가하는 경우 손해가 발생될 때에는 연대책임을 진다는 관행이다.

무다라바 계약 하에서 자금제공자는 자금운용에 대하여 발언권이 없지만 무샤리카 계약의 경우에는 출자비율에 대한 발언권이 있으며 한 사업의 복수의 금융기관이 참가하는 경우 수익배분은 출자비율에 따라 행해진다.

위의 세 가지 관행은 보통 투자금액과 회수기관, 투자수익배분의 방법, 시기 및 배분비율 등, 손실발생 또는 회수불능시의 조치, 기대이익 이상의 성과와 관련된 보너스 조항에 관한 약정을 맺은 후에 자금공여, 말하자면, 투자를 행하고 그 투자대상기업의 경영에도 어느 정도 참여하면서 그 성과에 따른 배분을 행하는 점에서 공통된다고 할 수 있다.

이슬람은행의 자금조달 방법

현재 활동하고 있는 이슬람 금융기관들은 이슬람 교리에 대한 해석 및 적용방법에 대하여 각기 다른 의견을 가지고 있지만, 그 근간을 이루는 기본원리는 정액의 이자율에 의하여 자금거래 대신 은행과 고객 사이의 상호계약에 의해 자금이 일단 생산적인 사업 활동에 투자되고 거기에 발생하는 손익을 계약 시의 조건에 따라 배분한다는 점에서 동일하다. 이러한 원리에 의해 이루어지는 이슬람 금융기관의 자금조달 형태는 크게 무이자 예금계정, 저축예금계정 및 투자예금계정 등으로 나누어 볼 수 있다.

무이자예금계정(無利子預金計定)은 진실한 무슬림의 자금을 보관할 뿐 이자지급이나 이익배분 등을 하지 않는다. 그리고 이자를 받는 방식의 당좌대월(當座貸越)도 허용되지 않는다. 무이자의 당좌계정이 이슬람 금융기관의 예금계정 총액에서 차지하는 비중은 비교적 큰 것으로 나타나고 있다.

저축예금계정(貯蓄預金計定)도 이식(利息)이라는 형태의 이자지급은 없다. 1970년 이전의 상업주의적인 은행거래에서도 가장 일반적인 고객(개인, 기업 및 기타 사업체)의 여유자금을 맡는 이 저축예금계정의 예금자에 대한 유인은 첫째로는 자금이 소규모의 사업자금이나 할부 구입자금에 우선적으로 투자 된다는 점이고, 둘째로는 은행이 운용수익을 배분할 때 손익배분원칙을 따르기 전에 우선적으로 배분된다는 점이다. 투자예금계정(投資預金計定)은 금융기관이 중장기의 예금을 맡을 경우 투자부문을 사전에 약정하는 경우의 예금계정이다. 예컨대 고객의 희망에 따라 주택부문이나 식품산업에 투자하기로 한다든가, 특정지역의 개발사업 또는 예금자가 거주하는 지역 내에서 투자한다 등의 약정 하에서 자금을 수탁 받는 계정이다.

저축예금계정이나 투자예금계정의 경우 수탁자인 은행과 위탁자인 예금주 사이의 배분율은 은행과 그 기간에 따라 다르게 결정된다.

무이자 은행의 발전과정

근대은행의 발전은 무슬림을 외면하고 있는데 이는 보수적인 신도들이 현대 금융기관이 발달한 도시로부터 멀리 떨어진 벽지에 주로 살고 있기 때문이다. 물론 벽지에도 오토만제국시대부터 농업은행이 있기는 하였으나 그것도 주로 도시에 있는 지주

를 상대로 하였던 것이다.

은행의 근대화 과정에서 이슬람 교리와 서구은행과의 상충은 피할 수 없었다. 정부의 근대화 인식에 따라 서구화 작업은 추진되었으나 이슬람 교리와 서구 경제사조와의 조화는 원만하게 이루어지지 않은 채였다. 무슬림 정통주의자들도 1970년대까지는 도시지역에서 그다지 영향력을 발휘하지 못하였다. 더구나 일부지역, 특히 터키에서는 도시 뿐만 아니라 시골에서도 서구화 사조가 유행하였다. 그리고 이집트, 시리아, 이라크 등에서는 서구 식민지에 둘러싸여 있어서 서구화 경향에 물들지 않을 수 없었다.

이러한 서구화 물결 속에서도 1940년대부터 무이자 은행의 설립이 구상되었다. 그러한 노력으로 1963년에 이집트에 이슬람식 저축은행이 설립되었지만 4년 동안 운영되다가 문을 닫았다.

여기에서 얻은 경험을 바탕으로 1971년에 이집트의 재무부와 사회부의 관할 하에 Nasser Savings Bank가 설립되어 지금까지 무이자 대출, 순례자 대출, 복지연금, 사회보장기금 등의 역할을 담당하고 있으며 최근에는 경제적 프로젝트에도 참여하고 있다.

개도국에서 환영 받는 이슬람 은행

아랍의 원유 수출국들은 1970년대에 풍부한 오일달러를 보유할 수 있었으나 흡수 능력의 부족을 절실하게 체험하였다. 아랍은 투자대상이 갖추어지지 않아 오일 달러가 Eurocurrency 시장이나 Eurobond 시장으로 유출되고 있었던 것이다. 그래서

1970년대 말에 아랍 상업 은행들은 신디케이션을 통하여 오일 달러를 다루기 시작하였다. 그런데 이러한 국제적 자금조작에는 이자가 발생하여 무슬림들에게는 오일 달러의 활용에 문제가 발생하기 시작하였다. 이러한 문제를 해결하기 위하여, 말하자면, 이슬람 교리를 위배하지 않으면서 국제 금융시장에 참여할 목적으로 이들은 Daral Mal al Islami(the House of Islamic Funds)를 설립하였다. 이 조직은 본점을 Bahamas에 두고 영업은 1981년부터 Geneva에서 개시하였다. 예금주의 2/3가 사우디인이고 나머지는 다른 걸프제국의 무슬림들로 구성되며 무다라바 방식으로 사업을 운영하고 있다. Dar al Mal al Islami에도 문제는 남아 있는데 그중에서 치명적인 것은 서구 은행계에서 요구하고 있는 명문화된 약관의 요구이다. 그리고 또 다른 문제는 현지 국 중앙은행의 통화정책을 준수해야 한다는 점과 이슬람 은행과 서구은행사이의 은행 간 결제 시 발생하는 이자가 이슬람 교리에 위배 된다는 점 등이다.

이러한 문제점으로 인하여 서구의 중앙은행들이 이슬람 은행의 서구에서의 영업허가에 대해 소극적인 자세를 보임에 따라 이슬람 은행들은 서구에서 단순한 투자회사로서의 활동을 전개하고 있는 실정이다. 따라서 은행제도를 완전히 이슬람화한 이란과 파키스탄의 은행들은 국내에서는 이슬람 율법에 따라 영업하고 서구사회에서는 이자수수(利子授受)에 참여하는 보통은행 영업을 전개하는 경우도 발생하고 있다.

이와 같이 서구사회에서는 영업상 많은 제약을 받고 있지만 개도국(開途國)으로의 이슬람 은행 진출은 환영을 받고 있다.

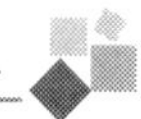

특히 이슬람 국가나 무슬림이 많은 나라에서는 아랍자금의 유입을 위해 그들의 은행제도를 수정해가면서까지 이슬람 은행을 환영하고 있다.

Dar al Mal al Islmi 가 니제르, 세네갈, 수단에 지점과 자회사를 진출시켰고 사우디의 자본인 Faisal Islam Bank가 1977년에 이미 이집트와 수단에 설립될 수 있으며 사우디아라비아와 걸프자본인 Bank of Islam Malaysia 와 Saudi-Philippine Islamic Development Bank가 극동에 설립되었고 International Islamic Bank of Bangladesh가 동남아에 설립되었다. 그런데 이와 같은 이슬람은행의 아시아·아프리카 지역에의 확산은 원소성격의 자금배분이 보타 큰 의미를 가진다. 그 한 가지 예를 보면 Islamic Development Bank는 제 3세계의 금융 사업에 깊이 관여하고 있는데 이름과 달리 은행영업보다는 제3 세계 중 이슬람의 개도국을 돕는다는 원조 기구적 성격이 강한 것이다.

이 은행의 원조활동은 단독 원조는 물론 세계은행 또는 USAID 등 국제기수나 개별국가와의 제휴에 의한 원조도 포함된다.

자본주의경제의 취약점에 대한 대안

이슬람 학자들은 이자의 배제는 궁극적으로 이슬람 경제체제의 구현과 조화를 이루어야 한다고 주장하고 있다. 말하자면, 무이자은행의 연구는 무이자은행의 금융기법, 조직, 제도 등에 대한 단순한 연구가 아니라 빈곤의 퇴치, 정의의 실현, 성장, 안정 등과 같은 이슬람사회의 목적을 달성하기 위한 연구이어야 한다는 것이다. 전 세계 인구의 약 20%를 차지하고 있는 무슬림들은 그들의 신앙생활과 조화를 이룰 수 있는 금융활동을 원하기 때문에 이슬람은행은 이슬람사회의 목적을 달성하기 위한 자금의 동원과 배분에서 성공의 기회가 많은 것이 사실이다.

이슬람은행의 활력적인 확장의 요인으로는 무슬림들의 동질적인 가치관이 그 바탕이 되겠지만 실제로는 은행활동이 효율적인 서비스를 제공하며 저렴하고 안전한 투자에 참여하여 투자수익을 얻고 있기 때문인 것으로 분석되고 있다.

그러나 이슬람 은행의 운영에는 제약이 없을 수 없다. 단체적이고 동질적인 이슬람 집단 외에서의 수용과 운영문제, 이슬람 율법의 완성 당시와 현재와의 시간적 괴리에 따른 현 사회에의 적용곤란성, 이슬람 금융실무에서의 전문 인력의 부족 및 이슬람 은행의 국제화에 따른 전제조건의 해결등 문제가 많은 것이다. 더구나 은행마다 율법이나 계시에 대한 해석이나 적용이 다르고 한 은행에서도 때로는 업무처리에 있어 일관성을 유지하지 못한다는 문제점이 있는 것도 사실이다.

이슬람 사회에서는 이러한 문제점들에 대하여 능동적으로 해결하기 위해 노력하고 있다. 1976년부터 메카에서 여러 가지 문제점을 토론하기 위한 이슬람 경제학 국제학술대회가 정기적으로 개최되고 있으며 1979년에는 이슬람 경제학 전문연구기관인 International Center for Research in Islamic Economics가 설립되었고 이슬람 은행의 전문 인력을 양성하기 위해 Islamic Research and Social Research and Economics가 설립되었고 이슬람 은행의 전문 인력을 양성하기 위해 Islamic

Research and Training Institute를 1981년에, Statistical Economic and Social Research and Training Center를 1977년에 설립하여 운용해 오고 있는 것이다. 또한 International Association of Islamic Banks는 제다에 본부를, 카이로 사무국을 두고 이슬람 은행의 설립자문, 협의회 주관 및 회원 간 사업조정 등의 업무를 취급하는 한편, 연구기능을 담당하고 있으며 International Institute of Islamic Banks and Economics는 1981년에 설립되어 이슬람 은행요원의 훈련을 담당하고 있다.

이슬람 경제학자들은 이와 같이 문제점 해결에 노력하는 한편, 이슬람 은행의 금융질서가 자본주의나 사회주의 취약점에 대한 부분적인 대안(代案)이 될 수 있다고 주장한다. 말하자면, 이슬람 금융은 서구적인 이윤 극대화를 위한 자금 활용에서 규모의 경제적 방식대신 대중의 영세자금(零細資金)도 동원하며 중소기업위의 자금지원에 적합하다는 것이다. 다시 말하자면 이슬람 은행은 이윤분배방식으로 사업에 참여하기 때문에 비 이슬람 은행에서와 같이 고정금리의 부담이 없으므로 중소기업뿐만 아니라 모험 기업에도 투자할 기회가 많다는 뜻이다. 또한 자본주의 경제체제의 스태그플레이션 현상도 이슬람 금융에서는 통화발생에 연결되지 않고 생산적 투자에 연결되므로 인플레이션을 제거 도는 완화시킬 수 있다고 한다.

반면에 이슬람 은행의 국제적 영업의 확산에 대해 비판적인 입장도 있다. 말하자면, 서구에서의 이슬람 은행은 비 이슬람적으로 영업하고 있는 것이다. 그러나 비 이슬람 국가에서의 거래와 비 이슬람국 거주 무슬림에서는 이자의 부과가 가능하다고 보는 현실적 유연성은 이슬람 금융의 발전 가능성을 보여 주고 있다는 점 이외에 어떠한 비판도 있을 수 없을 것이다.

위에서 살펴본 것처럼 이슬람 은행이 아시아·아프리카 지역으로 확산되고 있는 상황에서 우리는 중동지역과의 교역확대를 위해서라도 그들의 금융형태를 알 필요가 충분히 있다. 뿐만 아니라 이슬람 금융기구와의 협력을 위해서도 이슬람 금융에 대한 연구가 필요한 것이다. 이러한 연구를 통하여 서구식 금융의 취약점을 이해하고 재평가하는 기회도 가져볼 만하다고 믿는다[코란의 율법에 따라 이자를 안받는 은행제도, 금융, 전국은행연합회, 1986. 5.24-27].

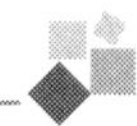

AFMA 국제학술대회에 즈음하여

국제화, 개방화. . . 누구나 입에 바르고 귀에 달고 다니는 말이다. 그러나 실천은 말처럼 쉬운 일이 아니라는 것도 모두들 수긍할 수 있을 것이다. 한국중동학회(KAMES)가 산파역할을 한 동아시아중동학회연합회(AFMA)도 그러한 과정을 거쳐서 오늘에 이르고 있다. 이미 10여년 전부터 동아시아제국의 중동학자들의 모임을 결성할 것을 염원하던 한국과 일본의 중동학자들이 양국의 학술대회에 상호 교차방문과 참여를 거듭하다가 1995면 10월 21일에 서울에서 AFMA 창립대회를 개최하여 성공적으로 출범시키었다. 그 후 각국의 까다로운 비준절차를 마치었으면서도 2년 동안 여러 가지 여건상 그다지 활발한 활동을 시작하지 못하였다. 그래도 어쨌건 이제 AFMA의 사무국은 한국에서 KAMES와의 공조적인 역할을 마무리하고 일본으로 옮겨 가게 되었다.

이번 학술대회의 공식명칭은 한국중동학회 제8차 국제학술대회 겸 동아시아중동학회연합회 제2차 국제학술대회(The 2nd International Symposium of AFMA & 8th International Conference of KAMES)이며 10월 18일(토)부터 19일(일)까지 서울의 명지대학교와 캐피탈호텔에서 치러지게 된다. 약 10여개국에서 참석하는 20여명의 외국학자들을 포함하여 역사상 가장 많은 회원들과 관계인사들이 참가하는 거대한 국제학술대회가 될 것이다. 이번 학술대회의 주제는 2000년대 새로운 중

동: 석유, 사막, 건설(New Middle East beyond 2000: Oil, Desert and Construction)이다.

되돌아 보면 이대회의 조직위원회가 결성되어 활동을 시작하면서 대회개최에 대한 불투명한 전망과 조직간의 위상정립 때문에 한국에서의 10월 개최에 대한 비관적인 견해가 지배적이었던 것이 숨길 수 없는 사실이다. 그러나 어제의 용사들이 다시 뭉쳤다는 말마따나 역사적인 책임 때문에 KAMES 회장 홍순남 교수님과 AFMA 제2차 국제학술대회 조직원원장 송경숙 교수님을 중심으로 다시 의기를 투합하여 성공적인 개최를 기원하면서 지금까지 착실히 추진해오고 있다. 제일 문제가 되었던 재정문제도 학술진흥재단과 동아건설을 비롯한 몇몇 기관들과 독지가들의 후원에 힘입어 AFMA 사무국의 성공적인 이양과 KAMES의 국제학술협력에 대한 저력을 다시 한번 확인시키면서 한국중동학회는 창립 20주년에 걸 맞는 성숙된 모습을 보여줄 수 있게 되었다.

이제 KAMES 회원들은 국내외학술대회를 동일시할 수 있는 수준에 이르게 되었으며 후발 자매학회들에게도 宗家學會로서의 위상정립과 지도적 역할을 자부할 수 있게 되었다. 뿐만 아니라 국제적으로도 중동연구에 대한 짧은 역사에서 비롯되는 컴프렉스를 극복할 수 있게 되었고 아시아 지역은 물론 전세계적으로도 약진하는 모습을 보여줄 수 있게 되었다.

이번의 학술대회가 빛나기 위해서는 회원들의 적극적인 참여가 가장 바람직하다. 회원들의 자발적인 참여가 한국중동학회의 무궁한 발전을 담보할 것이며 바로 그 열매는 회원 각자가 거두

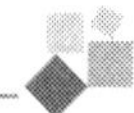

어 가지게 될 것이다. 학회가 회원들에게 무엇을 해줄 것을 기대하지 말고 회원들이 스스로의 발전을 위해 어떻게 학회활동에 참여하면서 학회를 활용할 것인가를 생각하면서 . . . 한국중동학회 회원 여러분들의 물심양면에서의 적극적인 후원을 바탕으로 가능하게 되었다는 것을 다시 한 번 되새기면서 진심으로 감사를 드립니다[제2차 AFMA 국제학술대회에 즈음하여, 한국중동학회소식, 제54호, 1997.10.13].

끝동 이불에 끌려서

1975년도인가 미국에서 처음 공부할 때의 일이다. 당시 나는 학교 도서관에서 소련 책, 중국 책, 북한 책, 몽골 책을 호기심으로 사주경계(?)를 하면서 보면서 뒤적이었다. 지금 생각하면 웃기는 얘기로 들릴지 몰라도 이러한 경험은 나만이 한 것은 아니리라. 당시의 시대상황으로 보아 답답할 정도로 꽉꽉 막힌 공산권 정보 여건에서 그 나라들의 책이 호기심을 끌기에는 당연한 것이었다.

한번은 몽골 책을 뒤적이다가 놀라지 않을 수 없었다. 몽골 정부의 홍보자료로 생각되는데 몽골에 사는 Korean을 소개하면서 단정하게 방안 한쪽에 개어놓은 끝동이불(까만 바탕에 머리 부분에 빨간 동을 댄 이불) 사진을 보면서 놀라지 않을 수 없었다. 몽골에도 한국인들이 살고 있구나 하면서 신기했던 기분이 지금도 되살아난다.

몽골에 대한 관심은 호기심을 더했으며 친구 Bill로부터 많은 이야기를 들을 수 있었다. 그의 이름은 William Roziki인데 한국에서 Peace Corp 일원으로 근무한 적이 있고 한국말도 곧 잘 하여 서로 친하게 지냈다. 그런데 그가 공부하는 분야가 Inner Asia Study 이어서 몽골 이야기를 많이 들었다. 당시 그의 관심은 일본이 몽골지배를 위하여 몽골인 들에게 가르쳤던 일본어 교과서를 연구하는 것이었다. 물론 한국인들에게 가르쳤던 일본어 교과서와 비교연구 하는 것이었다.

이러한 상황에서 나는 공부를 마치고 1977년 귀국하게 되어

Bill과 헤어지게 되었으나 그가 연애하고 결혼하고 아이들을 키우면서 우리는 가끔 만나면서 우정을 이어가고 있다. 이제 그도 미국에서 저명한 Mongolist가 되었으니 세월의 무상함을 또 한 번 느끼게 된다.

그 후 내가 몽골 사람들을 만나는 것은 한참을 기다려야 한다. 1991년 11월 타이페이에서 개최되었던 제21차 ICWP (International Confederation on World Peace) 국제학술회의에서 몽골의 Sukhragchaa Nyamzagd(Rector, Institute of Commerce and Business)을 만나게 되었다. 당시 그는 몽골 대표로 참석하였는데 바로 옆방에 투숙하게 되었다. 그러나 당시만 하여도 공산국가인 몽골의 학자를 만난다는 것은 좀 꺼리는 상황이었다. 그래서 그 때 맺어진 그와의 친교는 지금까지 이어져 오고 있다.

냠쟈은 귀국하여 나에게 The 6th International Congress of Mongolists(Ulaanbataar: 1992.8.9~8.18)에 참석해 달라는 초청장을 보내 주었다. 당시 몽골에 입국하기 위하여 북경에서 비행기를 갈아탔는데 누군가가 나를 찾고 있었다. 그가 바로 Orchisk 이었는데 그는 냠쟈의 제자이었고 북경에 있는 UN기관에서 근무하였다. 마침 냠쟈이 그에게 나를 북경에서부터 나를 마중하라고 하여서 그와 함께 몽골로 들어가게 되었고 몽골에서 나의 안내를 맡아주어서 첫 번째 몽골여행은 너무 재미있었다. 당시 냠쟈선생과 하구와선생이 베풀어준 순수한 친절의 추억을 간직하고자 지금도 나의 몽골로의 발길은 이어지고 있다.

Ulaanbataar 공항에 도착하자마자 난데없이 눈보라가 몰아쳐서 당황했던 생각은 지금까지 잊혀지지 않는다. 제6차 IAMS (International Association for Mongol Studies) 대회에 한국 학자로는 나와 손경자교수(세종대)를 비롯하여 몇 분만이 공식 초청자이었던 것으로 기억되며 논문(Lessons from Korea to Mongolia-Comparative Economic Development Context)을 발표하였고 분과회의 사회도 맡았다.

그리고 대통령궁 Ikh Tenger에서 숙식을 했는데 한국사람은 나 혼자이었고 흔한 영어도 잘 통하지 않는 생경한 지역에서의 첫 경험이어서 지금까지도 잊지 못할 추억거리로 남아 있다. 당시 몽골은 체제전환기에 있었기 때문에 곳곳에서 나타나는 체제 말기 현상을 너무나 생생하게 보고 느끼었다. 텅텅 빈 국영상점 판매대에는 양파 몇 개가 올려져 있는 것이 고작이었고, 공설시장에서 입장료 징수, 간단사에서의 춘화 판매 등 나를 당황하게 한 것이 한 두 가지가 아니었다.

어느 절에서인가 휴대용 카메라를 들고 들어가자 촬영료를 별도로 내어야 했다. 이는 다른 나라에서도 간혹 있는 일이어서 뭐 대수롭지 않았지만 사진을 몇 장 찍겠느냐? 큰 부처를 찍겠느냐, 작은 부처를 찍겠느냐(큰 부처만 찍을래도 옆의 작은 부처까지 찍히는데...) 꼬찌 꼬찌 물어서 가격을 달리 매기었다. 좀 불만을 이야기하면 자본주의나라에 살면서 그것도 모르느냐는 둥 핀잔을 하면서 깎아주기도 하였다.

은행에서 돈을 바꾸려면 적당히 집어주고 좀 더 달라면 더 집어주는 경우도 있었고, 한 웅큼 몽골 돈을 바꾸어서 쓰다보면, 쓰고 또 써도 남았으니 화폐개념이 아예 모자라는 것이었다. 특

히 공항에서 Nancy라는 미국학자가 출국할 때에 있었던 일인데 그녀가 기념품을 사가지고 나가는 모양인데 그것이 반출 금지품목에 해당되는지 돈을 내면 가지고 갈 수 있다고 했다. 그런데 몽골 돈으로 내려니까 당연히 거절당해야 했고, 여행자 수표, 몽골 돈과 달라 돈을 털어서 합쳐 내려해도 안 받아주고, 카드로 내려니까 받아줄 리도 없었다. 오직 달러만 고집하고 통과를 안 시키는 것이었다. 맨 나중에야 어떻게 할 수 없었는지 그 동안 떵떵거리던 자세도 사라지고, 그리고 질긴 애원과 협상도 없었다는 듯이 그냥 통과시키었으니 한동안 애타던 마음 끝이라 구경하던 사람마저 허탈할 뿐이었다.

그 후 한몽경제학회 주체의 학술대회(1996.7.5~7.12)에 참석하여 논문(Tourism Development Strategy in Mongolia for their Cooperative Context between Korean and Mongolia)을 발표하였고, 이어서 The 7th International Congress of Mongolists(Ulaanbataar, August 11~15, 1997)에 참석하여 논문(International Comparison of Disadvantages for Mongolian Economic Development)을 발표하였다. 이 회의에서 나는 IAMS의 Editor를 맡게 되었다. 지난해에는 The 8th International Congress of Mongolists(2002.8.5~8.12)에 참석하여 논문(Thinking about Korea-Mongolia FTA)을 발표하였으며 IAMS의 executive council member도 맡게 되었다.

다음으로 내가 몽골을 찾은 것과 달리 다양한 학회활동을 통하여 몽골학자들을 한국에 초청하였다. 그 중에서도 동아시아중동학회 연합회 창립총회(AFMA: Asian Federation of Middle

East Studies Associations, Seoul, 1995)와 제2차 서울대회(Seoul, 1997), 그리고 제3차 동경대회에(Tokyo, 1999) 그들을 초청하였다. 지난해에는 냠쟈을 중심으로 몽골중동학회를(Mongolian Association of Middle East Studies) 창설하였으므로 올해 여름 Ulaanbataar 대회에 한국 학자들은 물론 동아시아의 중동학자들이 많이 참석할 것으로 기대된다. 그밖에도 한국동북아경제학회 학술대회에 처음으로 초대 주한몽골 Urjinlhundev 대사를 초청하여 평양말투의 특강을 들은 것을 비롯하여 학술교류가 많았고 작년 말에도 명지대 경제경영연구소 국제학술대회에 몽골학자 몇 분을 초청하여 한몽학술교류를 나름대로 다양하게 전개하였다.

이러한 학술대회를 통하여 몇 가지 아쉬운 점은 내가 아직 몽골 말을 배우지 않아 불편한 점이 많다는 것과 많은 한국의 학자들의 몽골에서의 수많은 학술대회에 참여하고 있지만 국제학술대회에서 아직은 마음 놓고 세계의 학자들과 자연스럽게 토론할 수 있는 학자들이 많지 않다는 것이 역시 우리 학계에서도 아쉬운 점이라 하겠다. 하지만 앞으로는 이러한 시행착오가 반복되리라 생각하지는 않는다. 왜냐하면, 몽골에서 공부하는 한국 학생들과 한국에서 공부하는 몽골의 학생들이 점점 많아지고 있어서 국제학술대회의 어색함은 이제 한낱 추억거리가 될 날들이 가까워 오고 있기 때문이다. 어쨌든 나의 젊은 시절 끝동 이불 사진에서 끌려서 비롯된 몽골에의 관심은 아직도 내 마음을 몽골연구에 묶어 두고 있다[2007.03].

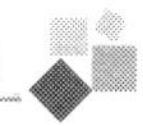

MAMES 참가낙수

몽골중동학회(MAMES: Mogolian Association of Middle East Studies)의 창립학술대회가 2003년 9월 19일에 Ulaanbaatar 소재, Institute of Commerce and Business(ICB), Conference Room 205에서 개최되었다. 한국에서는 본인과 홍성민 박사, 그리고 몽골과 중동에서 사업을 하는 기업인 4명을 포함하여 6명이 참가하였다. 그동안 참가하고 싶었던 한국중동학회(KAMES) 회원들이 많았지만 학기초이어서 인지 많이 참가할 수 없었다.

우리는 9월 18일에 도착하여 Puma Hotel에 투숙하였다. 오후에 Ulaanbaatar 시의회를 방문하여 시정 브리핑을 들었다. 몽골경제의 개혁개방의 성공적 결과를 Ulaanbaatar 시내 곳곳에서 빙빙 돌아가는 tower crane이 웅변하면서 생기를 뿜어내고 있는데도 시의회 사무총장은 실업문제를 화제로 삼았다. 사회주의 시절에 취직걱정은 없었지만 시장경제체제로 전환되면서 실업문제가 대두되었다. 더구나 대학에서 한국어학과가 인기가 있어서 일년에 200명 정도 배출되지만 취업문은 좁은 것이 문제라고 하였다. 시정브리핑과 환담에 이어 시내 관광을 마치고 Puma Hotel에 마련된 MAMES 회장주최 환영만찬에 참석하였다.

다음날인 19일에는 아침 일찍이 학술대회가 시작되었다. 참석인원은 약 30명 정도이었지만 회원들과 전문가들만이 참석한 실질적인 학술회의 형식이었다. 아침부터 저녁까지 한사람도 자리를 뜨지 않고 진지하게 참여하는 것에 매우 감명 받았다. 대부분이 몽골어로 발표되었지만 간간이 한글로 통역을 해주는 편의도 제공받았다.

MAMES 회장인 ICB의 S. Nyamzagd 총장의 개회사에 이어 전 AFMA 회장으로서 본인의 격려사, 그리고 내빈들의 축사로 개회식이 마무리되었다. 이어서 P. Lkhagvasuren의 State policy of studying and training in abroad, research possibility of exchange students in Middle East에 대한 발표에 이어, 본인이 Iraqi war and Korean action, A. Bakei의 Sustainable development of livestock in Mongolia를 발표하였다. 이어서 교수식당에서 오찬이 있었고, 오후에는 홍성민 교수가 The Medieval trade between China and the Middle East, J. Oktyabri가 Relations between Mongolia and Middle East countries를 발표하였다. 오후 5시가 넘어서야 round up session으로 마무리되었다. 만찬은 한국측에서 청솔 클리닉 이승주 회장이 마련하였다.

20일 오전에는 한몽합작으로 신축중인 축산가공공장을 방문하였다. 한국의 부림산업이 동양엔지니어링의 축산가공 플랜트를 설치하고 있었다. 사장은 매우 의욕적인 분으로 한국과의 무역에 관심이 많았다. 그는 역경을 이긴 기업인을 존경한다고 하며 '개발연대 초기에는 정치가 경제를 지배하지만 개발후기에는 경제가 실질적으로 정치를 지배하게 된다'는 개발연대의 정경유착의 논리를 선험(先驗)하는 것이 인상적이었다. 그가 몽골최고

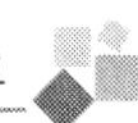

의 한식당 칭키스칸에서 베풀어준 오찬은 지금도 잊어지지 않는다. 몽골을 여러 차례 다녀본 나에게도 기억에 남을 만한 환대이었다.

오후에는 건설회사를 방문하여 몽골에서의 건설사업에 대한 브리핑을 들었다. 건설회사들은 현재 Ulaanbaatar 시의 건축 붐과 관련하여 최대의 경기를 즐기고 있었다. 토지 임대에 대한 열정은 한물간 느낌을 받았고, 건설현장에서 저임, 양질의 중국인 노동자들을 대거 고용하고 있어서 상당한 흑자경영을 하고 있었다.

21일 아침에는 다시 그 건설회사에서 커피 타임을 가졌고 우리를 위해 별도로 마련한 민속공연이 1시간 가까이 이어지는 환대를 받았다. 이어서 시 외곽으로 나가 몽골인들의 별장인 여름집 시찰과 gel을 방문하였고 그림 같은 초원을 걸었다. 특히 인상적인 것은 몽골인을 부인으로 맞이한 독일 맥주회사 Hamburg Beer 사장이 Ulaanbaatar 외곽에 신축, 개업하여 6개월 밖에 안되었지만 Ulaanbaatar의 명소가 된 중국풍의 Hotel Mongolia를 방문한 것이다. 그곳에 갔을 때에는 마침 결혼식이 있어서 하객이외는 출입이 제한되고 있었지만, 몽골 신흥부자들의 호화결혼식을 본 것이 매우 인상적이었다. MAMES의 S. Nyamzagd 회장이 주최한 환송연도 Hotel Mongolia에서 있었다. 너무 인상적이어서 자리를 뜨고 싶지 않을 정도이었다. 밖으로 나오니 서성이기에는 너무 쌀쌀한 날씨이었고 겨울이 벌써 가까이 온 것 같았다.

19일에 도착하여 22일에 귀국하기까지 MAMES에서 베풀어준 친절과 환대는 참가자에게는 단순한 학술교류를 넘어서 한몽 간의 문화이해와 친선을 다지는 초석으로 남을 것이고, 내년 10월에 부산에서 개최되는 제5차 AFMA 대회에서 재회하자고 다짐하였다[MAMES 창립기념 국제학술대회에 즈음하여, 한국중동학회소식, 제73호, 2003.5.13].

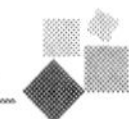

한국과 연변 경제학계간 교류협력의 회고

1. 교류협력의 배경

내가 1990년 한국경제학회 사무국장을 맡으면서 해야 할 일은 많았다. 제일 큰일은 재외한국인경제학자들이 한자리에 모여서 국제학술대회를 하는 것이었다. 이것은 전두환 대통령이 집권(1981~1988)하면서 미국에 있는 한국인 경제학들이 조국의 경제에 대해 말이 많은데 그들의 이야기를 들어 보자는 데서 출발하여, 1자 대회(이현재 회장/박재윤 사무국장 팀, 1984), 2차 대회(박기혁 회장, 정창영 사무국장 팀, 1986), 3차 대회(정도영 회장, 김기태 사무국장 팀, 1988)까지 치렀다. 이어서 4번째 대회를 김윤환 회장(金潤煥, 단국대 교수 겸 고려대 명예교수)을 모시고 내가 사무국장으로서 학술대회를 총괄하여야 했다.

1990년 2월 어느 날 서울 남대문 부근, 대한상공회의소에 있는 한국경제학회 사무실에 초로(初老)의 신사가 찾아왔다. 연변대학의 최룡학(崔龍鶴) 교수였다. 반가운 소님이었다. 우리들은 중국 소식, 연변 소식, 연변대학 소식, 연변 경제학계의 소식과 한국의 경제학계 소식들에 대해 서로가 많은 이야기를 나누었다. 그리고 앞으로 서로 협력할 방향에 대해서 진지한 이야기를 나누었다. 마침 한국경제학회는 제4차 국제한국인경제학자 학술대회를 치러야 할 계획이 있으므로 호재를 만나게 된 것이다. 최교수께서 귀국하면 연변대학을 비롯하여 소위 조선족 경제학자들과 많은 협조를 하기로 하였다.

그 후 얼마 지나지 않아 심수(沈圳)를 경유하여 서울에 온 연변대학의 최훈(崔勛) 교수가 찾아왔다. 똑 같은 상황이었다. 그래서 최훈 교수로부터 중국과 연변의 한국인 경제학자들에 대해 많은 것들을 알 수 있었다. 물론 최훈 교수에게 발표를 부탁했다. 그가 논문 쓸 준비기간도 부족했지만 일단 연변 학계를 소개하는 것이 중요하기 때문에 참여하기로 하였다.

그 동안 국제한국인경제학자 학술대회에는 재미한국인 경제학자들로 초청대상이 한정되었던 것을 제4차 대회부터는 재외 한국인 경제학자들로 대상을 넓혀 일본, 중공, 소련, 북한까지 포함하여 사회주의권의 학자들을 대거 초빙하기로 하였다. 당시 냉전의 벽을 허무는 학계로서의 일조(一助)를 위한 것이었다.

당시에는 소련과 중국 같은 사회주의 국가들과의 교류는, 물론 학자들의 교류까지도, 매우 불편한 상황이었다. 중국의 학자들이 한국에 오거나 한국 학자들이 중국을 방문하는 것은 상당한 제약이 따르고 불편하였다. 마침 냉전시대가 막을 내리고 사회주의권에서 개혁개방의 시동을 걸렸던 시기였으므로 서로 방문하여 학문적인 교류를 한다는 것은 역사적 전환점을 마련한 것이었다. 그러한 사실(史實)은 아래와 같은 내용의 신문 기사들로 기록되었다.

한국경제학회(회장 金潤煥, 단국대교수)는 1990년 8월 16~17일 이틀간 고려대학교 과학도서관에서 '주요국의 대외경제전략과 한국경제'를 주제로 한 제4차 국제한국인경제학자학술대회를 개최하였다. 이 학술대회에서는 미국, 캐나다, 일본, 소련, 중

국 등지의 한국인 경제학자 50여명이 참석, 국내학자 130여명과 함께 논문 발표 및 토론을 펼치었다. 특히 중국학자들이 많이 참석하였고 그 중 발표자는 김명선(뇨녕대), 김희재(동북사범대), 김화림(연변대), 오봉식(연변대), 장세화(길림대), 이문철(길림대), 최훈(연변대), 김동(연변대), 이문철(李文哲, 길림대), 임창배(林昌培, 길림대), 최태은(崔泰殷, 천진동북아연구소) 교수들이 발표와 토론에 참여하였다(각종 일간지).

북한 학자들의 참가에 대해 초빙을 하였으나 참가하지는 않았다. 아직도 기억에 남는 것은 1960년대 모스크바 대학 경제학과에서 공부하던 동급생들인 중국 뇨닝대학의 김명선 교수와 러시아 국책연구기관인 세계경제국제관계연구소(IMEMO, Institute of World Economy and International Relations)의 블라디미르 정(鄭英助) 교수를 초청하였는데 그들은 헤어진 후 처음으로 한국경제학회 리셉션에서 만났으며, 〈매일경제〉 신문에서는 기사로 다루어주기도 하였다. 또한 미국 뉴욕주립대학(Albany)에서 같이 공부했던 박승헌 교수(朴承憲, 연변대)과 박승준 교수(단국대)도 서울에서 다시 만나는 계기가 되었다.

그 후 나는 중국 사회과학원 세미나 참석 및 중국경제특구 시찰에 참여하였고(1991.7.17~7.28), 이어서 열리는 중국 연변대 제2차 조선학 학술대회에 참석하여 발표하고, 사회와 토론에 참여하였다(8.7~8.21). 1993년 여름에 연변대학 학술행사에 참석하였고, 경제학부 겸직교수 위촉장 수령하였고(1993) 장춘, 연길, 훈춘 등 두만강지역 산업고찰 및 백두산 순례를 할 기회를 가졌다. 이어서 중국연변대학과 한국동북아경제연구소가 "개혁

개방과 중국 경제", 국제학술토론회를 공동주최하여(1999.1.3~1.9) 최초로 관련학회간의 학술교류의 계기를 마련하였다.

그 동안 연변대 교수들과 한국의 교수들이 양측 관련 대학에 초빙되어 강의를 하기도 하였으며, 나도 2003년 2학기에 연변대학 대학원 경제학부에서 한국경제론 강의를 하고 객좌교수로 임명 되었다(2003).

당시 연변 경제학계에서 한중경제학계의 교류를 주도한 학자는 연변대의 경제학부의 원로이었던 최룡학 교수와 더불어 박승헌 교수가 있다. 박교수는 연변학계와 사회에서 촉망되는 학자로서 한중학술교류협력에 많은 기여를 하였다. 이 두 학자의 한국에서의 주요 학술활동과 두 분들의 양국간 학술교류에 대한 회상은 필자의 정년기념저서에 정리하였다.

2. 초기 유학생들

초기 유학생들로는 연변대학에서 최훈, 이동진, 박영일, 강정모 교수들이 한국에 박사과정으로 유학을 오게 되었고, 이어서 현동일, 김정희, 이광훈, 이영철, 심철, 석경화, 김창도 교수들이 뒤따라 한국에 유학하여 학위를 취득하였다. 초기 유학생들은 한국에서 학업과 생활이 결코 쉽지 않았지만 모두가 잘 견디어 무사히 마치게 되었다.

한국의 최초 중국 유학생들도 나와는 남다른 사연이 많다. 초기 유학생들 중 남기고 싶은 학생은 최초 중국 유학생인 강희정 교수와 윤승현 교수를 들 수 있다. 강희정교수는 인민대학에서 한국인 최초로 경제학 학위를 하였으며, 윤승현 교수는 연변대

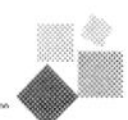

에서 경제학 석사와 길림대에서 경제학 박사학위를 취득하였다. 강교수는 한국학계와 연변학계의 교류에 헌신적인 노력을 하였다. 특히 한국에서 중국관련 학회에서의 사무국장과 회장으로서의 학술교류에 주요한 역할을 하였다. 윤승현 교수도 연변대에 재직하면서 한국의 학계와 연구소의 한술 교류에 많은 노력을 기울이었다. 특히 두만강 개발과 투자협력에서도 한중간 산학협력의 산파적인 역할을 담당하였다.

나와 최룡학 교수와의 연구협력도 기록에 남기고 싶다. 학회차원의 협력은 꾸준히 추진되었고 최교수를 비롯한 연변대 교수들과 나는 많은 서서를 공저로 남기었다. 이래와 같이 무려 6권을 함께 저술하였다. 그중에서 최초의 저서인 전환기적한중경제론(轉換期的韓中經濟論, 1992.5)은 중국길림성(中國吉林省) 우수성과평심위원회(優秀成果評審委員會)로부터 길림성(吉林省) 사회과학(社會科學) 부문의 〈사회과학우수성과상장려등급(社會科學優秀成果償奬勵等級) 3〉이라는 좋은 평가를 받았다.

- 1991. 3 *전환기의 한중경제론*, 최용학과 공저, 서울: 명지출판사(한중학자의 최초공저)
- 1992. 3 *동북아경제론*, 최용학, 박승헌과 공저, 서울: 명지출판사
- 1993. 6 *두만강개발*, 최심(최용학과 심의섭 필명), 중국 연길: 연변대학 출판사
- 1993.12 *두만강은 부른다*, 최용학과 공저, 서울: 한백사
- 1994.12 *중국동북경제론*, 최용학, 강희정과 공저, 서울: 도

서출판 삼문

2000. 3 *중국의 개혁개방과 동북아경제연구*, 현동일, 왕동양, 김화림 등 공저, 중국, 연길: 연변대학출판사

이러한 역사적 배경에서 이제 한국과 연변대학과의 경제학 부문에서의 교류와 협력은 매우 활발하게 이루어지고 있다. 특히 한국에서의 학위 취득자들 중 최훈 교수는 남개대학, 이광훈교수는 항주, 해남, 상해의 대학에서 교수직을 맡는 등 중국 전역에서 학계와 관계 사업부문에서 활발한 활동을 하고 있다.

이와 마찬가지로 중국에서 경제학 학위를 취득한 한국의 박사들, 강희정 박사(한밭대)를 비롯하여 대부분이 유수대학의 교수직을 맡거나 연구소에서 활동하고 있다. 이뿐만 아니라 중국학생으로서 한국경제학 학위 취득자들이 한국에서 강의를 맡고 있으며, 중국에서 경제학 학위를 취득한 한국 박사들도 중국대학에서 교수직를 맡고 있다. 이처럼 경제학 부문에서의 상호협력은 양방향으로 이루어지고 있다.

3. 한중사회과학학회의 창립

그중에서도 강조할 것은 한국과 연변의 경제학자들이 주축이 되어 한중간의 한중사회과학 학회를 창설하여 활발한 활동을 하고 있다(2003년 2월 19일 창립).

중국학생으로서 한국에 최초로 유학 온 학생들은 모두 연변대학의 최룡학 교수를 비롯한 교수들과 모두 연계되어 있다. 최훈 박사(남개대), 박영일 박사(중앙정부 소수민족 담당), 강정모

박사(국제 컨벤션 및 컨설팅), 이동진 박사(남개대), 김정희 박사(청도대) 등이다.

그리고 한국 학생으로서 중국에 최초로 유학한 학생들은 강희정 박사(한밭대)를 중심으로 하고, 국내박사로는 성시일 박사(한림대)를 중심으로 하여 기초를 다지게 되었다.

이러한 초기의 유학생들의 모일 수 있는 기회를 만들고자 하여 최초의 한국유학생들과 최초의 중국유학생들은 함께 모이는 장소와 기회를 제공하기 위해 조직한 것이 한중사회과학학회이다. 2003년에 창설하여 2006년까지 필자가 초대 및 2대회장을 맡아서 일하였다. 그 후 한중사회과학학회로 이름을 바꾸어 장족의 발전을 거듭하여 오늘에 이르고 있다. 내가 참가했던 주요 학술대회로서는 연변대학, 산서대학, 우루무치대학, 신강대학, 티베트 학술대회 등이 떠오른다. 이학회의 창립임원(charter member)들은 자기의 역할을 마치고 이제 제2단계의 도약을 하면서 한중간의 사회과학 분야에서 두드러진 활동을 하고 있다.

학회 창립 임원진(2003.2)

초대회장 : 심의섭(명지대)

감　　사 : 박인성(국토연구원)

수석부회장 : 문정구(건국대)

부 회 장 : 한국/김세영(단국대), 중국/박승헌(연변대)

총무이사 : 한국/강희정(한밭대), 중국/이광훈(항주상학원)

국제이사 : 한국/박상수(충북대), 중국/강정모(중국인민대)

학술이사 : 한국/이정표(부산대), 중국/최훈(남개대)
편집이사 : 한국/성시일(인하대), 중국/심철(청도대)
환황해경제협력 위원회: 한국/이상직(인천발전연구원),
중국/박영일(청도대)

이제는 한국과 연변간의 학술협력이라기 보다는 한국과 중국과의 학술협력이란 차원으로 공간이 확대되고 있다. 뿐만 아니라 조선족의 협력이란 한계를 벗어나 모든 중국학자들과 한국학자들간의 교류로 진화되고 있는바 이러한 경제학부문에서의 한중간의 학문적인 교류협력의 기초는 연변대학을 중심으로 다져져왔다고 해도 과언이 아니다. 앞으로는 글로벌시대에 어울리는 국제무대에서의 상호협력으로 전개되어야 한다는 역사적인 사명이 기다리고 있다.

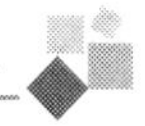

한국과 사우디에 친선의 표상을 만들자

2012년 10월 16일이면 한국과 사우디아라비아가 외교관계를 수립한지 50주년이 된다. 두 나라는 그동안 경제개발기간 동안 매우 돈독한 관계를 유지하여왔고 앞으로 더 좋은 관계로 이어나가기 위해 할 일이 많다. 그동안 사우디는 한국에 원유를 공급해주고, 우리에게 커다란 건설시장과 인력시장을 제공해 주었다. 그리고 한국도 사우디 개발사업의 건설현장에서 피와 땀을 흘려가며 개발프로젝트에 참여하여왔다.

70년대부터 사우디는 한국 해외건설의 최대 건설현장 이었고 건설인력이 가장 많이 파송되었던 곳이다. 지금은 상황이 달라져서 사우디 건설시장도 전과 달리 고급화되었으며, 한국도 이제 토목, 건축 분야의 단순시공이 아니라 석유화학 플랜트사업에 경쟁적으로 참여하고 있다. 그 만큼 사우디 시장도 변화고 한국이 참여하는 사업도 달라져서 지금은 새로운 건설협력을 하고 있는 상황이다. 전에는 두 나라간의 경제협력이 주로 원유수입과 건설공사의 수주가 대부분이었지만 요즘은 건설뿐만 아니라 무역과 서비스, 사회문화부문까지 협력부문이 다변화되고 있다. 따라서 한국과 사우디의 협력 부문도 다양화되어야 하고 한 단계 높은 차원에서 이루어져야 한다.

내가 사우디를 처음 방문한 것은 1977년 여름이다. 그 후 내가 중동을 다닐 때마다 비행기에서 사우디 사막에 군데군데 모아져 있는 커다란 파란 바둑알 같은 원형 농장을 조감(鳥瞰)하든 것이 지금도 머릿속에 잔상(殘像)으로 남아있다. 당시 나는 한국의 해외건설산업에 대한 연구에 몰두하고 있었던 터라 사우디 방문은 소중한 기회이었다. 특히 내가 편집한 "중동의 해외건설(Korean construction in the Middle East)"이란 책에 한국의 사우디 진출의 이정표인 고속도로 공사 착공식 사진을 넣었으므로 사우디 건설현장을 찾는 다는 마음에 가슴이 사뭇 설레든 것이다. 나의 방문 목적은 지다와 주바일에 있는 한국건설업체 현장을 답사하는 것이었다. 특히 주바일 산업항건설현장을 방문하였던 때의 감동은 지금도 새롭다. 당시 주바일 산업항건설 프로젝트는 한국의 해외건설사상 최대의 프로젝트이었다. 그 때 건설현장에 일하였던 회사의 임직원이나 근로자들의 부지런히 일하던 모습이 떠오르고 있다. 공사 현장에서 식사를 함께하고 근로자들을 위한 영화 관람을 함께 하였는데 그들이 나를 보는 눈초리들의 예사롭지 않던 모습이 지금도 눈에 아른거린다.

사우디의 개발 붐에 한국이 본격적으로 참여하면서 한국의 경제의 선진화와 글로벌화의 초석이 다져지게 된다. 당시 한국은 여러 측면에서 고립된 국가, 냉전의 희생물이었는데 중동에 진출하면서 새로운 세계로 나아가게 되는 계기를 맞았다. 한국과 사우디간의 경제협력이 한국사회에 미친 영향을 몇 가지로 정리해보자.

첫 번째는 사우디는 신뢰와 경험에서 열위에 있던 한국 건설업체에게 공사를 맡기어서 고마운 것이었다. 또 한국의 근로자들은 열심히 개발사업과 공사를 성공적으로 마무리하여 한국은

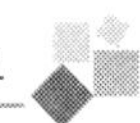

필요한 외자를 마련할 수 있었으므로 사우디 경제도 발전하고 한국의 경제도 발전하게 되었다. 말하자면, 당시 한국은 미국과 일본에 편향적인 의존형 경제구조를 가져서 국제경쟁에서 전략적으로 취약할 뿐이었다. 그런데 사우디와의 건설협력으로 한국의 사업가들은 경쟁이 치열한 국제건설시장에서 경영노하우를 배양할 수 있는 기회를 맞이하고 기회를 최대한 활용한 곳이 중동의 건설현장이었고 한국경제의 국제화의 초동단계(初動段階)로 활용하였다.

두 번째는 냉전시대에 한국인들에게는 외국하면 서양으로 의식이 고착되었었는데 그러한 시각을 과감히 교정하는 기회를 맞았다. 서양도 아니고 동남아도 아니고, 공산주의 국가도 아니고, 종교적으로도 생소한 제3의 세계, 아랍세계가 국민들의 의식 속에 새롭게, 그리고 확실하게 자리매김을 하게 되었다. 세계관의 편향된 구조를 허무는 기회이었다.

세 번째는 문화의 충격이다. 한국이나 동양권은 주로 유교문화나 불교문화가 전통문화이었고 근대에 들면서 기독교를 비롯한 서양문화가 보편적이었던 상황이었다. 그런데 동양문화도 아니고 서양문화도 아닌 아랍문화, 이슬람 문화가 한국에 소개된 것이다. 이슬람이 경이롭고 신기하게 보일 수밖에 없었을 뿐만 아니라 자신의 위치를 확인하려는 의식이 깨어나기 시작했다.

그 이전에는 한국 사람들에게 중동과 이슬람 사회가 알려지지 않았다. 하지만 한때, 한해만도 100만 명이 넘는 건설근로자들이 아랍사회를 체험하고 돌아오면서 이슬람문화의 이해가 필요해졌다. 물론 사우디나 아랍사회에서도 한국에 대한 이해가 새로워질 수밖에 없었다. 하지만 오늘날에는 한국과 사우디가 밀접한 관계를 유지하면서 세계무대에서 새로운 협력의 관계를 만들어가고 있다. 정치, 외교, 경제, 문화, 종교, 사회면에서 새로운 관계를 구축하고 있다.

한국과 사우디는 수교 60돌을 맞으면서 두 나라는 새로운 차원에서 성숙한 파트너로서 협력관계를 다져나가야 한다. 새로운 관계는 신냉전시대의 사고는 물론 아니어야하고, 글로벌시대에 맞도록 경제 뿐 만 아니라 모든 면에서 성숙한 파트너십으로 발전시켜야 한다.

그렇지만 아직도 많은 한국인들에게 사우디는 생소할 뿐이다. 이에 대한 제안으로는 이제는 무엇보다도 소프트 파워, 특히 교육과 문화협력이 활발해져야 한다. 이러한 점에서 필자는 아래와 같이 세 가지를 제안하고 싶다.

첫째는 두 나라 사이의 교육협력이다. 특히 한국의 입장에서 보면 요즈음 이슈가 되고 있는 이슬람 금융 분야 이다. 이슬람의 이해와 이슬람 금융을 한국사회에 소개하고 착근(着根)시켜야 하고, 국제금융시장에서 협력하기 위해서는 한국은 이슬람 금융을 깊이 알아야한다. 마찬가지로 아랍 금융전문가들도 한국의 금융을 알아야한다. 따라서 이슬람 금융과 관련된 한국학생의 사우디 유학, 사우디 학생의 한국유학을 많이 권장해야한다.

둘째는 사우디학생의 한국 유학생활을 보면서 느낀 것이다. 누구든지 일류 학교에 가고 싶어 한다. 그런데 일류 학교에 가

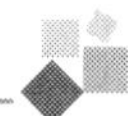

면 대체로 공부에 시달리다 한국생활을 제대로 접할 기회가 많지 않을 수 있다. 하지만 경쟁이 심한 그런 대학보다는 좀 자기 적성에 알맞는 학교로 가면 친구도 많이 사귀고 유학기간에 한국말도 제대로 배우면서 학교생활을 즐길 수 있고, 졸업 후 사회생활에서도 많은 친구들과 좋은 관계를 유지하는 것을 보았다. 한국유학에서 교육과 더불어 한국사회를 잘 이해하는 유학생활을 권하고 싶다.

셋째는 사우디아라비아의 문화센터의 건립이다. 한국과 이슬람관계는 600~700년 전으로 거슬러 올라간다. 예성강 하구, 지금의 개성공단 인근에 있었던 벽란도는 고려 말에 고려와 무슬림 상인들이 활발하게 교역하였던 곳이다. 따라서 통일한국시대를 겨냥하면서 벽란도를 리바이벌 시키면 좋겠다. 개성공단과 서울과 인천을 잇는 적당한 곳에 사우디문화센터건립을 건의한다. 다른 차원에서도 아랍문화센터 또는 이슬람 문화센터의 건립이 필요하다. 왜냐하면 지금 한국사회에는 약 12~13만 명의 무슬림이 있고, 또 무슬림과 결혼한 가정의 자녀들이 자라고 있다. 그들의 이슬람문화에 대한 접촉을 확대하기 위해 이슬람 문화센터의 건립과 충실한 운영이 필요하기 때문이다.

넷째는 한국의 적당한 도시에 도로 이름을 '리야드거리', 또는 '사우디 길'을 만들고 사우디에도 적당한 도시에 '꾸리에 거리'나 '한국 거리', 또는 '서울거리'를 명명하여 양국의 개발협력시대의 친선과 우정을, 미래의 공동번영을 염원하면서 거리이름을 지으면 어떨까? 이러한 사례는 한국과 이란간에 만들어진 '테헤란로'가 서울에 있고, 테헤란에는 '서울의 거리'가 있다. 또 한국과 몽골과의 친선의 표상으로 몽골의 수도 울란바탈에는 '서울의 거리'가 조성되어 있다. 이 뿐만이 아니라 한국에는 6·25 한국전쟁에 참여한 국가들의 참전기념비가 곳곳에 설립되어 있다. 사우디 건설현장에 참여했던 한국의 건설인력이 연인원 수백만 명이 되는데 사우디 건설현장에서 땀 흘리면서 오늘의 사우디건설에 참여했던 것을 기념하기 위해 사우디에 한·사 친선공원, 코리아 센터, 또는 아리랑센터를 만들고, 한국에도 이슬람 문화센터, 사우디문화센터가 더 많이 만들어 지기를 바란다 [2011.12].

추억에 맴 돌며

해외건설과 국제인프라

여러 나라에 영향 미치는 거대한 시설공사(施設工事):
한·일 해저(韓·日 海底)터널도 국제인프라중의 하나

지금으로부터 사오백 년 전 서양이 동양문명을 배우기 시작할 때 서양사람 들은 중국의 운하제도를 선진문명으로 찬탄하면서 운하건설을 유럽에 도입하기 위해 많은 노력을 하였다. 1969년 아폴로 11호 선장 암스트롱이 처음으로 달에 착륙하였는데 그가 지구를 보면서 육안으로 확인할 수 있는 인간이 만든 구조물은 만리장성이 유일한 것이라고 말하였다.

이 같은 수양제대운하(隨陽帝大運河)와 만리장성처럼 공사규모가 크고 여러 나라에 광범위하게 영향을 미치는 거대한 시설을 국제인프라라고 하는데 실크로드, 만리장성, 수에즈 운하, 파나마 운하 등이 대표적인 국제인프라라고 하겠다. 실제 5000㎞에 달하는 만리장성은 기원전 7~8세기 춘추시대 제(濟)나라 때부터 건설하여 6세기 중엽 북제(北濟)시대까지 무려 1300여년에 걸쳐서 완성된 것이다. 만리장성의 축조는 군사적목적에 있었지만 지금은 관광명소로서 그 기능이 변하고 있다.

수에즈 운하는 전장 162.5㎞에 달하는데 기원전 1380년경에 나일강~홍해간의 운하가 구상되기도 하였지만 시제로는 나폴레옹이 이집트에 원정하였을 때 본격적으로 관심을 갖게 되었다. 그러다가 1846년에 공상적 사회주의자들이라고 할 수 있는 상시몽주의자들이 수에즈 운하연구협회를 설립하여 운하건설에 국제적 관심을 제고시켰고 1854년에는 페르디낭 리셉스가 운하개착 특허권을 얻어서 1858년에 만국 수에즈 해양운하회사를 설립하여 주식공모를 시작하였다. 1859년에 착공했다가 중단한 뒤에 1863년에 공사를 재개하여 1869년 11월 17일에 개통하였다. 이처럼 실질적인 구상에서 착공까지는 1/4 세기가 걸렸고 실제 공사기간은 7년이 걸렸다. 개통 후에도 수에즈 운하는 중동분쟁과 국제 정치면에서 전략적인 대상이 되어오고 있다.

한편 파나마 운하는 1529년에 스페인 국왕 카를로스 5세가 구상하였지만 1880년대에 들어서야 본격적으로 건설계획이 착수되었다. 수에즈 운하를 건설한 리셉스가 1881년에 양대양(兩大洋) 주식회사를 설립하여 착공하였으나 9년 만에 공사가 중단되었다. 1894년에 새 회사를 설립한 바 있으나 1903년에 미국의 한 회사가 운하굴착권(運河掘鑿權) 시공장비들을 모두 매입하여 본격적인 공사를 시작하여 10여 년이 걸려서 1914년 8월 15일에 전장 82㎞의 파나마 운하도 수에즈 운하와 마찬가지로 국제정치면에서 중남미 지역의 긴장의 대상이 되고 있다. 이밖에도 최근에 구상, 시공되고 있는 국제인프라 중에서 주요한 몇 가지

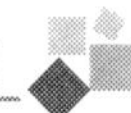

만 설명해 보자.

첫째, 도버해협 해저터널 공사를 들 수 있다. 1986년에 착공한 전장 50㎞인 이 영불(英佛) 널은 총공사비 40억 달러를 투입하여 1993년에 완공할 예정이다. 이 공사는 1801년에 건설계획이 발표된 후 대륙바람을 꺼린 영국의 반대로 난항을 거듭하였다. 그러나 영국이 EC에 가입하였고 영국과 대륙과의 모든 관계가 밀착됨으로써 185년에야 비로소 터널건설이란 결단을 하였다.

둘째, 유럽과 아프리카대륙을 잇기 위한 지브롤터 협의 교량긴설계획이디. 이깃도 1979년에 계획이 기론된 비 있디. 이는 스페인의 팔로마 곶과 모로코의 크파말라 바타간을 잇는 전장 6㎞의 교량이고 공사비는 약 40억에 이른다. 현재는 모로코 측에서 이 교량의 건설에 더욱 많은 관심을 가지고 있다. 만약 이 교량이 완공되면 이는 100년 전에 건설된 수에즈 운하 공사에 비견되는 정치, 경제적인 의의를 갖게 된다.

셋째, 제2의 파나마운하 건설계획이다. 현재 파나마 운하의 물동량의 처리용량의 부족으로 새로운 운하의 건설이 필요한데 파나마 정부에서 구상하는 제2 파나마 운하건설은 총 연장 217㎞에 달하는 콜롬비아-파나마 간 횡단 운하 건설 안, 콜롬비아의 전장 172㎞에 이르는 아트라토-트리운도운 하위니카라과 등 중남미 5개국과 공동건설을 하고자 하는 총 연장 180㎞에 이르는 니카라과 운하 계획 등이 있는데 아직 어느 계획안도 착공은 되지 않았다. 이러한 중미의 새로운 운하의 건설에 대해서는 일본이 가장 큰 관심을 갖고서 참여하고 있다.

넷째, 태국정부도 크라지협 운하건설을 추진 중이다. 135년 전인 1853년에 말레이시아를 지배했던 영국이 타당성 검토를 한바 있으나 수년전부터 태국정계에서 관심이 일고 있는데 크라지협의 동안제시 송클라와 서안제시 사툰 간 동서 100㎞를 운하로 건설하자는 계획인데 특히 일본이 공사지원에 관심을 표명하고 있다.

다섯째, 중국도 양자강의 삼협에 다목적 댐을 건설하려는 계획을 갖고 있다. 이 계획도 1940년대에 구상되었지만 1984년에 체결된 미·중국 협력협정에 따라 그동안 구체적인 조사를 시작한 바 있다. 빠르면 금년 중에 착공될 것으로 알려졌으나 환경론자들의 생태계 파괴우려에 따른 반발과 자금문제 등으로 앞으로 5년간은 건설계획을 동결한다고 발표된 바 있다.

여섯째, 중동지역에서는 최근에 사우디와 바레인 간의 연륙교(cause way)가 준공되었고, 전무후무한 거대한 사우디의 쥬베일 상업항 공사가 한국의 업체에 의해 완공되었고 사하라사막 옥토화 사업의 일환으로서 리비아의 대수로 공사도 한국의 업체에 의해 활발히 추진되고 있다.

일곱째, 유럽에서는 세계 최장의 철도터널을 알프스에 건설할 계획이다. 전장 55㎞에 달하는 철도 터널은 이탈리아와 오스트리아를 잇는 브렌너 고개에 2005년까지 건설할 계획인데 금년 4월 중순에 최종안을 확정할 계획이다.

여덟째, 미국에서는 라스베가스-로스엔젤리스간 38㎞의 고속철도 건설공사를 비롯하여 대륙횡단 고속철도공사를 계획하고 있으며 몇몇 주에서는 구체적인 계획도 확정해 놓은 상태다. 이

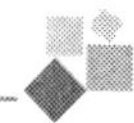

밖에도 있는 것을 보면 시베리아 횡단운하, 아일랜드-스코틀랜드 간의 해저터널, 카스피해-흑해 운하, 히말리아 산록의 수력발전계획, 베링해협 댐 뉴질랜드의 남북 양도연결을 위한 쿠트 해협 터널, 국제 하이웨이 프로젝트 등을 들 수 있다.

이러한 국제 인프라의 건설에 따른 장점으로서는 당사국의 정치·경제·사회 등 다방면에서의 이익 외에도 인류의 복리증진과 세계평화를 위한 것이라 할 수 있다. 그러나 한 나라에 담당하는 거대한 프로젝트도 그 영향의 크기에 따라 비판의 대상이 되는 것도 있다. 예를 들어, 소위 BAM 철도라고 하는 제2 시베리아 철도개통 1년여를 앞두고 무용론에 휘말리고 있는 것과 같은 현상이 좋은 예이다.

수에즈 운하와 파나마 운하에서 보았듯이 국제 인프라건설에는 몇 가지 고려해야 할 점들이 있다. 우선 규모가 크다는 것이다. 이는 공사자금의 확보가 문제가 된다. 엄청난 규모의 공사자금을 이해가 다른 당사국들이 조달자금의 분담과 조달가능성이 문제가 된다.

둘째, 공사의 구상에서 착공까지 수십 년 내지 수세기가 걸리고 착공에서 사용까지는 더 오랜 기간이 소요되는 것이 보통인데 공사기간이 장기간이기 때문에, 구상·계획·집행·운영을 장기적으로 담당하고 집행할 정부가 없는 것이 문제인데, 설령 있다하더라고 상대국에서도 똑같은 정책을 수행할 장기집권적인 정부가 있어야 하는데 그렇지 않은 경우라면 공사는 난관에 봉착하게 된다.

셋째, 이러한 공사의 초 정권, 초 정체적인 성격 때문에 국제

관계에서 정치·외교·안보·군사적인 문제가 발생하기 쉽다. 이는 이해당사국 뿐만 아니라 주변국들에게 미치는 간접적인 영향도 고려해야하기 때문이다.

넷째, 자연환경문제를 들 수 있다. 이러한 거대한 공사는 공해문제, 도시문제, 문화오염, 자연파괴 문제, 기상문제 등을 초래할 수 있기 때문이다.

다섯째, 기술문제를 들 수 있다. 기술수준은 날로 발전하고 있는데 적합한 기술의 선택과 공사비용을 감안함은 물론이고 안정성을 고려하여야 하기 때문이다.

이처럼 국제인프라 건설에는 장점도 있지만 고려해야 할 문제점이 많기 때문에 어느 공사든지 결코 수월하게 끝나지 않는다. 그러나 이러한 국제 인프라개발에 대해 지정학적인 정책을 관련국 정부가 수립한 경우에 국제적인 협력 하에 추진하는 경우가 있다. 이러한 예는 인접당사국간의 국제 인프라 개발에 무역 혹 자국의 공사자금공여, 다국적 건설회사의 시공, 그리고 국제적인 합동관리의 운영방법들도 구상할 수 있다. 해외건설시장 특히, 중동건설시장에서 주요한 역할을 담당하였던 한국의 해외건설업체는 금세기에 리비아의 대수로공사와 쥬베일 산업항 건설과 같은 국제인프라건설에서 역사적인 역할을 담당하였다.

끝으로, 우리나라와 관련된 국제 인프라 문제를 살펴보자. 현재 대한해협을 통과하는 한·일 해저터널 건설을 위한 작업이 일본 측에서는 상당히 활발히 추진되고 있는 것으로 알려지고 있는데 우리도 이에 대한 종합적인 전략이 수립되어야 할 것이다. 또 휴전선일대 비무장지대와 땅굴도 일종의 국제 인프라적인 성

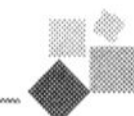

격을 갖고 있는데 물론 그것이 전시에는 군사적 목적의 역할을 담당하는 것이지만 평화시에는 활용할 수 있는 방안들도 통일조국을 염원하면서 연상해 봄직하다[해외건설과 국제인프라, 대한건설신보, 1989. 3. 8].

무너진 붉은 제국, 걸음마 시장경제

동서냉전, 이념대결, 양극 체제 등 우리의 생각을 짓누르던 용어들이 시들어 가고 있다. 한 때 세상의 한쪽을 제패하면서 체제대결에서 도전적이었던 소련제국이 역사에서 사라진 것이다.

공산세계의 종주국 역할을 담당하였던 소련에서 공산당이 해체되는 모순이 현실로 나타났다. 붉은 제국 소련은 지난세기 국제정치, 외교, 군사 면에서 지도적 역할을 담당했지만 인간의 기본적인 욕구인 "먹는 문제" 조차 원활히 해결하지 못하여 허물어지고 말았다.

페레스트로이카와 그라스노스트로 갖은 처방을 다하였음에도 그 효과가 나타나기 전에 완전히 붕괴되어 이제 평범한 "먹는 문제"를 해결하기 위해 시장경제체제로의 전환을 서두르고 있다.

당초에 현실에 앞선 이념의 환상 속에서 이상적인 사회건설을 위해 출발하였지만 내재된 모순과 갈등을 극복하지 못하여 계획경제체제는 포기되어야 한다. 그러나 체제전환의 여정은 순탄하지 만은 않다. 70여년이란 수세대를 뛰어 넘는 기간 동안 시장과 가격을 경험하지 못한 사회에서 살아남기 위해서는 계획경제의 고통보다 더욱 큰 시련을 각오하여야 할 것이다.

필자는 지난 1월초에 약 보름간의 독립국가연방(獨聯: Commonwealth of Independent States, CIS) 경제탐방을 바탕으로 그 동안 소련사회를 지배해온 계획경제체제의 한계, 시베리아 추위

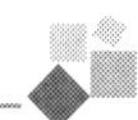

와 자본주위 정신, 시장경제체제로의 전환, 그리고 앞으로 전개될 한국과의 새로이 출범한 독련(CIS)과의 경제협력확대문제들을 차례로 다루어 보기로 한다.

계획경제의 한계

1961년 제22회 소련 공산당 대회에서 채택된 대강령 속에서 소련 자체가 제3세계의 경제개발을 위한 훌륭한 모델이 될 수 있다면서, 1970년에는 미국의 공업생산을 따라잡고 1980년에는 공산주의에 돌입해 들어간다고 선언하였다. 그러나 1959년부터 소련경제는 둔회의 길을 걷기 시작하여 지금까지도 끝이 안보이고 있다.

원래 마르크스는 사회주의체제의 이념으로서 ① 사유재산에 입각한 분배불평등과 부르주아 지배계층에 의한 착취의 철폐를 위해 생산수단의 사회적 소유를, ② 사기업의 자유로운 영리가 아니라 사회가 필요로 하는 것 특히 미래의 사용가치(행복과 만족)를 충족시키는데 있다는 점을, ③ 영리추구의 무계획적 생산을 부정하고 시장기구에 대신하는 중앙집권적인 계획관리기구에 의해 인플레이션, 실업, 공황이 없는 경제발전을 실현한다는 것을 주장하였다.

한편 사회주의 계획경제를 구성하는 기본적인 요인을 보면 ① 집산주의, 평등주의를 기본이념으로 하고, ② 정치면에서 권력이 공산당에 집중되고 있으며 정치권력기구의 주체는 노동자계급이라는 것, ③ 생산 면에서 경제의 계획적 관리, 운영을 보장하기 위해 생산수단이 공유제로 되고 자원배분이 중앙집권적 계획기구에 의해 집권적 결정으로 이루어진다는 것, ④ 분배 면에서 사회적 만족추구를 위해 생산된 것이 노동의 양과 질에 의한 공헌도에 따라 분배된다는 것이다.

이와 같은 이념과 체제를 구현하기 위하여 비효율성, 자극의 결여, 권력의 집중, 새로운 계층분화와 같은 문제에 당면하게 되었다. 이를 해결하기 위해, 계획관리기구의 분권화, 계획기술의 개선, 이윤제도 및 시장경제요소의 도입에 의한 경제개혁이 1960년대부터 시작되었고 1980년대 후반부터는 전반적인 개혁이 전 공산권으로 확산되었다.

그러나 당초부터 계획경제체제의 선책과 관련된 우려로서 경제계산이 안된다든가, 소비자 주권이 없다든가, 수요와 공급의 자동적 균형이 어렵다든가, 자유가 상실된다든가 하는 이론이 있었으며 이러한 이론은 현실로 나타나게 되었으며 정확한 검증으로 확인되었다.

계획경제체제의 문제점은 이 뿐만이 아니라 경제관리기구의 관료주의적 경직화, 기업수준에서의 노동력이나 자원의 비효율적 이용 및 자원의 낭비, 선진자본주의 국가와의 비교에서 기술격차, 소비재 생산의 부족과 소비재 품질의 저하 등으로 나타났다.

그러나 이보다 더한 사회주의 경제체제의 치명적인 결함은 ① 경제수준의 향상으로 노동자의 생활수준이 향상되면서 자본주의 체제 내에서의 계급투쟁이 아니라 공산주의 체제 내에서 특권계급과 비 특권계급과의 새로운 계급투쟁이 나타났으며 ② 분배평등을 추구하는데 자본주의 체제에서는 혁명을 거치지 않아도 분배원천이 증대되면 분배 몫의 증대로 빈부격차가 축소되지만 공산주의 체제에서는 권력분배의 불평등에 따른 소득불평등이 이루어지고 분배원천이 증대되지 않으면 빈곤의 평등이 이루어진다는 점, ③ 공산주의 체제에서는 창의성이 결여되고 수용할 수도 없으므로 기술혁신이나 사회적 부의 확대를 수용하지 못한다. 달리 말하면, 산업구조의 선진화에 적응할 수 있도록 기술혁신에 능동적으로 대처하지 못한다는 점, ④ 공산주의는 자본주의를 비판할 수 있는 유용한 사상이지만 자본주의의 단점을 극복할 수 있는 대안으로는 될 수 없다는 점이다.

그래도 소련은 프로레타라아 독재 체제와 강력한 감시제도 등으로 70년간 무리하게 버티어 왔다. 그러나 결과는 1990년에 실시한 한 여론조사의 결과가 잘 말해주고 있다. 말하자면, 국민의 대부분인 90%정도가 소위 기초적인 "먹는 문제"에 대하여 불만을 갖고 있으나 10%는 그래도 체제에 만족하는 것으로 나타났다.

소위 먹는 문제에 대해 만족하는 10%집단은 ① 정부와 공산당의 고위직을 차지하여 특별대우를 받는 소위 특권층, ② 고기, 생선, 야채, 과일 등을 직접 생산하는 현장에 종사하는 사람들, ③ 아직도 공산주의이론을 맹신하는 일부 열렬한 공산당원들이라고 추측할 수 있다. 그러나 이러한 집단은 그 비중이 크지 않기 때문에 90%의 불만을 해결할 돌파구를 찾지 않으면 안 되었다.

따라서 계획경제체제의 운영은 변화하는 역사적 조류에 신축적으로 대응하지도 못하고 인간의 기본적인 욕구인 "먹고사는 문제"에 매달리게 되었다. 체제 내에 존재하는 모순과 갈등을 극복하지 못하고 체제개혁이란 극단적인 처방에 의존하게 된 것이다.

시베리아 추위와 자본주의 정신

자본주의는 사계절을 좋아한다. 여름과 겨울이 존재해야 한다. 이는 계절적인 자극이 필요하다는 말이고 겨울이 있어야 자본주의의 절대적 가치인 자본추적이 가능해진다고 알리 마주리는 말하고 있다.

인간의 기본적인 욕구는 의(衣), 식(食), 주(住)이다. 추운 겨울을 대비해서 식량을 갈무리 하여야 하고, 두꺼운 옷을 만들어 입어야 하고, 따뜻한 집을 마련하여야 한다. 여기서 음식과 식량은 농업발전과 관련되는 것이고, 의복은 경공업발전과 관련되는 것이며 주택은 철강공업, 유리공업, 전력 생산 등과 관련되는 것이다.

따라서 늘 더운 계절만 존재하는 아프리카에는 자본주의가 성공할 수 없다는 논리이다. 이를 좀 더 확대시켜서 늘 겨울만 존재하는 시베리아나 양극지대에 자본주의가 성공할 수 있을까 하는 의문을 가져볼 만하다. 바로 이 문제는 소련에서 자본주의가 성공할 수 있을까 아니면 사회주의가 망할 수밖에 없을까 하는 의문에 일종의 해답을 제시할 수 있다.

사실 시베리아에서 사회주의는 성공하지 못하였다. 그렇다면 자본주의는 성공할 수 있을까? 자본주의가 4계절을 좋아한다는 논리에 따르면 러시아에서의 자본주의의 성공에 대한 기대는 회

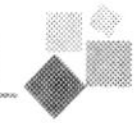

의적이라고 볼 수 있다.

그러나 소련식 사회주의가 무너지는 근본적인 이유는 소련 사회주의 체제 속에서 자본주의 정신이 살아지지 않고 불씨 역할을 한 것으로 생각할 수 있다. 예를 들면, 너무나 추운 겨울에 철저한 대비를 하여야 하였으며, 나아가 너무 지나친 대비를 한 것이 사회주의 몰락의 주원인으로 되었다고 볼 수 있다. 그뿐만 아니라 잠재된 이기심을 철통같은 소련의 감시망 속에서도 끄떡없이 자라왔기 때문이다. 이를 좀 더 구체적으로 살펴보기로 하자.

혹자는 소련의 도시를 보면 탁 트인 도로, 육중한 건물, 넓은 사무실 공간을 부러워할 것이다. 사회자본과 공공건물은 어디에서나 낭비라고 할 정도로 넓은 공간을 차지하고 있어 공간경제의 비효율성을 느낄 수 있다. 그러나 공장이라든가 개인아파트는 상대적으로 공간의 제약을 느낄 수 있다. 육중하고 장대한 사회간접자본은 그 유지 보수가 어렵게 된다. 초기 운영과는 달리 부실한 유지보수와 시설의 수명이 다되었을 경우 경제적 비효율성은 지나치게 높아지게 된다. 이 같은 유지보수의 취약에서 오는 사회간접자본의 소련경제 체제를 중증(重症)으로 몰아넣게 되었다.

또 다른 철저한 대비는 "사재기 병"에서 볼 수 있다. 소련의 상점 앞에서의 긴 줄은 많은 사람들이 "사재기 병"에 걸려있다는 증거이다. 물건이 다급하여 사는 경우도 많겠지만 만성적인 물자부족 때문에 사재기를 하는 것이 경쟁적으로 되었고 국가경제를 균열시키게 되는 것이다. 쉬운 말로 "소련시장에는 상품이 없지만 소련가정에는 물건이 풍부하다"고 하지 않던가?

철저한 대비는 주택에서도 볼 수 있다. 추운 겨울을 대비하고, 외풍을 없애기 위해 소련의 아파트는 2중문 또는 3중문으로 설계되어 있으며 열쇠도 요란하게 설치되어 있다. 원래 서양 사람들이 열쇠를 좋아하지만 소련에서는 정도가 너무 지나친 것 같았다. 현관문에 보통 2~3개의 보조자물쇠를 채우고 그것이 2중문인 경우에는 다시 2~3개의 보조 자물쇠를 채우고 있었다. 심한 집에서는 아파트 현관에 6개의 자물쇠 장치와 6개의 열쇠꾸러미를 들고 다니는 것을 보았다. 보통 3~6개의 자물쇠를 열어야 방에 들어가니 얼마나 철저한 대비라 하지 않겠는가? 개인생활에서 철저한 대비정신은 국가살림에서도 나타나게 되고 지나친 대비로 보이기로 한다.

추운 지방이기에 불을 어느 나라 사람들 보다 잘 이용한다. 불을 잘 이용하니까 철강공업이 발달할 수밖에 없으며 이러한 철강산업은 군수산업의 발전과 연결된다. 소련이 군사대국이 될 수 있었던 것도 철강산업의 발전 때문이다. 나아가 순수산업은 우주산업의 국제경쟁체제로 들어가게 되었고 군사적 목적에서 우주산업의 팽창은 국가예산의 엄청난 적자를 몰고 오게 되었다.

지나친 대비, 거물사상은 크렘린궁에서 볼 수 있다. "종의 왕"과 "대포의 왕"이 그것이다. 200톤이나 되는 "종의 왕"은 너무 커서 꼭 한번 걸어 보려다 종을 쳐보지도 못하고 떨어뜨려 한쪽 귀가 떨어져 버린 물건이다. "대포의 왕"은 38톤이나 되는데 너무 커서 한 번도 쏘아보지 못하게 관광용으로 전시되어 있을 뿐

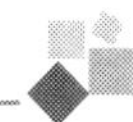

이다.

우주산업과 핵탄두도 매한가지이다. 그렇게 크게 열심히 만들었지만 제대로 쓸 수도 없고 써보지도 못한 채 폐기되고 있지 않은가?

이러한 현상은 생산 면에서도 찾아 볼 수도 있다. 소위 "초과달성" 경쟁이다. 기업마다 연간 생산 목표치가 주어지는데 이를 달성하면 우수기업이 되고 달성하지 못하면 기업책임자는 문책되고 좌천된다. 예를 들면, 작년 목표가 100이었으면 금년 목표는 105가 되고, 경쟁업체의 목표보다 좀 높게 목표를 잡게 된다. 그러나 목표달성이 어렵게 되면 허위보고로 나타나게 된다. 허위보고를 해야 현직이 유지되고 그러한 사슬과 사고방식은 상부까지 연결된다. 그러나 그러한 허위보고가 누적되었을 때 그 결과는 뻔하지 않겠는가? 한두 사람의 처벌로 정상화 될 수가 없으니까 사회 각 부문에서 경제적 합병증으로 타나나게 된다.

이번에는 잠재된 이기심을 살펴보자. 이기심은 자본주의 정신의 진수이다. 사회주의에서는 이기심은 부정되어야 한다. 그러나 이기심이 부정되기는커녕 조장되는 사례가 더욱 많다. 소련의 목욕탕, 세면대에는 고무마개가 없다. 고무마개가 없으니 수돗물, 더운물이 얼마나 낭비가 심하겠는가? 만들지 않는 것인지, 만들어도 모자라는지, 만들고 만들다가 포기했는지, 어쨌든 호텔에도 가정에도 고무마개는 거의 없었다.

어디 그뿐이랴. 유류(油類)의 낭비도 엄청난 것이다. 소련은 엄청난 원유매장량을 갖고 있다. 그러나 소련의 원유가격은 세계에서 제일 싸다. 그러니까 자원의 무절제한 낭비가 조장되는 것이다. 방안이 너무 후끈거리고 스팀을 절제 없이 사용하니까 발전량은 늘 딸리는 것이다. 절약을 통한 문제 해결보다 생산물량으로의 해결에 비중을 두는 것이다.

그러나 이상하게도 가정마다 전등불은 열심히 끄고 있었다. 너무나 소등이 철저하였다. 아마도 그것은 군사훈련 목적에서 소등관제의 훈련도 하였을 것이며 불을 켜놓으면 외부에서 인식될까 봐 에너지 절약이란 뜻에서 보다는 다른 목적에서 훈련된 결과라고 보고 싶다.

잠재된 이기심은 농업부문, 자영농업에서 잘 나타난다. 자영농으로 텃밭에서 생산한 것은 자가소비를 하든가 시장에 내어다 팔아서 가계에 보태어 쓸 수가 있다.

사실 자기가 부지런하면 상당히 돈도 모를 수 있고 잘 살 수도 있는데 그것이 사회적으로 허용되느냐가 문제이다. 예를 들어보면, 모스크바에서 500km 떨어진 곳에 사는 리아잔이란 노동자가 보조목장을 경영하여 암소, 송아지 각 1마리, 65마리 염소, 100마리의 거위를 길러서 1988년에 소비조합에 자기가 생산한 고기 200톤을 납품한 사실이 있다. 그러나 결과는 그에 대한 칭송과 격려가 아니었다. 당서기의 그에 대한 평가는 "그 자는 하루에 18시간 일을 한다. 낮 8시간은 직장, 자기 농장에서 10시간 일을 하는데 이것은 비 사회주의적이다"라고 비난하였다. 그 결과 그는 투기업자라고 낙인찍히고, 다른 죄목을 걸어서 기소되어 인민재판에서 3년 징역과 전 재산의 몰수라는 가혹한 처벌을 받았다. 이러한 사례 때문에 이기심은 더욱 잠복될 수밖에 없었고 소련국민들은 모두 빈곤의 평등에서 시달릴 수밖에 없

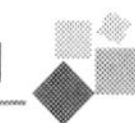

었다.

끝으로 소련사회체제의 병폐는 관료주의이다. 관료주의는 늘 상 투서와 고자질, 인간에 대한 관료주의적 무관심, 타성과 태반, 형식주의, 천편일률적인 틀에 박힌 사고, 자기보호주의, 아첨과 아냥, 무사안일, 현상유지, 책임전가, 집단이기주의, 관행집착, 준법고수 등의 형태로 나타나게 되어 조직을 좀먹게 한다. 관료주의는 사회주의의 타락을 조장하여 아첨, 뇌물공여, 구걸, 개인신분, 지연, 혈연, 학연 등을 비생산적으로 이용하여 건전한 조직을 파괴하게 된다. 이러한 관료주의를 빗대어 소련에서는 "100루블의 돈을 갖기 보다는 100명의 친구를 가져라"라는 속담이 생기게 되었다.

시장경제체제로의 전환

지난해 말로 소련이 해체되고 독련(CIS)의 출범이 최대의 정치적 변혁이라면, 지난달 1월 2일부터 실시된 가격자유화 조치는 시장경제를 지향하려는 경제체제의 혁신적인 대변혁이다.

경제체제의 전환을 위하여 다양한 조치가 고르비 시절부터 차근차근 진행되어오고 있으나 성공이라기보다 실패라고 평가되고 있다. 독련출범이전의 소련경제는 지난해 3/4분기까지 마이너스 성장으로 경제가 파탄지경에 이르렀기 때문이다.

가격자유화에 대한 기대도 지금까지는 부정적인 평가가 많다. 가격자유화조치의 초동단계에 필자는 변혁의 현장에 있었는데 한마디로 말하자면 일물일가법칙(一物一價法則)이 적용되지 않았다. 상점마다 가격이 달랐고 행상마다 가격이 틀렸으며 같은 상품이라도 사는 사람과 파는 사람에 따라 가격이 달랐다. 심하게 말하면 가격이 멋대로 형성되는 상황이었다. 하지만 가격은 하루가 다르게 물가가 추세에 있었기 때문에 어느 정도의 물가 폭등은 예상되었던 터였다.

그러나 가격자유화를 실시한지 1개월이 지난 지금 CIS경제(獨聯濟經)는 심각한 후유증을 앓고 있다. 지난 2월 5일 공식 발표된 자료에 의하면 러시아연방(러련)에서는 지난해 12월과 1월 사이의 소비자 물가 상승률은 300~350%에 이르러 정부의 예상치인 250%를 훨씬 상회하였다. 또한 이 기간 동안 국민총생산(GNP)도 16~18%가 감소한 것으로 나타나서 경제가 상당히 어려운 국면을 맞고 있음을 알 수 있다.

이러한 단기적인 부정적 효과 때문에 일부 경제정책을 수정하고 있다. 그러나 일부 경제학자들은 어느 정책이든지 단기적 효과를 바탕으로 그 효과가 나타나기도 전에 정책전환을 한다면 혼란의 연속일 뿐이라고 반대하는 주장도 있다. 시장경제의 경험이 없는 독련에서 시장경제로의 이행은 상당한 애로가 있으며 순탄치 않을 것을 누구든지 예상할 수 있다.

경제체제의 약하는 요인으로는 여러 가지가 있겠으나 그 중에서도 중요한 것을 들어보면, ① 개혁으로 손해를 보고 있는 전당 간부, 정부관료, 근로 대중사이에 이해가 대립되고 있으며, ② 이해집단을 단결시켜 개혁의 이익을 신봉하는 집단의 조직이 약하며 조직을 결속시킬 수 있는 동기가 뚜렷하지 않은 점, ③ 기존의 중앙 명령경제에 의존하던 타성이 쉽사리 고쳐지지 않으리라는 점, ④ 지금까지 정부정책홍보의 긍정적인 효과가 나타

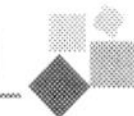

나지 않았기 때문에 정부정책에 대한 불신, ⑤ 시장경제 운영에 대한 정책집행부서의 미숙과 더불어 국민들의 시장체제에의 참여와 적응에도 적절한 시간이 소요된다는 점 등이다.

여행 중에 얻은 경험으로는 바자르라는 자유시장이 활성화되고 있었으며, 자동차 행상이나 이동잡화 행상들의 신축적인 상술 등을 볼 때 독련에서의 시장경제의 불황은 젊은 세대와 상인들을 중심으로 예상보다 빨리 소생하지 않을까 하는 희망도 버릴 수 없었다.

그러나 가격자유화와 더불어 생산자유화, 토지의 사유화가 함께 이루어져야 신정한 경제세제의 진환이 원만히게 이루어질 것으로 보인다. 독련이 위기탈출을 위해 가격자유화, 생산자유화, 토지사유화를 주장한다 하여도 독련 자체로는 경험이 없기 때문에 이를 수행할 능력이 미약한 것으로 평가되고 있다. 자유시장경제로의 성급한 이행은 맹인이 길을 가는 것만큼 위험하다고 주장하고 있다. 13개의 독립국들도 사정은 마찬가지이다. 장님끼리라도 협조를 해야 시행착오를 줄일 수 있는데 장님마다 제 주장을 하면 결국 무엇을 얻을까 하는 경고도 있다.

독련에는 많은 경제학자가 있다. 그러나 시장경제를 아는 사람은 이고르 가이다르 前 경제정책연구소장이고 現 총리겸 경제-재무장관 한 사람 뿐이라는 농담까지 나오고 있다. 독련에는 경제학자들은 많지만 경제가 없다는 이야기도 있다. 말하자면, 자유시장경제가 지금 막 탄생되고 있는데 그것을 아는 자유시장경제학자가 없다는 말이다. 이는 경제가 무엇인가를 알고 자유경제체제로 나가야 하는데 아직 이르다는 말도 될 수 있다.

그러나 일단 시장경제체제로의 이행이 시작된 이상 경제체제 복귀는 있을 수 없고 체제의 이행은 성공하여야 한다. 이러한 성공을 위해서는 국민들이 정책의 효과가 나타날 때까지 참고 견디어야 하고 서방의 국가들이 체제이행을 돕는 것만이 대결이 아닌 공존의 사회에서 미덕이 된다고 볼 수 있다. 그러나 국제적 현실은 경쟁주의인데 과연 그러한 협력을 기대한다는 것이 얼마나 단순한 논리인가는 대안이 없는 한 날이 갈수록 확실하게 증명될 것이다.

맺음말

시공(時空)을 초월하여 통치체제의 전화기에는 이해가 상충되고 대립되는 집단의 마찰과 투쟁이 존재하며 질서가 재편되기 마련이다. 이번 탐방에서 잊지 못할 것은 독련(獨聯) 고려사람들과의 대화이고 그들과의 협력확대가 더욱 시급해지고 있음을 알 수 있었다. 비공식 집계에 따르면 역사의 희생자인 독련 고려사람들은 약 70만 명 가까이 되고 그들의 85%가 도시에 살고 있으며, 주로 중앙아시아의 알마아타, 타슈켄트, 사할린을 중심으로 한 원동지역에 몰려있다.

독련 고려사람들은 독련의 출범과 더불어 거주이동이 전화 같이 자유롭지 못하여 강제이주의 분열과는 달리 기존분열이 고착되는 제2차 분열이 이루어지고 있음을 알 수 있었다. 고르비 연대에 재소 고려인협회(在蘇 高麗人協會)가 결성되었건만 자치공화국, 자치지역건설이 봉오리도 터뜨리지 못하고 고려인협회의 중추기능이 상실되어 가고 있다. 중앙아시아에서 원동으로의

이주가 겨우 8000명에 불과하다는 사실은 우리의 독련경협을 재고해 볼 필요가 있다.

대 독련(對獨聯) 경협은 이왕이면 고려사람들의 지위향상과 연계되어야 한다. 정부차원 뿐만 아니라 민간차원의 경제협력에서도 제한된 자본을 집중 투자할 수 있는 거점지역을 마련하여야 한다. 말하자면 하바로프스크, 두만강 개발권역, 알마아타, 타슈켄트 등 동포밀집지역으로 투자가 집중되어 외부경제와 집적경제를 활용하여 실속 있는 경제협력이 추진되어야 할 것이다.

끝으로 독련 출범과 경제체제이행의 어려움을 보면서 조국통일을 대비히고 민족의 번영을 위하여 국내외적으로 통일을 위한 투자를 다각적이고 다양하게 전개시킬 필요성이 절박하게 대두되고 있음을 느낀 것은 필자만의 느낌이 아니리라[무너진 붉은 제국, 걸음마 시장경제, 명지학생생활, 제 5집, 1992. 2, 1-7].

소련 탐방의 잔상(殘像)

MBC 교수·교사·대학생 소련 문화·경제·학술탐방을 다녀와서

동북아가 주도할 21세기 국제 사회의 주역을 담당할 수 있는 자질배양과 '지피지기'를 위해 문화방송과 항북여행사가 마련한 「MBC 교수·교사·대학생 소련 문화·경제·학술탐방단」의 일원으로 지난 1월 5일부터 19일까지 약 보름 동안 소련을 다녀왔다(편의상 여기서는 "소련"이라 하겠음).

125명으로 구성된 탐방단은 소련항공기 아에로플로트 전세기를 이용하여 하바로프스크, 이르쿠츠크, 알마아타, 상트페테르부르크, 모스크바를 둘러보았다. 물론 겨울의 소련 여행의 진수라 할 수 있는 시베리아 횡단 열차도 하바로프스크에서 이르쿠츠크까지 2박 3일간(56시간) 타 보았다.

그동안 소련에 대한 일그러진 선입감의 편린과 부정적인 시각을 좀 바로 잡을 수 있을까 하는 기대와 더불어 소비에트 연방해체, 식료품 품귀, 물가 폭등과 같은 역사적인 격동의 현장을 확인할 수 있다는 절호의 기회를 놓치지 않으려는 다소의 모험심 때문에 선뜻 탐방단에 참여했다.

필자의 얘기는 제한된 시간과 장소에 바탕을 두었고 또 주관적인 시각도 첨가되므로 "장님의 코끼리"식 얘기와 다를 바 없음을 강조해 두고자 한다. 그래도 남대문을 보고 와서 "숭례문(崇禮門)"이라고 써 있다고 정확히 말해주는데 구태여 "남대

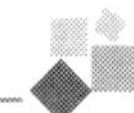

문"으로 써 있을 거라고 우기는 것 역시 올바른 태도는 아닐 것이다.

당초 계획에서 탐방단은 3진까지 계획됐었는데 1진으로 마무리되었다는 점, 하루를 당겨 출발하고, 전세기인 줄 알았는데 기체도 가끔 바뀌고 합승도 했다는 점, 모스크바로 가기 위해 레닌그라드 공항에서 한밤중까지 비행기를 탔다 내렸다 하면서 여행 스케줄을 조정했다는 점, 귀국 시 모스크바에서 하바로프스크까지 직행하지 않고 레닌그라드로 되돌아가는 바람에 주유 관계로 예정에 없던 그라스노야르스크에 기착한 점, 나자르바예프 카자흐스탄 대통령, 옐친 러시아 연방 대통령, 포포프 모스크바 시장의 예방 계획이 제대로 이루어지지 않은 점 등은 구태여 여행사측의 해명을 듣지 않아도 소련 탐방 중에 짐작할 수 있었고 이해도 됐다.

사실 그 같은 대규모 관광단(?)이 소련을 전세기로 다닌다는 것은 한·소 관계상 지금까지 전혀 없었던 것이고, 하바로프스크에서는 천지창조 이래 처음이라고 했으며, 소련의 역사에서도 전례가 있었다고 기억하는 사람을 만나보지 못한 것도 사실이다.

예상은 빗나갔다

소련에서 맨 처음 만난 사람도, 맨 마지막에 만난 사람도 KGB 요원인 공항 출입국 관리인데 예상했던 것과는 달리 부드러운 인상이어서 다른 나라의 출입국 관리와 별다른 점을 느끼지 못했다. 오히려 출국시를 제외하고는 보안 검색이 거의 없고 또 형식적인 것이 도리어 이상해 보였으며, 공항 내와 비행장안에서의 사진 촬영이 아무런 제한 없이 자유로워서 개혁과 개방의 훈풍이 곳곳의 냉기를 몰아낸 것을 느꼈다.

꽤 추우리라고 만반의 준비를 했건만 아무르 강가의 추위를 제외하면 그냥 견딜만하여 무거운 옷가방이 거추장스럽기도 했다. 제일 추운 기록은 1월 9일 0시 30분경 마그존 역에서 영하 40℃를 기록한 것이다. 그러나 영하 30℃ 이하에서는 바람이 얼기 때문인지, 더운 객실에서 나온 때문인지 일행 중 한 분이 메리야스 바람으로 조깅을 하면서 건강을 과시하기도 했다.

날씨가 추우면 모든 것이 움츠러들 줄 알았는데, 아이들은 뛰어놀고 현지인들도 추위 따위는 아랑곳하지 않는 것을 보았다. 괜스레 벌거벗은 소나무에 대한 찬바람 걱정이나 얼음 강에서 노는 겨울새의 발시러움을 걱정하는 꼴이 됐다.

또 기술이 좋은지 장비가 좋은지 체인 감은 자동차 타이어는 보지도 못했고 현지인들은 체인에 대해 이해도 못했다. 그리고 교통사고 한 건도 목격하지 못한 것은 소련인들의 높은 준법정신인지, 운전자의 훌륭한 운전 기술인지 아무튼 본받을 점이라고 생각했다.

문화의 이질감은 하바로프스크 도착부터 실감났다. 1월 6일이 러시아 달력으로 크리스마스 이브라 하여 TV에서도 성가와 성극이 주된 프로여서 어리둥절했으며, 더구나 소련인 합창단이 "주님을 찬양합니다."라고 우리말로 성가를 부르는 것을 보니 가슴이 뭉클해지기도 했다. 또 사회주의 국가라서 전혀 기대하지 않았던 심야 TV에서의 나체쇼도 얘깃거리가 되었다.

공산주의 국가에서 아편으로 생각해 위축되던 종교 활동도 러시아 정교회와 모스크(이슬람의 사원)를 중심으로 가는 곳마다 봄기운을 만끽하는 듯 활발하게 소생되고 있음을 느꼈다. 아름다운 교회 건물, 모스크를 비롯해 도시 전체가 웅장한 건물로 꽉 차있는 모습은 외견상으로 몹시 부러웠다. 사회주의 체제가 아니었으면 그렇게 웅장한 건물들을 후세에 남길 수 있을까 하는 생각도 해 보았다.

웅장한 건물과 더불어 탁 트이고 잘 구획된 도로가 인상적이었고 모스크바의 지하철 또한 일품이었다. 40초 간격으로 발차되는 지하철, 바둑판처럼 짜여진 노선, 거리에 관계없이 약 30원밖에 내지 않는 값싼 요금, 웅장한 구내 시설을 볼 때마다 과연! 하는 소리가 저절로 나왔다.

새벽 6시에 지하철을 탔는데 출근 시간인지 복잡했지만 서울의 러시아워 같지는 않았다. 남녀노소 구별 없이 일터로 향하는 군중들을 보고 저렇게 부지런한 국민인데 어쩌다 그 꼴이 되었나 하는 측은한 생각이 든 적도 있었지만, 모스크바의 긴긴 밤에 지쳐서 새벽 출근을 즐기는지 어쩌는지 나그네로서는 그저 짐작에 머무를 수밖에 없었다.

경제 개방과 자본주의 체제로의 이행과정에 있어서 그런지 자동차 행상은 어딜 가나 극성이었다. 자동차 행상은 소련의 명물이라고 하는데 열 살도 안 되어 보이는 어린이들부터 나이가 지긋한 중년까지 모두 참여하고 가격도 천차만별이었다.

역시 한국인?

쇼핑 이야기가 나왔으니 말이지 과연 이번 탐방단도 "싹쓸이 쇼핑"에서 예외는 아니었다고 할 수는 없다. 서로가 싹쓸이 쇼핑이라고 비아냥거리면서도 싹쓸이 본능은 수시로 나타나곤 했다.

어디 그뿐이랴. 하기야 100명이 넘는 구성원인데 그 재간과 성격이 각각 다를 수밖에 없겠지만 한국인의 조급한 기질은 역시 기회 있을 때마다 발휘됐다. 가끔 조급한 성격을 발휘할 수 없는 경우도 있었다. 예를 들면, 닫힘 버튼이 없는 엘리베이터에서 조급한 마음에 열림 버튼을 누르면 문이 더욱 늦게 닫히고, 혹시나 하여 비상벨을 누르면 소리가 나니 조급한 마음을 콩콩거리며 삭힐 수밖에 없었다.

또 식당에서의 재촉도 매 한가지였다. 다행히 소련의 식당 서비스가 급격히 향상되고 있는지 조급한 마음을 채워주기도 했건만 본색을 속이지 못하는 듯 기다리다 못해 디저트를 포기하고 나오는 경우는 끼니마다 예외 없이 나타났다. 이러한 싹쓸이 같은 몰림과 조급함은 나쁜 것만은 아닐 것이다. 나름대로 임기응변에 강하며, 단기간에 승부와 성패를 결정하고, 기회를 포착할 수 있으니 어찌 나쁘다고만 하겠는가?

그런데 우리가 더 배우고 도입해야 할 시설도 있었다. 모스크바 지하철의 에스컬레이터는 우측에 사람이 서 있고 좌측은 사람들이 뛰어다닐 수 있도록 했다. 에스컬레이터 속도가 서울의 지하철 보다 2~3배 빠른데도 좌측 통로로 뛰어가는 사람들이 많으니 나르는 날개 위에서 걷는 꼴인 것 같았다.

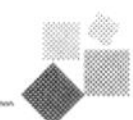

줄서기와 '자유가격'

해가 바뀌면서 소비에트 연방은 해체됐고 경제 체제도 자유시장 경제로의 이행을 위한 거보를 내딛었다. 거개의 매스미디어가 소련에서의 물가 폭등, 식료품 품귀, 추운 모스크바의 겨울 등 금새 파국에 빠지는 듯 부정적인 시각으로 호들갑을 떨었다. 그러나 소련이 해체되는 역사적 과업을 완료했다는 점은 그다지 강조되지 않았다. 물론 소연방의 해체가 일부 보수 집단을 제외하면 대다수 국민이 발전적 해체로 생각했고 연방 해체에 대한 미련을 갖지 않았다.

연일 보도되는 줄서기에 대한 동정적이며 세제 자만직인 자세에서의 보도는 필자의 견해와 상당한 차이가 있었다. 줄서는 이유를 몇 가지 생각하면 정확한 이해에 도움이 될 수 있을 것이다. 그들이 줄을 서는 이유가 무엇보다도 물건이 부족해서 선다는 데는 반대할 이유가 없다. 그러나 그 밖의 이유로서는 소련인들은 누구나 할 것 없이 "아보시카"라는 쇼핑백, 또는 비닐봉투, 보자기 등을 지니고 다닌다. "아보시카"라는 말은 러시아말로 "어쩌면", "어쩌다가"라는 뜻인데 길을 다니다가 줄이 있다든가 괜찮은 물건을 보면 살 수 있으니까 "아보시카"를 들고 맹목적으로 줄을 설 수도 있다.

그리고 기혼 여성의 대부분이 맞벌이를 하므로 남자든 여자든 퇴근길에 가게로 몰리기 때문에 긴 줄을 만들 수도 있으며, 무료한 직장 시간에 잠깐 짬을 내어 긴 줄에 이어 설 수도 있다. 또 파는 사람이 적어서 줄을 서기도 하고 능률적으로 물건을 팔지 못해서 줄이 길어지기도 한다. 파는 사람이 공무원이기에 열심히 파나마나 수입은 마찬가지인데 구태여 줄을 줄이려고 하겠는가? 휴식을 취할 때도 팔지 않고 계산을 맞추어 볼 때도 팔지 않으니 줄이 길어 길어지는 것은 당연하지 않은가?

값이 싸고 품질이 좋은 물건이 있으면 우선 자기 것 먼저 챙기고, 아는 사람, 기관원 것도 챙기고 난 다음에 나머지 것을 팔게 되는데 긴 줄이 중간에 잘리는 것은 어찌 단연하지 않은가?

그러니까 가게 앞의 긴 줄은 물건이 없어서 만들어지는 것이 유일한 이유가 되지 않는다. 긴 줄이 앞에서 잘리더라도 불평없이 돌아서는 사람이 대부분이고, 핏대를 내거나 삿대질로 싸움을 걸면 오히려 그 사람이 이상한 것이다.

이제 가격이 비싸고 품질이 좋은 상품을 파는 개인 상점에는 줄이 생기지 않는다. 줄이 길어질 때 가격을 올리면 줄이 짧아지고 덜 피곤할 텐데 아무리 가격 개념이 미숙한 주인이라도 어찌 모르겠는가?

한편 한가한 국영 상점은 더욱 한산해졌다. 그러나 "바자르"라는 자유 시장은 물산이 풍부하며 가격이 오르지만 사람이 북적거리면서 정말 활기를 찾게 됐다는 말을 많이 들었다.

섣부른 생각인지 몰라도 소련 국민들은 지난 70여 년간 시장경험을 못했으므로 가격 개념이 미숙한 것 같았다. 왜냐하면, 한가게에서라도 사는 사람에 따라 가격이 달랐기 때문이다. 아마 자동차 행상이나, 관광지의 이동 행상, 관광호텔의 상점, 관광지의 기념품 상점에서 쇼핑을 해 본 사람은 모두 한두 차례의 경험을 했을 것이다.

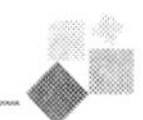

고려 사람들의 재분열

소련에서는 동포들을 "고려 사람"이라고 한다. 한국인, 조선인, 남북한, 남북조선 모두가 어색하고 분단의 개념에 대해서도 그다지 민감한 반응을 보이지 않는다. 재소 고려 사람은 약 46만 명으로 공식 집계됐지만 실제로는 70여 만 명에 이를 것으로 보인다. 왜냐하면 민족적(民族籍)을 포기한 동포도 상당수에 이르기 때문이다.

현재 타쉬켄트, 알마아타 등 중앙아시아에 70%, 원동 지역에 25%가 살고 있다. 초기 세대들은 주로 농업에 종사하고 농촌에 거주했지만 지금은 85%가 도시에 살고 있다. 직업도 사무직에 30%, 과학 문화 등 전문직에 15%, 산업 공장에 15%, 상업 서비스에 10%, 그리고 농업에도 불과 3%만이 종사한다. 동포들의 소득 향상과 50% 이상이 고등교육을 이수한 높은 교육수준이므로 도시로의 이주가 지속될 것이고 사회 각계의 지도층으로 진출하게 될 것이다.

필자는 탐방 중에 하바로프스크에서 세 가정, 알마아타에서 세 가정, 모스크바에서 두 가정의 교포가정을 방문하고 민박도 해 보았다. 한 가정을 빼놓고는 모두가 비교적 윤택하게 살고 있었다. 그들의 직업이 교수, 의사, 연구원, 정부 관리, 기업인들이기 때문일 수도 있으나 다른 단원들의 방문담이나 현지에서 들은 이야기를 종합해 보면 동포들은 부러움 없이 살고 있다는 인상을 받았다.

그런데 걱정되는 것이 있었다. 재소 동포는 비참한 역사의 희생자들로서 조국을 떠나야 했으며, 스탈린의 민족 차별 정책 때문에 강제이주라는 한을 품고 있는 당대 내지 후손들이다.

고르비의 치세 동안에 동포들의 결속 운동이 전개됐지만 열매도 맺기 전에 그대로 시들지 않을까 우려된다. 소련이 해체됐기 때문에 공화국간의 이동이 자유롭지 않아 자치공화국이나 자치지역 건설이 어렵게 되어 또 다시 본의 아닌 분열을 맞이하고 있다.

나아가 한국과의 왕래가 잦아지면서 한국인의 고질적인 병폐가 다양한 조직과 집단의 이해와 관련되어 동포사회의 조직들을 균열시키고 있다. 한국은 물론이고 미국과 일본에서 이미 경험한 교포사회의 저주받아야 할 분열병이 CIS에서만은 반복되지 않도록 우리 모든 동포가 협력해야 하겠다[소련 탐방의 잔상, 문화방송, 1992. 2, 42-45].

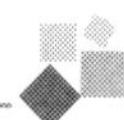

시련 속의 몽골 경제

순박한 사돈들

필자는 지난 여름 몽골의 수도 올란바타르에서 개최된 제6차 국제몽골학 학술대회에 참석하였다. 너무나 따뜻한 대접을 받으며 대통령 영빈관에서 10여 일간 머물렀고 한 여름철인데도 내복을 입고 생활할 정도이어서 제대로 피서를 하고 온 셈이다.

우리와 똑같은 몽골사람들, 아득한 옛날로 올라가면 서로 한 조상에서 갈라졌을 것 같은데 . . . 그러기에 우리말에도 그리고 몽골말에도 사돈(Sadun)이란 말이 있는가보다. 그러나 너무나 오랫동안 서로 모르고 지냈던 사돈들이 이제야 잊었던 정을 더듬게 된 것 같다.

몽골의 면적은 160만㎢로서 남한의 16배, 남북한의 8배, 인도의 1.5배에 해당되고 인구는 이제 겨우 250만 명 정도에 이르고 있다. 국토는 3개 지형으로 나뉘는데 서북쪽의 산악지대, 산간의 분지와 국토의 4분의 3을 차지하는 초원지대로 나눌 수 있다. 평균고도는 해발 1600m이며 10월부터 이듬해 3월까지는 춥고 긴 겨울이 있다.

한여름에는 섭씨 영상 30도까지, 한겨울에는 영하 40도까지도 내려가는 대륙성 기후를 갖고 있다. 사막과 초원으로 연상되는 몽골이지만 몽골의 서북쪽에는 만년설이 쌓인 아름다운 산과 아름드리나무 들이 빽빽이 들어서 숲과 맑디맑은 호수도 있고 콤

바인으로 경작하는 광활한 농경지도 있는 나라이다. 더구나 석탄, 철, 주석, 구리, 우라늄 등 귀금속이 얼마나 많이 매장되어 있는지 확인도 안 된 자원의 보고이다.

그토록 넓은 영토를 지키지 못하고 북쪽은 러시아의 브리야트 공화국으로, 남쪽은 중국의 내몽고로 몇 동강이 났었으니 그것까지 어찌 우리와 닮았단 말인가. 그러나 아직도 턱없이 적은 250만 명이란 인구규모, 그것도 수도에 50만 명이 몰려 살고 있다니 그 적은 인구에 그 큰 나라를 지켜온 것이 다행이랄까.

되살아나는 몽골의 혼

소련과 중국의 교묘한 외교 정책에 희생되어 근 70년간 세계의 역사 속에서 고립되었던 몽골이 이제 세계사에 다시 등장한 것은 고르비의 개혁 개방정책에 크게 영향을 받았기 때문이다.

소련의 위성국이었던 동유럽제국과 마찬가지로 몽골도 정치·경제개혁의 단행(1987), 민주화 시위(1989), 스탈린 동상제거(1990), 다당제 및 시장경제 도입(1990), 맑스·레닌주의 포기(1991), 국영기업의 민영화 추진(1991) 등으로 숨 가쁜 개혁의 역정을 겪어오고 있다. 그러나 정치혼란, 인플레 기승, 실업증가, 물자부족, 외채누증, 외환고갈 등 정치 경제 사회 문화면에서 너무나 많은 어려움을 겪고 있다.

그러나 소련치하에서는 감히 꺼내지도 못했던 그들의 성웅 칭기즈칸마저 이제야 자랑스럽게 부르게 되어 시민의 뱃지에도,

천막주택 겔의 상석에도 반드시 모시어지고 있어 민족자존과 자긍의 역사가 되살아나고 있다. 특히 최근에는 바이칼호 연안에서 세계몽골민족국제회의까지 개최하면서 세계 각지에 흩어져 있는 그들의 핏줄을 애써 확인시키고 있다.

뿐만 아니라 몽골은 이제 우리 옆에 바짝 다가와 있다. 올란바타르에는 20~30명의 한국의 유학생이 있고 서울에도 20명 가까운 몽골학생이 있다. 이미 몽골에는 7개 대학에서 한국어를 정식으로 배우고 있으니 사돈의 나라, 무지개의 나라(한국을 솔롱고스라고 하는데 그 말은 무지개란 뜻임)에 대한 그들의 관심은 너무나 달아올랐다고 하겠다.

꿈은 들떠 있고 먹을 것은 모자라고

몽골인 들은 현재 커다란 걱정거리가 있다. 그것은 먹을 것에 대한 걱정이다. 돈이 있어도 살 물건이 부족하기 때문이다. 국영식품상점에는 텅텅 빈 진열대 이외에는 아무것도 없다. 출입구에서 간단한 빵 종류나 감자 등에 사람들이 몰려 있을 정도다.

이처럼 식량이 모자라는 것은 소련이 에너지 공급에 대해 경화결제를 요구하였기 때문이다. 에너지가 모자라니 교통수단이 제대로 움직이지 못하여 시골에 있는 먹을 것을 운반해 오기 어렵기 때문이다.

몽골의 역사 이래 이렇게 어려운 경우를 당한 적이 없었다고들 입을 모으고 있었다. 올 겨울을 어떻게 날는지 걱정이 태산이다. 더구나 인플레 때문에 도시인들은 더더욱 걱정이다. 사회주의 시절에는 그래도 식품점에 먹거리가 풍부하였다. 또 중국이 개방되기 전에는 몽골의 생활이 북경보다 좋은 적도 있었다고 한다. 차라리 사회주의 시절이 좋았던 것 같았다는 그리움을 엿볼 수 있었다.

그러나 어느 누구도 사회주의 체제로의 복귀는 원하지 않았다. 배가 고파도 자유가 좋단다. 시장이 좋단다. 시장경제 체제가 만병통치 수단은 아닐텐데 아직 기다려야 할 때라고 하면서 배는 고프지만 꿈은 많이 꾸고 있었다.

하지만 그토록 원하는 시장경제, 자본주의를 잘 모르기 때문에 실수도 많은 것 같았다. 예를 들면, 사진기를 들고 부처님을 찍을 때마다 돈을 받고 불상의 크기에 따라 촬영료가 달라지고 있었다. 뭐 협정된 촬영료가 있는 것 같지도 않았다. 물어보면 그렇게 하는 것이 시장경제체제가 아니냐고 반문할 때는 아연할 수밖에 없었다. 암달러상에 대한 단속도 없는 것 같았고 암달러도 바꾸어 주면서 더 달라면 필요한 만큼 더 주곤 하니 도대체 이해할 수 없었다. 확실히 시장경제 체제가 잘못 소개되고 운영되는 것 같아서 씁쓸한 생각까지 들었다.

몽골에는 경제학자들이 많이 있었다. 그러나 그 많은 경제학자 중에서 자본주의 경제학, 시장경제에 대해 알고 있는 경제학자는 많지 않다고 하였다. 하기야 경제원론 교재마저 없는 곳이라 하니 그저 만감이 교차될 뿐이었다.

몽골은 아직 한국의 기업가에게는 멀기만 한 곳이다. 많다고는 할 수 없어도 한국의 여러 기업가 들이 오가면서 합작의 꿈을 심어 놓고 왔다. 그러나 언제 그들이 다시 오느냐는 물음에 난처한 경우가 많았다. 그저 속편하게 몽골에서 배우는 한국 유

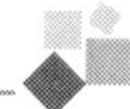

학생이, 한국에서 배우는 몽골 유학생이 서로를 알고 돌아갈 때면 투자도 함께 따라다니지 않겠느냐고 얼버무릴 뿐이었다. 물이 흐르면 도랑이 생기고 도랑에는 물고기가 올라오듯이 서로 자주 내왕하면서 이해한다면 투자협력도 자연적으로 활발해질 것으로 믿고 싶다[時流逆流, 시련속의 몽골 경제, 제일경제신문, 1992.10. 9].

사하라 열풍과 신들린 대수로 공사

영글은 나의 사하라 꿈

서양 사람들이 만든 색안경을 끼고 냉전적 이데올로기로 염색된 내 머리에 찌든 때를 벗기고자 중동과 아프리카에 대한 공부를 시작하였지만 눈금이 다른 잣대에 따르는 나의 주변은 늘 나를 외로운 방랑자로 만드는 것이었다. 그러나 동아건설 창립 50주년기념 리비아 대수로 공사 시찰단의 일원으로 참여하면서 필자가 갈망하던 꿈은 영글기 시작하였다.

이번에 동아에서 실시한 대수로 공사 시찰은 5월부터 시작하여 9월까지 모두 15차례에 걸쳐 연인원 225명이 참여하고 있으며 필자가 참가한 제 6차 시찰단은 김생빈 단장(동국대 부총장)을 포함하여 16명으로 구성되어 최종각 부장과 권오경 차장의 안내로 약 2주일간(7.10~7.22)의 일정으로 다녀왔다.

사실 말이야 바른 말이지 리비아에서 몇 년 동안 고생하는 동아직원들도 사리르 공장을 다녀온 사람이 그리 많지 않다는 말을 들을 때 그곳이 얼마나 가기 어려운 사하라 사막의 한가운데 이던가? 필자에게 앞으로 또 다시 이런 기회가 있을 것인가를 생각해 볼 때 인생에 많지 않은 좋은 기회였다고 생각하는 것은 아마 다른 단원들도 마찬가지 생각일 것이다. 어디 그뿐이랴 시종일관 지나치리만큼 친절한 안내와 빈틈없는 일정과 배려는 성수대교 참사의 총체적 비난에 절묘하게 대비되는 세계의 동아를 실감케 하는 성숙된 동아맨들의 현주소를 읽을 수 있었다. 더구

나 인류가 만들고 있는 세계 8번째의 불가사의인 대수로 공사가 만들어지는 역사적인 현장을 답사할 수 있는 세기적인 귀중한 기회를 마련해주신 최원석 회장님과 동아그룹에 이 기회에 새삼 감사한 마음을 드리고 싶다.

시찰일정은 대체로 KAL 전세기로 서울을 출발하여 튜니시아의 제르바 공항(이집트를 경유한 팀도 있음)에 도착한 후 육로로 트리폴리로 이동하였다. 트리폴리에서는 동아건설 전용기로 벵가지로 이동하고 다음날 사리르 관생산 공장을 시찰하고 하룻밤을 지냈다. 이어서 아쉬사리프와 벵가지를 둘러보고 트리폴리에 도착하여 관매설 현장을 시찰하였다. 다음날 튜니스, 로마에 머물렀다가 파리에서 묵은 다음 KAL편으로 귀국하였다. 어느 여행에서나 마찬가지지만 일부러 마개 빠진 개그와 주책, 특히 이원복 교수, 백영식 교수, 송영섭 교수의 트리오 개그반죽과 리비아 부채깃발과 강시모자 등은 앞으로 사하라 모래알 만큼이나 많은 추억거리를 만들 수 있었기에 단원 여러분들께 진실로 감사한 마음을 드리고 싶다.

UN 경제제재에 다져지는 각오

소위 국제적인 경제제재(economic sanction)는 늘 그랬듯이 성공할 수 없는 엄포라고 한다. UN은 이미 5년 전에 발생한 로코비 사건에 연루된 리비아인 용의자 인도문제와 관련하여 지금까지 리비아에 제재를 가하고 있다. 이에 따른 불편은 트리폴리 공항에서 몇 년째 뜨지 못하고 열사에 졸고 있는 국제선 여객기처럼 리비아인에게는 이미 체질화 되어 있는 것 같았다. 물론

이같은 상황은 동아를 비롯하여 리비아에 진출한 한국기업들에게도 마찬가지의 어려움 이었다.

리비아와 튜니시아의 국경출입국 관리소에 장사진을 이룬 출입국자 행렬과 검문검색에 지친 관리들에게 경제제재야 말로 사하라 생수의 위력을 시험하는 것 같았다. 국경사무소의 혼잡은 사회주의국가의 통폐인 리비아의 저물가 경제정책 때문에 튜니시아와 리비아를 오가는 보따리 장수들은 보통 15배의 이익을 본다고 한다. 이같은 경제제재의 사생아인 보따리 장수들이 늘어날수록 이같은 불편은 더욱 심해질 것이다.

리비아에는 미국의 오만에 정면 도전한 카다피, 아랍의 자존심을 혼자라도 지키겠다는 의지의 카다피, 독재라 하더라도 썩지는 않겠다는 지도자 카다피, 북아프리카의 명실상부한 패자로 부상하려는 카다피, 짝사랑도 좋다고 그토록 돈독한 경제관계를 유지하려는 카다피 대통령이 있다. 그가 영도하는 리비아에 들어서면서 필자는 기대와는 다른 활력 있는 시장거리, 희망에 찬 시민들의 얼굴, 대수로 공사의 주역인 동아맨에 대한 진실한 호의 등을 보면서 필자의 카다피 대통령과 리비아에 대한 어설픈 선입견은 서서히 사라지기 시작하였다.

또 하나의 불가사의 대수로의 태반

벵가지의 티베스티 호텔의 채송화 내음을 멀리하고 사막의 중심으로 이동하기 시작하였다. 시가지를 벗어나자 불그레한 사막과 은빛의 모래사막이 교차되고 신기루를 찾다 보면 오아시스를 지나게 되고 또다시 낙타무리를 만나고 동아의 관운반 차량을

만나면서 원의 중심으로 깊게 빠져들었다. 간간이 만나는 수단 사람들의 이사차량, 빈깡통 하나 플라스틱 물병 하나라도 그렇게 소중하기에 까마득하게 싣고 며칠이 걸리든지 몇 달이 걸리든지 사막을 달리고 있고 필자는 사막의 열풍이 신경통이 나아지기를 바라면서 쉴 틈에 열풍을 즐기다 보니 어느덧 사리르 지역의 공장에 도착하였다.

워낙 넓은 사막에 흩어져 일하기 때문에 서울(본사), 부산, 대구, 추풍령을 호출하면서 일사불란한 작업을 하는 것을 보니 나의 옛 군대생활이 떠오르기도 하였다. 남대문시장과 명동시장, 가락시장이라고 하는 이름도 있다니 과연 시구촌시내가 밀리 있는 것 같지 않았다.

사리르란 의미는 "죽음의 지역"을 뜻한다는데 그러한 극지의 사막에 바로 동아가 낙원을 건설한 것을 보니 한국인의 가능성에 대해 어쩐지 숙연해지는 느낌을 갖게 되었다. 원래 건설 공사 중에서 지하에 묻히는 상하수도공사는 다른 공사와 달리 떠들썩하지 못하다. 대수로 공사도 관매설이 지하에서 이루어지고 있기 때문에 눈에 보이지 않는다. 만약 그것이 지상에서의 구조물로 된다면 육감으로 느끼는 장대함은 몇 배를 더하리라. 관생산과 관매설 현장을 보면서 이곳이 바로 인류 역사상 8번째의 불가사의가 태어나는 태반이라고 생각하니 역사적 의미에 대한 표현의 한계가 아쉽기만 하였다.

저수조 낙수

도대체 황량한 사막에 어디서 물이 나오는 것일까? 3억년 전의 화석수를 지하 200~300m에서 뽑아 올려 사하라 사막을 옥토로 만든다는 리비아의 꿈이 바야흐로 실현되고 있는 현장이었다. 나일강 물이 200년 정도 흐를 수 있다는 풍부한 수량이 도대체 어떻게 형성되었는지 어찌 알리요 마는 사하라 사막의 모래만큼이나 풍부한 물이 사막 속에 있다니 리비아는 그저 석유만의 보고가 아니라 수자원의 보고가 아닐런가?

황량한 사막의 한가운데 있는 아즈다비아 저수조... 직경 1km의 저수조에 파랑이 일고 이끼가 끼고 깡패 붕어가 살고 메뚜기와 개구리가 생기고 제비가 날아오고 물새가 나르니 참 자연의 신기함이란 알다가도 모를 일이다. 사방으로 수백km를 가야 오아시스가 있다는데 어떻게 물고기가 생겼단 말이냐? 물고기 알이 바람에 날려 왔나? 물새의 배설물에서 나왔나? 새들이 물을 먹으러 날아와서 사람을 보아도 도망가지 않는 사리르 공장에도 벌써 10년 가까이 오아시스가 형성되었으니 생태계에도 변화를 주는 것 같았다.

사하라 화석수의 물맛, 그것은 먹어 본 사람이라야 알 수 있을 것이다. 그야말로 무공해 화석약수이었다. 물맛이 그만이어서 물만 먹어도 살 수 있고 물만 활용해도 좋을성 싶은 사하라 사막의 화석수... 어찌 동아가 아니면 맛인들 볼 수 있었으랴.

잊을 수 없는 수박 맛

리비아 수박은 기가 막히게 잘 익었었다. 일조량이 많기 때문에 당도도 높고 맛도 좋았다. 특히 동아농장의 원두막에서 큼직큼직하게 빠개어 먹은 수박의 맛이야말로 지금까지 먹은 어느

수박보다도 잊을 수 없는 맛이었다. 무우, 배추, 양파, 아욱 등 동아가족의 자급을 위해 가꾼 동아농장은 리비아에서의 한국정서를 느끼게 하는 깜짝 쇼와 같았다. 리비아에서 농장경영은 방풍림 조성의무와 관정시설 제한 등 수자원의 효율성을 높이기 위한 갖가지 정책을 보면서 물의 소중함을 피부로 느끼게 해주었다.

그리고 사막의 구내식당에서 맛본 싱싱한 광어회는 지금도 군침이 넘어갈 정도이다. 지중해에서 잡아온 광어회, 리비아에서도 마찬가지이지만 광어 값을 올리는데 우리가 한몫을 했다고 생각하니 좀 개운치 않은 느낌도 없지 않았다.

기술연수에 비지땀 쏟는 동남아 인력

한국의 해외건설업체들이 진출 초기 과정에서 제3국 인력을 다룰지 몰라서 시행착오가 얼마나 많았던가? 그저 식민지 지배경험이 없었기 때문에 제3국 인력활용이 비교열위에 있다고 자탄할 분이었다. 그러나 지금은 제3국 인력 활용에서 세계 어느 나라보다도 비교우위에 있다고 할 수 있게 되었다. 다만 이제는 노임 따먹기 식의 단순인력 대량투입형의 노동집약적 공사는 졸업을 하여야 한다는 아쉬움이 있을 뿐이다.

지난 60~70년대, 소위 한국의 개발연대에 우리도 한번 잘살아 보자고 기를 쓰고 해외공사판으로 건설인력이 줄을 지어 나간 적이 있었다. 아, 그것이 벌써 어제이었던가? 지금은 그 꿈을 이루고자 후발 개도국들이 줄을 잇고 있는 대수로 공사 건설현장 . . . 중국 조선족, 베트남인, 태국인, 필리핀인, 방글라데쉬인,

파기스탄인 등 열심히 일하고 있었다. 한국의 기능인력은 꼭 필요한 팀장들만 고용하고 제 3국인으로 대체되고 있었다.

제 3국 인력들이 뒤범벅이 되어 일을 하더라도 처음 며칠은 의사소통이 어렵지만 며칠만 지나면 각국의 말이 뒤섞여서 불편없이 통화가 된다니 언어학자들이 알면 멋진 실험장을 돈을 들여서라도 가고싶은 곳이리라. 그리고 현장에서 외국인력들의 먹는 것까지 신경을 쓰자니 해당국의 일류 주방장까지 고용하여 신토불이라고 자기 나라 음식으로 식사를 제공하고 있었다. 비번시간을 활용하여 쇼핑차량도 마련해주고 운동시설도 마련해주고 있었다. 나라마다 좋아하는 운동은 따로 있었다. 조선족은 축구를 좋아하고, 필리핀 사람들은 농구를 좋아하고, 베트남과 태국사람들은 배구를 좋아하고, 리비아와 서양인은 미니축구를 좋아하고. . . 또 국가간 친선경기가 벌어지면 그 또한 볼만하더니 돈벌이도 돈벌이려니와 젊은 날의 한 추억들을 차곡차곡 쌓아가고 있었다.

냉전의 딱지는 떨어지지 않고

"우리식대로 살자."

동아에서 사하라에 써놓은 한글간판 말고 또 하나의 한글구호가 있었다. 빨간 바탕에 흰색 글씨로 또렷이 써 있었다. 냉풍기는 건강에 안 좋아 사용하지 않는다는 애써 으쓱하는 말투와 함께 간혹 동아 현장에서의 중환자들이 신세지는 병원이 잘루에 있었다. "남조선에서 살기 어려워 여기까지 와서 고생이 얼마나 많으냐"는 말에 "의료봉사에 얼마나 수고가 많으냐"고 화답할

수도 있으련만. . . 그저 지나는 길에 저게 북한의 의료협력병원이라느니 저게 남조선의 물관 운반차량이라느니 서로 어긋난 잣대인줄 알면서도 허세를 부리는 말투들이 냉전의 종식은 아직도 다른 나라 사람들의 말이려든가? 지금도 냉전이란 상처의 흉터가 지워지지 않고 딱지조차 너덜거리는 곳이 리비아이었다.

벵가지에 걸린 멋쟁이 다리. . . 그 누가 이름하였던가 김일성다리라고. . . 잘은 몰라도 북한에서 건설하다가 중단한 것을 다른 나라 회사에서 준공했다는 다리. . . 그래도 반가워서인지 하루에도 몇 번씩 통과해야하는 다리가 되었다. 도대체 우리는 왜 이다지도 무의미하고 소모적인 경쟁에 민족의 저력을 낭비해야 하는가?

거풍(擧風)을 한 중동상식

간단히 말해 정부도 의회도 필요 없다. 리비아는 이슬람을 바탕으로 전 인민이 지배하는 나라라고 선언한 카다피 대통령. . . 이슬람의 상징인 초록색, 사막을 옥토화하겠다는 강력한 의지의 상징인 녹색 깃발, 리비아를 완벽한 이슬람국가로 만들겠다는 카다피의 정치철학의 담겨있는 세상에서 가장 간단히 그릴 수 있는 국기인 리비아 국기 녹색깃발이 지금도 대수로 공사의 성공을 기원하면서 힘차게 펄럭이고 있을 것이다.

그 넓은 사막에 깔린 파이프라인 등 국가 기반시설을 보호관리하기 위한 사막경찰이 허허벌판을 걸을 때면 반드시 나타나는 완벽한 치안상태는 수준급인 리비아의 방위체제라고 귀띔을 해주었다. 그래도 막막한 사막을 한가히 다니는 낙타무리 하나하나에 주인이 다 있으며 80리 떨어진 물 냄새도 맡는다는 사막의 배 . . . 동료의 뼈다귀도 살기 위해 먹는지 식성이 좋아서 먹는지 모르지만 주인에 대한 순종은 어느 동물보다도 갸륵하다는 낙타 . . . 암놈을 너무 괴롭혀서 숫놈에게 훈도시까지 채워줘야 하는 낙타 주인들의 잔손들이 사막을 가꾸고 있었다.

도시로 들어서면 철근의 마무리가 잘 안되고 집 단장이 허름한 짓다 말은 주택들을 흔히 볼 수 있는데 준공을 않고 살면 세금이 싸다고 하여 그렇게 산다는 얘기를 듣고야 서민들의 애환은 세상 어디서나 비슷한 것 같았다. 그런데 집이 한번 허물어지면 깨끗이 밀어내고 그 자리에 다시 지을 수도 있지만 그대로 방치하고 옆에 다시 짓는 그들의 생활태도를 보자니 중동에 유적이 많은 까닭은 말하는 것 같았다.

이같은 어렴풋이나마 나름대로 해석하려던 나의 얄팍한 중동 상식은 중동에서 10여년 간 생활하고 장기체류한 동아맨들의 친절한 해설이 있었기에 필자의 곰팡이 핀 상식을 거풍할 좋은 기회였던 것이어서 새삼 감사한 마음을 가지게 되었다.

시련, 도전, 그리고 영광

그저 자랑스러울 뿐이었다. 8번째 불가사의이라는 대수로 공사, 더구나 그것은 땅에 묻는 것이기에 아마 어느 다른 불가사의보다도 지구의 역사와 가장 오래 하리라. 100억 달러라는 어마어마한 공사규모, 제 3국인 들을 자유자재로 다루는 동아의 노하우, 유엔 경제제재를 굳건히 뚫고 나가는 동아정신, 카다피 대통령의 지휘 하에 리비아 국민들의 갈증을 해결해주기 위해 동

아맨들은 장엄한 사하라의 오케스트라를 우렁차게 연주하고 있었다.

우리가 지난 세기 무수한 시련을 겪었기에 그 큰 공사를 담당할 수 있고, 줄기찬 도전에 대한 보답이 꽃피는 현장이었다. 대수로 공사의 성공은 동아만의 것이 아니고 한국인 모두의 것이며 그 훈공은 모조리 동아의 몫이다. 한국 사람들과 리비아 사람들의 마음을 피처럼 소중한 사막의 물로 이어주는 동아의 정신이야말로 세계 어느 곳에 내 놓아도 자랑스럽고 흐뭇한 것이리라[사하라열풍과 신들린 대수로 공사, 동아그룹, 동아그룹사보, 1995.9, 50-53].

터키 사람들 마음이 좋아서 잘 될 겁니다

지난 6월 21일 한국중동학회와 앙카라 소재 하제테페 대학교 외교연구소는 한국중동학회 '96년도 하계학술대회 겸 제1차 한국·터키 국제학술대회를 성공적으로 마치었다. 이 대회는 처음부터 약간 무리인 듯 하였으나 외무부와 주터키대사관의 열정적인 협력 속에 5차례의 준비위원회를 거치면서 무사히 마치게 되었다.

그 동안 학술진흥재단을 비롯한 몇몇 기관에 학술대회 개최와 관련된 협조요청을 할 때마다 소극적 자세와 반갑지 않은 결과를 접하고 좀 탄력 없는 진행과정 속에서 행사의 추진이 무리인 감을 느끼지 않은바 없지만 준비위원장인 최한우 교수의 "터키 사람들 마음이 좋아서 잘 될겁니다"라는 말만 철썩 같이 믿고 추진하였기 때문에 좋은 결과를 가져왔다고 생각한다.

한터학술대회의 성공적인 개최는 이제 우리학회의 국제적인 교류활동이 아랍권, 일본, 중국, 대만 등 동아시아제국 뿐만 아니라 터키와도 협력의 터전을 마련하게 되었다는 점에 의미를 두고 싶다. 이제 오는 가을부터 한국과 터키 간에 직항로가 개선될 것이므로 우리학회와 터키간의 학술협력도 더욱 증진될 것이다.

학술대회는 하루일정으로 진행되었는데 다소 시간이 부족한 감도 있었으나 터키측 참석자들이 사계의 권위자들이어서 발표논문이 대단히 만족스러웠고 특히 질적인 면에서는 상호 이해와

 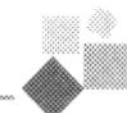

공동관심사 등에서 매우 진취적인 소득을 얻었다고 생각한다.

공식활동을 마치고 약 닷새 동안 같이 참석한 경북대 홍양표 교수와 앙카라와 이스탄불지역에서 학술여행을 하였다. 나에게는 터키 여행이 처음이었기 때문에 첫인상이 두드러질 수 밖에 없다. 도착 시에 입출국 카드와 세관신고 등이 없는 것에서부터 해방감을 느끼었고 거리에서 나다니는 사람들 속에 안경 쓴 사람들이 적다는 것을 보고 마음이 가까워지는 것을 느끼게 되었다.

출국전 환송만찬에서 윤경웅 교민회장이 한말, "터키를 한번 다녀간 사람이 터키에 대해서 가장 많이 안다"는 뼈있는 말 한 마디가 발 길을 가로지르지만 그래도 느낌은 느낌이기에 몇 마디 적어두고 싶다.

어느 곳을 여행할 때나 느끼는 것이지만 "새는 개보고 너는 왜 나르지도 못하느냐, 개는 소보고 너는 왜 짖지도 못하느냐"는 식의 주관적인 선입견이 얼마나 많은 오해를 낳고 그것이 잘못 받아드려질지 두려움이 앞선다.

터키가 이슬람국가이지만 샤만과 벅수가 아직도 남아 있는 알타이적 사고방식에서 한국에 대한 짝사랑을 이해할 수 있고, 800년 오토만 터키의 지배적 역사 때문에 결코 우호적일 수 만은 없는 인접국가들과의 관계에서 유럽에 대한 짝사랑을 이해할 수 있을 것이다. 코앞에 있는 섬이란 섬은 거의 모두 그리스령이라는 사실, 이스라엘과의 군사협정에 따른 터키영공에서의 이스라엘공군의 훈련, 전투함 건조를 비롯한 막강한 방위산업이 유라시아 길목이며 흑해의 숨통인 브스프러스 해협을 지키고 있는 터키의 국제적 지위를 새삼 느끼게 되었다.

더구나 중앙아시아 터키계 형제국가의 원수(元首)들과 칼과 말을 주고 받는 의전에서 민족과 역사의 다짐과 2004년의 이스탄불 올림픽 유치노력과 UN에서의 터키어를 공용어로 채택하려는 노력은 터키계 민족들의 단결을 위한 구심적 역할을 하고 있음을 확인할 수 있었다.

경제적인 면에서도 터키의 주도적 역할은 대단한 것이다. 비록 300만 명의 터키 노동자들, 그중 180만 명이 독일에 진출하여, 약 40억 달러의 외화를 벌어들이고 있지만 주변 CIS제국에 대한 경제적 우위성은 상당히 높게 유지되고 있다. 이스탄불의 중심지인 랄레시장에 연간 150만 명 가까운 주로 러시아인으로 구성되는 보따리 장수들의 왕래는 터키경제의 활력적인 요소로 보였다.

이같은 한터학술대회의 성공적 개최는 많은 분들이 보여준 헌신적인 노력의 결과이지만 그 중에서도 특히 이번행사를 공동주관한 타샨 교수, 주터키한국대사관의 유병우 대사를 비롯하여 김영준 참사, 이희철 영사와 귀중한 시간을 오랫동안 함께 해준 황원주 선생과 이스탄불의 송수미양에게 감사드린다. 아울러 외무부의 송금영 사무관을 비롯하여 처음부터 끝까지 궂은일, 번거로운 일 마다하지 않고 모든 행사에서 많은 노력과 세심한 배려를 아끼지 않은 최한우 교수께 진심으로 감사드린다. 나도 이제 터키를 다녀오고 터키에 대해 결코 욕하지 않는 사람들 속에 나도 끼게 되도록 그 동안 도와주신 여러분들께 다시 한 번 감사드린다[터키 사람들 마음이 좋아서 잘 될 겁니다, 한국중동학회소식, 제50호, 1996. 8.16].

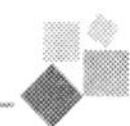

몽골유학생들과 함께 구름포 해수욕장의 기름을 닦다

2007년 12월 7일 오전 7시 반경 충남 태안군 만리포 해수욕장에서 서북쪽으로 8km 지점을 항해 중이던 홍콩 선적 14만 7000t급 유조선 '허베이 스피릿호'가 삼성중공업 소속 1만 2000t급 대형 해상 크레인선과 충돌해 원유 1만 5800㎘(해양경찰청 추산)가 바다로 유출되는 태안 원유유출사고가 발생했다. 지금까지 국내에서 발생한 최대 기름 유출사고인 1995년 유조선 '씨프린스호' 침몰 사고 당시 기름 유출량(8381㎘)의 두 배가 넘는 것이다.

나는 지난 1월 23일(수) 만리포 해수욕장이 가까운 태안군 소원면 소근리를 지나 의항리 의항 해수욕장, 또는 구름포 해수욕장에서 기름제거 자원봉사활동을 하고 왔다. 만리포-천리포-백리포-의항-구름포로 이어지는 태안해안국립공원의 한 군데이다. 태안군 소원면 의항리에 위치한 구름포 해수욕장은 해수욕장 길이가 짧고 아담하여 가족단위 휴양지로 적격이다. 만리포에서 북쪽으로 가면 천리포 수목원 앞길을 지나 천리포, 백리포, 십리포, 구름포 해수욕장이 차례로 나온다. 아직은 사람들에게 많이 알려지지 않아 아는 사람만 찾는 곳으로 알려진 청정해수욕장이었다.

시간이 되면 시간을 내서 봉사를!

시간이 없고 돈이 되면 기부금으로 봉사를!
후손에게 금수강산을 물려 줄 책임이 우리에게 있다!

이러한 말을 들으면서 시간을 내려는 참이었는데 마침 재한 몽골 유학생협회(회장 오토곤바야르, 경기대학교 교육인적자원 개발학과 석사과정)에서 태안원유유출피해복구 자원봉사활동을 하는 데에 고문 자격으로 참여하였다. 한 달 전부터 뭉크낫산과 첸디수렌이 협조를 요청해왔다. 다행이 정장선 국회의원(평택, 열린우리당)과 이한구 회장(대화제약), 도로공사의 협조로 실현된 것이다. 재한 몽골유학생은 현재 1200명 정도인데(어학연수생 포함) 이들을 대표하여 23명이 참여하였다.

올 해 들어 가장 추운 날씨인데도 꼭두새벽에 일어나 아침 8시에 양재 서초구민회관 옆 버스정류소에 집결하였다. 8시 반에 출발하여 소근리에 도착한 때가 10시 30분경이었다. 태안에 들어서자 플래카드가 요란하다.

자원봉사자 여러분, 정말 감사합니다.
자원봉사자들의 헌신적인 봉사에 감사드립니다.
태안군민 힘내세요. 어민 여러분 힘내세요.
우리 군민들 힘을 모읍시다.

크지 않은 플래카드이지만 여기저기 걸려 있는 감사와 격려의 횡단막을 보노라니 가슴이 뭉클하여지고 눈시울이 뜨거워진다. 〈원유유출 피해 대책본부〉라는 컨테이너가 나타나고 〈고속도로

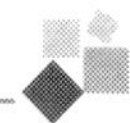

통행료 면제, 기부금 봉사활동 확인서 발급, 소근리 2구 소근진〉이라고 쓰여 있다. 〈원유유출사고 방재본부〉가 있는 앞바다를 보니 죽은 바다가 처량해진다. 썰물 때이어서 지쳐 보이는 노란색 원유흡착 펜스가 썰렁해 보이지만 바로 그것이 처절한 생존의 현장을 증언하고 있었다. 무료급식소, 이동 화장실이 군데군데 보인다. 지금까지 100만이 넘게 다녀갔다니 얼마나 많이 참여하였던가? 아마 월드컵 때 붉은 악마, 미선이-효선이 촛불시위 때처럼 우리가 하나임을 각인하는 징표이리라. 고개를 넘으니 의항리 해수욕장이 나타난다. 동네가 온통 아래와 같은 문구의 플래카드가 필릭인다.

태안군민 다 죽이는 삼성그룹 박살내자.
삼성미술품 팔아 태안굴밥 매입하라(원유유출피해대책본부).
삼성그룹보위부대 서산검찰 자폭하라
사람 죽인 삼성그룹 참회하고 배상하라.
재해보상 특별법을 제정하라.
정부는 신속하게 배상하라
고 이영권님의 명복을 빕니다.
의항주민 여러분 힘내세요.
정부삼성각성하고 어민피해 보상하라(태안반도 재해대책본부).
자원봉사자 여러분 수고하십니다.

구름포 해수욕장이다. 버스에서 내리니 칼바람이 휘몰아친다. 현장 방재지휘본부에서는 우리더러 인터넷을 못 보았느냐? 오늘은 자원봉사활동을 중지하라고 했단다. 영하 10도를 넘는 강추위에 바람이 강하게 불고 있어서 작업을 할 수 없단다. 미끄럽고 춥고 사고 위험도 있으니 기름 닦는 것보다 청소라도 해주면 고맙단다. 그러니 학생들이 얼마나 서운할까. 어민들의 슬픔을 위로하고 복구에 동참하고자 열심히 준비하여 조그만 힘이라도 보태고 싶었는데 섭섭하기까지 하다. 다행이 본부와 잘 이야기가 되어서 바람막이가 있는 청운대 용담골(?)에서 자갈, 바위, 모래를 닦기로 하였다.

우선 면장갑, 고무장갑, 마스크, 방제복, 장화로 완전무장을 해야 한다. 재활용 가능한 것은 현장에 모아놓고 있었다. 그리고 두 사람에 한 포대씩 헌 옷가지가 들어있는 포대를 가지고 갔다. 사방 10m 면적에 30명 들어가는데 기름을 닦고 또 닦아도 표시가 안 난다. 어제 저녁에 친구가 이제 자원봉사가 마무리 되는 단계라고 했는데 천만의 말씀이다. 포크레인으로 갈아엎고 닦고 또 갈아엎고 닦아도 끝이 안날 것 같다.

그 많던 갯 강구와 게, 갯 고동, 따개비, 굴버국, 해초 등등 다 멸종이다. 아무 것도 없다. 땅을 아무리 파보아도 기름밖에 안 나온다. 겉으로 보기에는 멀쩡해도 50~60cm까지는 온통 기름이란다. 마음이 아프다. 12:30까지 작업이 이어졌다. 춥기도 하고 식사 때도 되어서 일단 비닐 막으로 들어와서 도시락으로 30분 정도 식사를 하고 다시 일하러 나갔다. 이번에는 바로 옆에 있는 청운대쪽 큰 바위 틈새를 닦았다. 일을 한참 하려고 하는데 물이 들어오는 때라서 약 한 시간 정도 일하고 철수 하였다. 4~5m는 훨씬 넘는 집채 같은 높은 파도를 배경으로 강한 매서

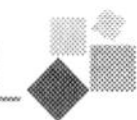

운 바닷바람을 맞으면서 몽골학생들이 사진 찍기에 열중이다. 춥지 않으냐고 물었다. 여기는 영하 10~15도로 체감되는데 몽골에서 견디든 영하 20~30도 추위에 비하면 오히려 따뜻하단다.

참가한 몽골학생들 모두가 봉사시간이 너무 짧아서 아쉽다는 마음이다. 일 좀 하려고 하니 물이 들어오니 철수할 수밖에. . . 그래도 엄청난 재앙의 현장에서 비록 의항리 주민들이 동네를 비우고 서울로 항의 데모를 가서 현지 주민은 한 분도 못 만났지만 이럴수록 힘내시고 빨리 회복되어 일상으로 돌아와 주기를 빌어주었다. 오늘 열심히 닦아냈지만 밀물이 밀려오면 또 다시 어디엔가 고여 있던 기름이 파도의 밀려올 것을 생각하니 가슴이 무겁다. 비록 짧았지만 가슴은 뿌듯한 봉사활동이었기에 아쉬움을 뒤로하고 2시 30분경에 서울로 출발하였다. "넓은 바다라도 물 한 방울이 도움이 된다"는 몽골의 속담을 상기하면서 . . . [한국에 온 몽골유학생들과 함께 구름포 해수욕장의 기름을 닦았다. 2008. 1.23]

파랑도(이어도)에 인공섬을 만들자

소련의 붕괴와 더불어 새나라가 등장하고 곳곳에서 국경재조정 문제가 대두되고 있다. 인접국가인 중국과 일본 사이에도 동중국해상에 있는 섬의 영유권에 대해 논란이 일고 있다. 이러한 영토분쟁은 대국주의의 발로인데 다양한 분야에서 기술발전이 전개되고 그와 관련된 경제적 이익이 고려되기 때문에 발생하는 것이다.

특히 해상에서의 영토분쟁문제는 대상이 비록 조그만 섬이라 하더라도 그 주위의 해양자원의 확보와 관련되어 있기 때문에 국제적으로도 주요한 의미를 지니게 된다. 예를 들면, 일본은 동경남쪽 1700㎞에 위치한 최남단의 섬 오키노도리를 막대한 자금을 들여 인공의 섬으로 만들었다. 오키노도리는 섬이라기보다는 해면 위에 불과 70㎝정도의 머리를 내민 바위덩어리인데 여기에 285억 엔이라는 막대한 자금을 들여 3년 동안(1987～'89)에 인공섬으로 조성하였다. 그 결과 본토의 넓이(37.8만㎢)보다 넓은 40만㎢에 달하는 200해리의 경제수역을 영원히 확보하게 되어 미국이 알라스카를 매입하는 것과 같은 효과를 갖는 것으로 알려지고 있다.

이러한 사례에서 볼 때 제주도 남단에 있는 전설의 섬 이어도를 우리는 어떻게 다루어야 할까? 동남아에서 비행기를 타고 올 때 대만을 지나서는 전혀 섬을 보지 못하다가 제일 먼저 제주도, 그 다음에 추자도를 만나게 된다. 따라서 제주도의 전설 속

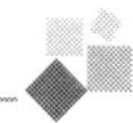

에 나오는 이어도는 환상적이고 허구적인 섬일 뿐 실존하지는 않는다. 다만 제주도 서남쪽 85해리 해역에 암초가 있다. 이는 1900년 영국기선 Socotra호가 암초와 접촉사고를 일으킨 후 1901년에 영국해군측량선에 의해 암초로 확인하고 Socotra Rock로 명명한 것이다.

소코트라암초에 대해 1938년경에 일본이 해저전선 건설을 위한 인공섬 건설 안이 있었다. 1951년에는 한국산악회에서 이어도를 수색하여 이어도가 실존 섬은 아니며 암초로서 존재하고 있다는 것을 확인하였다. 1981년에 이르러 이 암초의 이용이 논의되면서 우리 이름으로 「파랑도(波浪島)」라고 공식적으로 부르기로 하였다.

정확히 말해, 이어도 또는 파랑도는 제주도 서남단에서 220도 방향으로 85해리(157㎞) 또는 마라도 등대에서 223° 방향으로 81해리에 있는 암초인데 최저수심이 5.5m 밖에 되지 않아 태풍이 심할 때 바닷물 위로 바위가 솟아나며 백파를 일으키고 있으므로 이를 파랑도로 부르고 있다.

또 일본의 서단 남녀군도까지는 92° 방향으로 160해리, 중국의 동단 동도까지는 232° 방향으로 133해리나 떨어져 있다. 그리고 파랑도에서 남쪽으로 24해리 떨어진 곳의 수심 20m 속에 르브릭이라는 암초가 있으므로 파랑도와 르브릭은 한반도 대륙붕의 연속임을 알 수 있다.

파랑도가 우리에게 친숙해진 것은 1984년 5월에 「KBS-제주대학 파랑도 탐사반」이 조직되어 직접 현장 탐사한 결과를 언론매체가 공표한 뒤부터이다. 그 후에도 1987년 3월 MBC-TV가

특집보도를 하여 더 많은 관심을 증폭시키었다.

그 후 1987년 8월 11일에 한국의 해운항만청에서 등부표를 설치하였으며 1990년 7월부터 국책과제로서 「국가 종합해양관측망 구축기술개발」 사업의 일환으로 파랑도 해양 전초기지를 단계적으로 추진하고 있다.

이 지역은 수산자원이 풍부하고 또 수많은 선박의 내용이 잦은 곳이며 태풍이 많이 지나는 길목이다. 따라서 해양인 들의 생명과 안전에 직결되는 이곳을 안전하고 유효적절하게 이용하기 위하여 다각적인 방법이 검토되어야 한다. 공해 상에서 항해위험물인 암초에 표지작업을 하는 것은 최인접 국가에서 담당해야하는 것이 의무이므로 한국이 담당하여야 하는 것이다. 그리고 이 수역은 자타가 공인하는 한국의 경제수역 안에 있으므로 한국이 사업을 담당하여야 한다.

앞으로는 이 수역의 안전, 환경, 자원, 해양과학의 탐사를 위해 영구구조물을 확대설치하고 인공섬을 조성하여야 한다. 인공섬의 조성은 한국의 해운항만청에서 담당하여야 하며 우선은 영토개념을 배제시키며 이용가치를 위하여 개발하여야 한다는 것이 일반적인 주장이다.

그러나 중국은 1958년에 12해리 영해를 선포하면서 해중에 잠겨있는 중사군도를 기점으로 영해폭을 선언하였으며 어떤 나라에서는 암초위에 고철선을 침몰시켜 인공도서를 구축하고 있다. 이 같은 맥락에서 볼 때 미래에 배타적 권리를 향유하기 위해서는 우리도 다각적인 파랑도 개발 계획을 수립하여야 할 것이다. 파랑도에 돌쌓기 운동을 벌이는 선구자, 파랑도 영유권을

주장하는 선각자들의 숨은 노고에 감사드리고 우리도 소코트라암, 소코트라초, 파랑도라 부르지 말고 「이어도」라고 명칭을 통일적으로 사용하도록 하고 이어도에 인공섬을 만들어야 할 것이다[명진당 칼럼, 파랑도에 인공섬을 만들자, 명대신문, 1992. 3.30].

추자도 멸치젓 변해야 한다

추자도는 물살이 빠르고 수심이 깊으며 한류와 난류가 교차하는 해역으로 우리나라에서 유일하게 고급어종인 조기, 삼치, 방어, 멸치가 산란, 회유하는 황금어장이다. 요즘 추자도 사람들의 주 소득원이었던 멸치의 생산량이 급격히 줄어들고 있지만 그 대신 삼치와 조기가 잘 잡혀서 멸치잡이는 이제 부업이 되었고 멸치젓도 사양화되고 있다.

추자도가 어디 있는지 모르는 사람들도 추자도 멸치젓은 알고 있다. 추자 멸치젓의 명성이 뜨고 내리는 데에는 다음과 같은 이유가 있다.

하나는 추자도 멸치젓은 청정해역에서 멸치가 살이 쪘을 때 잡은 것으로 만들었기 때문이다. 멸치의 주종의 70~80%가 암치이고, 포란기인 음력 7월 보름달 전후에 잡은 것으로 만들어서 맛이 유별난 것이다.

둘은 멸치의 어획량이 줄어드는 것이다. 까닭은 동해안에서 회유하던 멸치 때가 거제도 부근에서부터 잡히기 시작하여 추자도까지 도달하기가 쉽지 않으며 더구나 치어까지 남획하기 때문이다. 산란기 포획과 치어 남획을 자제하지 않으면 가까운 장래에 영광굴비와 같은 멸종의 운명이지지 않을까 우려된다.

셋은 원료 멸치의 선도이다. 멸치의 선도를 가늠하는 비늘은 멸치젓의 맛을 좌우한다. 비늘이 상하지 않아야 선도가 유지되

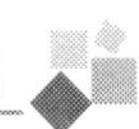

므로 멸치는 채로 뜨는 것이 제일 좋으며 멸치를 잡으면 1시간 이내에 가공하여야 된다. 요즘은 기술이 좋아서 잡은 즉시 냉동하므로 비늘이 안전하지만 동중국해에 10여일 출어하여 잡자마자 선동한다 해도 맛은 옛날 같지 않다고 하니 입맛이 매우 까다로워진 모양이다.

넷은 멸치젓 담는 용기에도 차이가 있다. 원래 멸치젓은 집집마다 질그릇이나 옹기류와 같은 젓동이에 담아서 만들었으나 지금은 옹기나 질그릇의 생산이 귀해져서 사용할 수가 없다. 대신 탱크나 플라스틱 드럼, 비닐 등을 사용하여 숙성시키고 있으므로 옛 맛과 아무래도 차이가 난다.

다섯은 숙성온도를 들 수 있다. 멸치젓의 최적 숙성온도는 섭씨 17~18도이다. 옛날에는 지하에서 섭씨 6~16도를 유지하면서 숙성시켰다. 지하가 여의치 안으면 젓동이(옹기)에 담아 볕 밭에 쌓아 짚으로 덮어서 숙성시켰으며 곰팡이가 생긴 상태로 최상의 추자 멸치젓을 생산하였다.

여섯은 염도를 생각할 수 있다. 옛 방식은 천일염을 썼으나 현재는 정제염을 쓰고 있기 때문에 염도의 차이도 거론된다. 그러나 과거의 염사용 방법이 비과학적이고 현대적인 염도 측정기에 의한 염도 유지가 과학적이기 때문에 그다지 설득력이 없는 주장인 것 같다.

일곱은 멸치 맛보다는 더욱 달라진 것은 우리의 입맛이다. 멸치젓의 맛에 변화가 없어도 맛의 차이를 느끼는 것은 현재 고소득 사회에서 다양한 음식을 즐기고 있는 소비자들의 입맛이 변했다는 말이다. 우리의 입맛은 조미료에 길들여져 있어서 가난

할 적 추억속의 입맛을 되살리기는 불가능 할 것이다.

끝으로 추자 멸치젓은 생산량이 적어서 보관하고 판매하기가 쉽지 않다. 추자도서 생산되고 있는 멸치는 전국 멸치유통량의 1% 미만인데도 유통되고 있는 멸치(액)젓은 대부분이 추자도 멸치(액)젓의 상표로 도용, 유통되고 있는 실정이다. 뿐만 아니라 값싼 인도네시아산 멸치로 만든 (액)젓이 추자(액)젓으로 둔갑하여 유통되고 있는 상황이다. 현재 추자도의 멸치 가공공장에서는 멸치젓과 멸치액젓을 생산하고 있다.

추자 멸치젓은 그 인가가 지금도 대단하여 추자도의 특산품으로 인정받고 있다. 그러나 추자도 멸치젓에 대한 두드러진 특화대책을 마련하고 있는 것 같지 않다. 모든 것이 변하는 마당에 아무리 유명한 추자 멸치젓이라도 변화에 적응하지 못하면 유명세만 가지고 어찌 살아남을 수 있겠는가? 그래서 한마디로 추자 멸치젓의 전망은 어둡다고 할 수 있다. 다행히 멸치젓보다는 멸치액젓에 대한 수요가 많아지고 있어서 젓갈류보다는 액젓류의 가공에 비중을 두고 있다. 고염도의 젓갈류 보다는 저염, 무염식품을 선호하는 식생활의 변화에 맞추어 주자의 특산품으로서 다양한 염도의 멸치젓 가공기술을 개발하고 발효식품, 건강식품으로 개발하여 음식 맛에서도 신토불이를 강조하여야 할 것이다.

고추장이 항공기 기내식으로 발전한 사례를 본받아 추자도 멸치(액)젓도 관광지는 물론 하늘을 날면서 맛을 즐기도록 할 수 있을 것이다. 전국에서 제일 높은 소득수준을 자랑하듯이 추자도민들은 멸치젓의 명산지로서의 자부심과 긍지를 길이 보전하

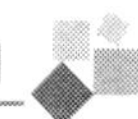

여야 할 것이다. 여러 가지 여건의 변화, 특히 소비자들의 입맛의 변화에 따라가기 위해 소량고급의 추자 멸치(액)젓의 개발에 많은 투자와 관심을 가져야 할 것이다[추자도 멸치젓 변해야 한다. 水産經濟新聞, 1997. 9. 27].

허허, 독도는 생각이나 해 봤수?

지난 10월 20~21일 독도를 찾았다.

안내원 가라사대(曰), 해조류(海潮流)의 영향에 따라 어류, 해조류(海藻類) 등은 어쩌고, 저쩌고 . . .

아하! 직업병이 도지는구나. 해조류가가 무엇이지? 맞다.

해류(海流) 일정한 방향으로 거의 일정한 속도를 갖고 이동하는 바닷물의 흐름.

조류(潮流) 밀물과 썰물 때문에 일어나는 바닷물의 흐름.

독도의 도서(島嶼)는 동·서도(東·西島)를 합하여 92개입니다. 이건 또 무슨 소리야? 으흠 . . .

도(島, 식물이 자라는 섬),

서(嶼, 식물이 안자라는 바위섬),

초(礁, 海面 가까이 숨어 있는 보이지 않는 바위) . . .

독도(獨島)? 독도가 맞아. 돌멩이, 돌막, 독바위역 있잖아?

돍섬 〉 독섬 〉 독도(石島)가 된 거야?

그러면 〈獨島〉라고 쓰지 말고 〈독도〉라고 그냥 쓰면 되지. 뚝섬이라고 쓰듯이 . . . 사실 초기 전라도 남해안에서 살러 온 사람들이 울릉도에 터를 잡을 때 방언으로 돌섬 》 독섬 》 독도로 부르던 것을 한자로 차자(借字)한 것이란다.

울릉도는 제주/거제/진도/강화/남해/안면/완도에 뒤따르는 우리나라의 8번째 큰 섬이고 제주도의 20분의 1이고, 섬 둘레가 40km이다. 1년 중 55일 햇빛, 40일 정도만 파도 없어서 3대를

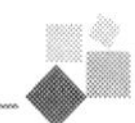

적선(積善)해야 독도를 보거나 내릴 수 있단다. 기상이 멀쩡해도 금세 변하기 때문에 좋은 날씨가 적다는 말이다. 한국 기상예보보다 일본기상예보가 정확하다나... 울릉도 기상과 독도기상이 다르기 때문에 울릉도에서 독도로 가까이 가는 동안에도 변할 수 있단다.

울릉도는 다른 섬과 달리 '신비의 섬'으로 지칭된다. 가을을 찾아오는 관광객들에게 울릉도를 온통 뒤덮은 꽃들(海菊)이 마중한다. 하늘색 왕해국, 샛노란 털머위가 향나무처럼 틈만 있으면 바위에 붙어서 그야말로 활짝 피었다. 도동, 저동 온 동네가 피내기(오징어 아시 말리는 것) 지천이다. 파리가 없어서 다행이다. 바람이 많아서 그런지 갯내가 많지 않다. 제철이라는 마가목(馬家木)의 꼭두선 열매가 터질 것 같다. 집나간 말이 찾아온대서 마가목인데 열매가 신경통에 좋고 세 해를 해거리하는데 올해는 풍년이란다.

울릉도는 울렁거릴 울자도 아니고 답답할 울자도 아니고 더부룩할 울(鬱)자 울릉도(鬱陵島)이고, 화산섬에 10번째 터널을 뚫었단다. 그래서 웃긴다. ㅅ구ㅁ 터널이라고...

조선시대의 공도정책(空島政策) 때문에 1874년에야 174명이 정착했다. 지금은 인구 1만 3000여명, 현재 2100명이 독도에 주민등록을 했는데 일본에서 일본인들의 주민등록에 비하면 턱없이 적은 숫자이다. 섬 주민들의 소득은 풍족하며 대부분이 부촌이고 섬 전체에 고등학교 1, 중학교 5, 초등학교(분교포함) 6개가 있다.

3無 5多 섬인데; 3無는 도둑, 대문, 뱀(하와이 뉴질랜드처럼 화산섬에는 뱀 없음),

5多는 돌, 바람, 향나무, 물, 미인이다.

4대 명물은 오징어, 호박엿, 삼채, 더덕(심 없음)이다.

송곳 바위, 사자바위, 용바위, 장작바위, 밀가루 수제비 바위, 거북바위, 영지버섯바위 등 등 바위이름도 많고; 명이나물(산마늘), 미역취, 부지갱이 나물도 많고 씨 껍데기 술(울릉도 특산, 10가지 씨앗 껍데기로 만든 술)도 일품이다.

사방이 바다이지만 울릉도에는 오징어 말고는 바다 고기가 다양하지 않다. 양어장, 양식장도 거의 없고, 전북, 소라 외는 별로 해산물이 없다. 필요하면 육지에서 가져 온다고 한다. 그리고 해녀(海女)는 없지만 해남(海男)은 있다. 그래서 기러기 아빠가 아니고 기러기 아지매가 있다고 . . .

울릉도 명산 오징어는 55가지 색깔을 낸다. 울릉도에서도 태하마을 오징어가 일품이어서 서울 백화점으로 가는데, 마을노인들이 '노느니 이 잡는다'고 관광명품이라며 잘 팔고 있었다. 한대어류인 오징어는 1년 살다 죽고 연어처럼 회귀하는데 울릉도가 최적지란다.

울릉도 오징어 어장은 근세에 두 번의 커다란 변화가 있었다. 한번은 60년대 한일회담 때인데 한일외교정상화로 오징어 어로가 활로를 찾자 일본의 조상기가 들어와서 밤샘 오징어잡이를 하게 되어 재미를 본 것이고, 두 번째는 90년대 말 대화퇴(大和堆)와 EEZ를 양보한 신한일어업협정에 의한 어장의 축소이다.

두 차례의 회담의 성과에 대해 정부는 모두 자화자찬했지만 일본은 돌아서서 야릇한 미소를 지었고 결과는 울릉도 바다의 자원고갈로 이어져가고 있다. 더 답답한 것은 오징어잡이는 기계화도 안 되는데 인건비까지 올라서 수입이 옛날 같지 않단다. 할 수 없이 울릉도의 주산업이 전래의 오징어 어업에서 이제는 관광업으로 바뀌고 있었다. 잡혀 죽고, 얼려 죽고, 구워 죽고, 찢히어 죽고, 씹히어 다섯 번이나 죽어서 우리 입맛을 돋아주는 오징어여! 너마져 추억의 맛으로 사라지느냐!

잠깐, 대화퇴라. . . ., 대화퇴(大和堆)는 독도 북동쪽 340㎞ 지짐 한·일 중간수역에 위치하고 있는 거대한 황금어장이다. 이 어장은 90년대 말 신(新) 한·일어업협정 체결 당시 한일양국은 독도 주변과 대화퇴어장을 놓고 협상을 벌이다 결국 대화퇴 어장의 50% 정도를 중간수역으로 설정했다. 그런데 대화퇴(大和堆)는 1920년대 동해 해저탐사 측량선 '대화호(大和號)'의 이름을 따서 부르는 것이란다. 대화(大和)는 일본 제국주의 상징이고, 대화혼(大和魂, 야마토 다마시)은 군인들이 결사항전 출전시의 머리띠 글자인데 우리도 쓸개 없는 말로 대화퇴(大和堆)라고 한다.

사동에 새로운 방파제를 만드는 중인데 잘못 설계 되었단다. 울릉도에 동남풍이 많은데 동남쪽에 접안시설을 만들어서 입항이 쉽지 않다는 것이다. 방파제를 2중, 3중으로 쌓아야 된단다. 그럴 때에 하는 말이 '머리가 나쁘면 손발이 고생한다' 나. . .

대신 울릉도 시장은 머리가 좋아야 하는데, 그 말의 뜻은 현재 울릉도-독도 관광객이 많은 것은 애국관광이기 때문. . . 일본이 독도를 흔드니까 울릉도가 관광객으로 울렁거린다는 등 어쩌고 저쩌고. . . 또 북한이 금강산을 흔들어서 울릉도를 많이 찾고. . .

안내원의 구스름한 말투에 칭찬이 잦다.
가이더가 적성인 것 같습니다/그런 이야기 가끔 듣습니다.
참 해박 하시네요/그런 이야기도 가끔 듣습니다.
그럼 팁도 많이 받았겠네요/줘야 받지요.

일행 중에 3대 덕을 쌓은 분이 많아서 쾌청하고 온화한 날씨에 독도에 발을 디뎠다. 30분 시간을 준다. 언덕으로 올라가지는 못하게 한다. 기념사진 찍는데도 시간이 모자란다. 몇 차례 사진 찍게 잠깐 비켜달라고 하다 보니 시간이 모자란다. 여기저기서 현수막(懸垂幕)이 아닌 횡단막(橫斷幕, placard) 들고 만세 부르는 사람, 구호외치는 사람들 쳐다보고, 사진포즈 잡으려고 표정 낭비도 많았고, 허둥대다보니 독도 바닷물이 얼마나 파란지 바다 속도 쳐다보지 못하고 독도 답사를 아쉬움을 갖고 마무리하게 되었다.

고려대의 흔적을 찾으려고 서면 남서 2리를 찾았다. 다행이 그 시절을 기억하는 이상호씨의 친절한 안내 덕분에 40년 전의 추억에 젖었다. 1965년 14명 중 5명 여자, 1965년 16명의 고대 기독학생회에서 자원봉사를 한 곳이다 아직도 우물 옆에 기념 콩크리트 표식이 선명하게 남아 있다. 우물 2개 파주고, 화장실 2개 만들어주고, 책 주고, 맘보춤 가르쳐 주고, 치약/치분 칫솔

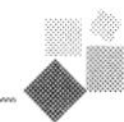

구경 시켜주고, 훼스탈 약품도 알려주고... 마을에서는 돼지 1마리, 염소 1마리, 간식용 옥수수 튀밥 1자루 주고... 그러나 그것이 울릉을 찾은 최초의 대학생들이었으며 한동안 처음이자 마지막이었다고 추억에 젖는 답니다. 지금도 또렷이 기억하는 이름들, 1964년도 김야유, 서현자, 연영희, 1965년도 장석형... 장석형 동기, 김문희 동기, 좋은 이야기 꺼리 만들어 주어서 고맙소. 소중한 인연을 동문회 버전으로 만들면 어떨는지...

독도를 되돌아오는 선수(船首)에서 추억에 잠기니, 그 언제인가 어느 유명한 분의 혼잣말이 귀속에서 일렁인다. 아, 내가 지금까지 세계를 몇 차례 일주했어도 흰신섬 제승당에 온 것은 60평생에 처음이라고...

허허, 여보, 노신사, 독도는 생각이나 해봤수? 더 늙기 전에...[허허, 독도는 생각이나 해봤수?, 고대 65동기회보, 제27호 2008.12.22: 42~45].

| 색 인 |

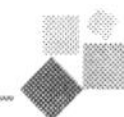

저희나라, 충청서도

인쇄일 : 2015년 8월 27일
발행일 : 2015년 9월 5일

지은이 : 심 의 섭
펴낸곳 : 도서출판 조은
발행인 : 김 화 인
주 소 : 서울시 중구 인현동1가 19-2
전 화 : (02)2273-2408
팩 스 : (02)2272-1391
출판등록 1995년 7월 5일 등록번호 제2-1999호

ISBN 978-89-94329-69-7

정가 12,000원